SAMMLUNG TUSCULUM

Herausgegeben von

Karl Bayer, Manfred Fuhrmann, Gerhard Jäger

SAPPHO

Lieder

Griechisch und deutsch
herausgegeben von Max Treu

ARTEMIS & WINKLER VERLAG
MÜNCHEN UND ZÜRICH

Titelvignette: Kithara stimmendes Mädchen von einer
weißgrundigen Schale im Louvre, vgl. Mon Piot II Tf. 5

CIP-Titelaufnahme der Deutschen Bibliothek

Sappho:
Sappho: griech. u. dt. ; [Lieder]
hrsg. von Max Treu. – 8. Aufl.
München ; Zürich : Artemis-Verlag, 1991.
(Sammlung Tusculum)
ISBN 3-7608-1629-0
NE: Treu, Max [Hrsg.]

8. Auflage 1991
© 1991 Artemis & Winkler Verlag München und Zürich,
Verlagsort München.
Alle Rechte, einschließlich derjenigen des auszugsweisen
Abdrucks und der photomechanischen Wiedergabe, vorbehalten.
Druck: Laupp & Göbel, Nehren b. Tübingen
Printed in Germany

INHALT

Text

Anhang

DIE NEUEN STÜCKE

col. I

]σανορεσ..[
[Φοίβωι χρυσοκό]μαι τὸν ἔτικτε Κόω [κόρα]
[μίγεισ' εὐρυβίαι Κρ]ονίδαι μεγαλωνύμω(ι)
["Αρτεμις δὲ θέων] μέγαν ὄρκον ἀπώμοσε
[ᴗ ᴗ _ κεφά]λαν· ἀϊπάρθενος ἔσσομαι   5
[κοἰκήσω μεγά]λων ὀρέων κορύφαισ' ἔπι
[θηρεύοισα· σὺ καὶ τό]δε νεῦσον ἔμαν χάριν.
[τᾶι δὲ πάντ' ἐπένευ]σε θέων μακάρων πάτηρ·
[ᴗ ᴗ _ ἐλαφάβο]λον ἀγροτέραν θέοι
[καὶ θνᾶτοι καλέ]οισιν ἐπωνύμιον μέγα·   10
[οὐδ' αὔται γάμος οὔτ'] ἔρος οὐδάμα πίλναται·
                    ]...μαφόβε[..]έ.ω·

. . . .

col II

    . . . .
    ἐμμ[
    και.[
    ρ.ε.[
    ω...[5
    Μοίσαν ἀγλα[α δῶρα
    πόει καὶ Χαρίτων[
    βραδίνοις ἐπεβ.[
    ὄργας μὴ 'πιλάθεσ[θ(αι)
    θνάτοισιν· πεδέχ[ην   10
            ]δαλίω[

    . . . .

(I) P. Fuad nr. 239 (Lobel-Page, Classical Quarterly
46, 1952, 1—3); (II) col. I v. 5 = Sappho 102 D.²
(Anecd. Ox. 1, 71, 19 Cramer, sine nomine auctoris)

DIE NEUEN STÜCKE

col. I

. . . . *(ward zuteil?)*
Goldhaar-Phoibos, den Koios' Tochter gebar, die einst
der Kronide, der mächtige Herrscher, zum Weibe nahm.
Artemis aber schwor den gewaltigen Göttereid
bei dem Haupt ihres Vaters: „Stets bleibe ein Mädchen ich!"
„Wohnen will ich und jagen auf einsamen Bergeshöhn."
„Mir zuliebe erfüll und gewähre auch diesen Wunsch!"
Und es nickte Gewährung der Vater der Himmlischen.
Weithin treffende Jägerin heißt sie seither, so nennt
sie das sterbliche Volk, so die Götter mit stolzem Wort.
Niemals naht ihr die Hochzeit und niemals die Liebe ihr
. . . . *(den Sinn voller Furcht?)* . . . .

col. II

(laß mich?) sein . . . .
und . . . .
. . . .
. . . .
Schöne (Gaben) der Musen . . . .
laß mich auch der Chariten . . . . *(die einst)*
leichten Schrittes betraten (des Helikon Gipfel?); laß
nie den Zorn mich vergessen (, den göttlichen: Warnung ist)
(er) den Menschen. Doch teilhaben . . . .

τὰ δὲ σὰ νῦν δέον καὶ αὐτῷ τῷ Μουσηγέτῃ εἰκάζεσθαι, 208 LP.
οἷον αὐτὸν καὶ Σαπφὼ καὶ Πίνδαρος ἐν ᾠδῇ κόμῃ τε
χρυσῇ καὶ λύραις κοσμήσαντες κύκνοις ἔποχον εἰς Ἑλικῶνα
πέμπουσι Μούσαις Χάρισί τε ὁμοῦ συγχορεύσοντα.
Himerios or. 46, 43 ss. (p. 186 s. Colonna)

Μοῖσαν   187 LP.

Anecd. Ox. 1, 278, 17 Cramer (ex Μοισά(ων) corr. Lobel)

                              ].[88 LP.
                            ]ν προ..[
                            ]νως πρὸς πότ[
                          ].ατον χάλα[
                          ].θέλοις· οὐδυ[5
                          ]τάσδοισ᾽ ὀλιγα[
                          ]μένα φέρεσθα[ι
                          ].φια τις ...[
ἐμ[   ].δ᾽ ἄδιον εἰσορ[
τοῦ[τ   ο]ῖσθα καὔτα·   10
κ[λέ]λαθ᾽ ἀλλονιά[
σε[   ].αν· τιραδ[
ἠ[   )   ]αί τις εἴποι
ἀ[   )   ].σαν· ἔγω τε γαρ[σε]
φιλη[   ]μ᾽ ἆς κεν ἔνηι μ᾽[15
κᾶλ.[   ]αί μελήσην·
ἔστ.[   ]φίλα φαῖμ᾽ ἐχύρα γέ[νεσθαι
[.]χα[   ]ενα[.]αις· ἀτ[
                          ]..δ᾽ ὀνιαρ[ο]ς[
                          ].πίκρος ὔμ[20
                          ]τα[.]θᾶδ[
                          ].υ τόδε δ᾽ ἰσ[θ
                          ]. ὤττι σ᾽ ἐγ[ω
                          ]α φιλήσω[
                          ].τω τι λο[
                        κρέ]σσον γὰρ .[25
                          ]σθαι βελέω[ν

*Ich kann nicht umhin, dich und deine Lage mit dem Anführer
der Musen (, Apoll,) zu vergleichen, wie ihn sowohl Sappho
als Pindar in einem Lied im Schmuck seiner goldenen Locken
und mit der Leier in der Hand darstellen und auf seinem
Schwanenwagen zum Helikon fahren lassen, daß er dort mit
den Musen und den Chariten zusammen den Reigen tanze.*

— *der Musen* —

. . . .

. . . . . vor· . . . . .

. . . .-lich zu . . . . .

. . . den unheilbaren(?) sänftigen

. . . du wollen mögest; und nicht . . .

. . . . . gering . . .

. . . der Verwünschten(?) forttragen lassen

. . eine Art Weisheit(?) . . . .

mir . . . . süßer der Anblick . . . . .

das . . . . weißt du ohnehin selbst.

Sie . . . . hat vergessen, doch . . . . .

dich . . . .; was (ist leichter?)

als(?) . . . . (und) jemand könnte sagen

(daß sie . . . .); denn auch ich

werde (dich) lieben (und deiner gedenken) solange in mir ist . .

. . . . und in Zukunft zu sorgen.

. . . eine zuverlässige Freundin, glaube ich, bin ich gewesen

. . . .

. . . . . schmerzlich . . . .

. . . . . bitter . . . .

. . . . süß . . . .

. . . . . dies jedoch wisse

. . . . . und daß ich dich . . . .

. . . . lieben werde . . . .

. . . . was . . . .

. . . . . denn besser . . . .

(von der Artemis) Geschossen (bezwungen) liegen . . . .

[.].γα..εδα βαιο[ν   ].α   99 LP.
δ[.]οῖ Πωλυαναϰτ[ίδ]αις[
...αισσαμιασι.μ̣ε.[.]τοις ....[.]
χόρδαισι διαϰρέϰην
ολισβ.δοϰοις περϰαθ....ενος   5
..ου.[..]σι φιλοφ[ρό]νως
].... δ ἐλελίσδ[ε]ται πρ.τανεως
      ]ωνος δε διο[..]ω.
      ].υαλω δ'.[.]..ενητε[..].χ..

[Λάτως] τε ϰαὶ Δί[ος] πάϊ[.]   10
      ]..ε...[.] ἔπιθ' ὀργίαν[
[Γρύνηα]ν ὐλώδη⟨ν⟩ λίπων

      ].εν χρη[σ]τήριον
        ].[   ].ευμεσ[..].[.]ων
        ]....[.....]   15

        ]......α[..]εραις
      πό]ρσανον[.]..ργιαν
      ]υσομεν [   ]

      ]ν ὔμνε[   ]
ϰα[   ]ενα[.]φο.[...]ν. ἀδελφέαν   20
ὠς παι[   ].ιο.[....].[   ]
.υτις δε[...]ϰει. θελη[
  δειχνυσ[...]ε δηυτε Π.λυ[αν]αϰτίδαν
τὸν μάργον ὄνδειξαι θέλω

P. Ox. XXI (1951) nr. 2291 col. I

      ].τ...[213 LP.
      ].σε ἔμα ϰ 'Αρχεάνα[σ]-
σα Γόργω(ς) σύνδυγο(ς)· (Zitat) ἀντὶ τοῦ
σ[ύν]ζυξ· ἡ Πλειστοδίϰη
    [τ]ῆι Γ[ο]ργοῖ σύνζυξ με-   5
τὰ τ[ῆς] Γογγύλης ὀν[ο]μασθή-
σετ[αι· ϰ]οινὸν γὰρ τὸ ὄνο-

denn nach einer kurzen Weile ......
der Polyanax-Sproß

. . . .

die Saiten zu rühren laut
selbst (?) . . . .
Man hört (?) dem nicht ungern zu
wie Leiergetön erschallt . . . .
im Hause (?) des jungen Herrn (?)
Im Winkel . . . .
(Liedschluß)
Komm, Sohn der Leto und des Zeus
herbei hier zu dem Fest, herbei!
Verlaß Gryneias Waldeshain,

dein Heiligtum, an Gaben reich,
die Stätte, wo du Orakel gibst

. . . .

. . . .

bescher gutes Gelingen hier:
wir bringen dir ein Opfer dann,

wir singen Hymnen dir zum Preis
und der Schwester, die fernher trifft,
euch beiden Letokindern Preis!
Doch keiner will . . . .
zeigen den Polyanax-Sohn.
Ich zeig euch, welch ein Bösewicht
er ist . . . .

(Heißen wird)
meine . . . . und Archeanassa der Gorgo Gefährtin (Zit.): *syndygos*
statt der Form syndsyx (= Gefährtin): Pleistodike
wird der Gorgo Gefährtin zu-
sammen mit Gongyla genannt wer-
den; der Name ist nämlich als gewöhnliche

[μα δ]έδοται ἢ κατὰ τῆς [.].. .
α̣[. . .] Πλ[ε]ιστοδίκη [..]ν
[ὀνομ]ασθήσετ[αι] κυ-   10
[ρι·   ]η[   ].α̣τ̣ε̣τουτ
[   ].νο̣ αν

Kommentar zu Sappho, P. Ox. XXI (1951) nr. 2292

              ]χα̣   90 LP. fr. 1 col. II.
[   ].ντι
ν [Zitat   ].ες ει
να[   ].οντων
εν.[Zitat, Liedanfang]   Κυθερήας τρό-   5
φος [Zitat   θ]ρεπτη ἐν ἄλλοις
δὲ θυγ[ατέρα (τῆς) 'Αφρο]δίτης εἴρηκε τὴ[ν]
Πειθώ .[indir. Zitat   ]ης εφωνειημ[
ταςαλλη[Zitat   ].εαυτῆς πρ[οση-]
γόρευε· ὔμ[   ]θελοισα[..].[Zitat   10
θικονετρ[   ]ασιν χ[   ]
ἄμμι ἀγγ[ελίαν   ]τινα[   ]
δαιμ[ω]ναθ[ανατος (Zit.)].ο̣συν[   ]
ϊναη..πε.[   ]
λεγ'ο.μμε[   ]   15
μεν[.].ϊε[   ]
δηε[.]π.σ.[   ].
θελετε[   ]..φι
οντεκ[Zitat   ]του
δυνατ[   ]ε̣ιμαι·   20
χερρες [Zitat   ]καικα
τϊδιαν[   ]ηςκαι
προστη[ν   κο]χθουν[
τ[ε]ςπρο.[   ]τανυ[·
πτερυγε[ς Ἔρωτες Zitat, Liedanfang].ατο[25
   ]οφησ.[

(I) Kommentar zu Sappho, P. Ox. XXI (1951) nr. 2293, fr. 1
col. II; (II) Z. 7 = Sappho 200 LP. (Schol. Hes. Op. 74)

Bezeichnung gegeben oder nach der (Gene-
alogie). Pleistodike ....
..... *wird man sie nennen mit dem Ei-*
gennamen .... *dieses*
.... (Beginn eines neuen Zitates)

. . . .
. . . .

(Zitat, verloren) .... *zu*
sein ...... (Liedschluß) — (Als ... schliefen)
(nachts) (Zit.) ...... Kythereıas Am-
me .... (oder) Tochter: *in andren*
Liedern hat sie Peitho (indir. Zitat) *eine Tochter*
Aphrodites genannt. .... sprach ....
.... (Zit.) *ihre* .... *rede-*
te sie an: euch (bring) ich gerne .... (Zit.)
(Die Mehrzahl ....) (Freudig?)
uns Bot(schaft ....) welche ....
ein unsterblicher Gott (Zit.) ....
damit ....

. . . .
. . . .
. . . .

ihr wollt ....

den .... (Zit., unkenntlich) .... *des*
gleichbedeutend (mit) .... *(liege?)*
Hände .... (Zit.) .... *sowohl gemäß*
der eigenen .... *als auch*
zu der .... (Liedschluß) — Sich mühend
(die dienenden,) flügel-
streckenden (Eroten) (Zit.) ....
..... , *sagt sie,* ....

— [(Zitat, Liedanfang)   90 LP. fr. 1. col. III

.[ἀγε-]

ρώχου[ς τὰς ἄγαν ἐχού-]

σας γέρας: .[(Zitat)

καὶ Γυριννͅ[15

τὰς τοιαύτας .[.]..[(Zitat)   ἐ-]

γὼ τὸ κάλλος ἔπετ.[

μέζον τί γὰρ ἦν ἔμ['αὔται;

εἶναι καὶ ἀρετῆς πο[ἀλ-]

λὰ μήποτε λέγει ὅτι ο[20

κάλλι εὐφημεῖσθα[ι

μοὶ Ζεφύρω πνεῦμα [

σοὶ δ' ἀν[εμ]οφόρητο[ν (Zitat)

      ]ρον δεκα.[

      ]ς παῖ τας μ[(Zitat) αὔτη πρὸς]   25

['Ανδρομέ]δην γέγρα[πται

      ]ὑπὸ 'Ανδ[ρομέδης

      ].ι οὐκ εὐν[

      ]ωαρρε.[

      ]χήτις[

**Kommentar su Sappho, P. Ox. XXI (1951) nr. 2293, fr. 1
col. III**

· · · · · · · · · · · · · · · · · ·   103 LP.

            ].ω[

      ]σαν ἐν τῶι.[

   ]ι δὲ ἰ κ(αὶ) ἐκάστης ὁ ᾶ[

   ]μεν τὸ γὰρ ἐννεπε[.]η προβ[(Zitat)

ἀεί]σατε τὰν εὔποδα νύμφαν [(Zitat)   5

   ]τα παῖδα Κρονίδα τὰν ἰόκ[ολπ]ον[(Zitat)

   ]ς ὄργαν θεμένα τὰν ἰόκ[ολ]πος α[(Zitat)

. . . .
. . . . (Zitat, Liedanfang)
. . . . *(mit dem Wort)* age-
rochos *bezeichnet sie die Frauen, die zuviel*
Vornehmheit haben. . . . . (Zitat)
und Gyrinno . . . .
Frauen von dieser Art. Habe ich (doch nie)
die Schönheit ge(tadelt):
denn was hatte ich denn (selbst) größeres ?
(Zit.) *(sie meint, daß in der Schönheit auch)*
von sittlicher Tugend ein gut Teil enthalten ist:
vielleicht aber will sie sagen, daß (sie selbst einst)
sehr schön (war). Still sein (möge?)
mir des Zephyros Wehn . . . .
dir jedoch vom Wind getragenes
. . . . (bringen?) (Zit.) . . . .
. . . . Kind der . . . . (Zit.) *(auch diese)*
(Ode ist an Androme)da geschrieben . . . .
. . . . *von And(romeda)* . . . .
. . . . *(ihr) nicht wohl(gesinnt)* . . . .
. . . .
. . . . *und welche* . . . .

. . . .
. . . .
. . . . *in dem* . . . .
(Oden) aber 10 und von jeder der erste (Vers)
(Singen wir:) tritt hervor denn und sag (mir)
getreulich dies (Zit.)
Singet nun von der schönfüßigen Braut (und
ihrem schlanken Freier) (Zit.)
(Jetzt wenn) je (soll) das Lied klingen von Zeus
veilchenumkränzter Tochter (Zit.)
(Wünschen möcht ich) verbann Zorn aus dem
Sinn, der uns von Aphrodite (Zit.)

]ιν ἄγναι Χάριτες Πιέριδέ[ς τε] Μοῖ[σαι   (Zitat)

     δ]ηποτ᾽ ἀοιδαι φρέν[...]αν.[(Zitat)

     ]σαῖοισα λιγύραν [ἀοί]δαν (Zitat)   10

   γά]μβρον ἄσαροι γὰρ ὑμαλιχ[ες (Zitat)

     ]σε φοβαισι⟨ν⟩ θεμενα λύραν[(Zitat)

     ].λη χρυσοπέδιλ⟨λ⟩[ο]ς Αὔως [(Zitat)

        ]ˉ   στίχ(οι) ρλ[ ]   [

        ]μετὰ τὴν πρώτην[15

        ]φέρονται ἐπιγεγρα[

   Ἐπιθα]λάμια   [

        ]βυβλίου καὶ βελτ[[ε]]ιο[ν

        ]   [

        ]ροπ....[..].ε.[20

Auswahl von Sapphozitaten, P. Ox. XXI (1951) nr. 2294

[‿ ∪ ‿ ⏓ x]αδδέχεται μέλαινα[inc. a. 27 LP.

[‿ ∪ ‿ πόλλ]ων ἀχέων ἐπαύσθη[

[‿ ∪ ‿ ⏓] Ἀτρεΐδαι τελέσθη[ν

   [‿ ∪ ∪ ‿ ⏑]

P. Rainer 29777 a (Oellacher, PER N.S. I, 1932, 88;
Sappho ε´ 6 Gall.)

                                        nov. fr.

   ]..ηθωνδιουθυ[........ φ]αμέν, ὅτι [ηὐξήθη δι᾽ ἑται]ρας
ἡ μου-[σική], εἰ ὦ[δε ἀπών]ατο νέων [παρθ]έν[ων κ]αὶ [π]ερὶ
τὴν [οὐσία]ν. ὥστε[ρο]ν καὶ τοῦτό [πως οὔ]τως λ[έγ]ει· (Zitat)
ἀλλ᾽ ⁺αι⁺ με..[..]λειφα[   ]εἰσόρησθα ⁺ειγι⁺[.]..ν.ν [   ]σων
πέφυκα. πλο[ῦτ]ο[ν] θέοι δίδοισιν [το]ῖσι{ν} [θ]έ[λο]⟨ι⟩σιν

Anon. de lyricis P.Ox. XXIX (1963) nr. 2506 fr. 48 col. II 1—11;
e. gr. supplevi (Quaderni Urbinati 2, 1966, 3ss.)

e) *Kommt herbei, Charitinnen, ihr und Pieriens Musen!* (Zit.)

f) .... *stets wenn ein Lied (sänftigt) den Sinn (den Menschen)* (Zit.)

g) .... *höre (von fern) hell unser Lied erklingen* (Zit.)

h) *(Schützt) den Bräutigam (gut,) sind doch so keck all seine Jugendfreunde* (Zit.)

i) .... *setze aufs Haar, (mir aber gib) die Leier* (Zit.)

k) *(Eben zeig)te golden-beschuht (mir sich) die Morgenröte* (Zit.)

(Oden sind das) 10   Verse 13 (6)   (....)
(Sie alle)   nach der ersten (Ode)
sind bekannt unter der Überschrift
„Epithalamia"   *(Es sind das)*
(die ....) dieses Buches und die hübscher(en)
....   *.......*

[Achill]

Aufgenommen hat ihn die schwarze Erde
und ein Ende fanden die vielen Leiden,
die er auf sich nahm, dem Atridenfürsten
(Helfer im Kriege).

... *der Vertrauten, wovon (man) Opfer(?)* ... *Wir behaupten, daß durch die Gefährtinnen die musische Kunst gefördert wurde, wenn von den jungen Mädchen sie selbst auf diese Weise einen Gewinn auch in materieller Hinsicht hatte. Später spricht sie das auch so aus* (Zitat): „Freilich erblickst du mich (mit) Ölen (gesalbt), .. Von Geburt bin ich (adeliger?) als so viele(?): Reichtum geben die Götter, wem sie wollen.

ωςδα . [6 LP.

κα̣χ̣χ̣[

ατρι[

κτα . [

[   ] . [5

θᾰ[

στεῖχ[ε

ὦςιδῳ[μεν

τὰςετ . [

ποτνια δ[' Αὔως]   10

χρυσοπ[αχυς

κἄππο[

. ανμ[

κᾱρα . [

[   ] . [15

I) P. Ox. XXI (1951) nr. 2289 fr. 1 a + b; (II) v. 10 = Sappho 16 D.² (E.M. 174, 42). — In margine sin. v. 4 ι̅ (= 500)

. . . .   7 LP.

Δωρί]χας . [. . . . .] . [

]χηνχέλετουγαρ[‿ ⌣]

]α̣ῖς

]κἀνηναγερωχία[×]

]μμενδαννέρισι[5

] . ανφ[.]λ[. . . . . .]ι[

]μα̱[.]

Ρ. Ox. XXI (1951) nr. 2289 fr .2

]αρχαλειοιταςε . [9 LP.

]πανουχεχη[

]ερεόρταν [

]μαν[γὰ]ραιτελε[

]ρωνέμ[5

] . . ᾱςάμ[

]υσαι[

] . ος δε[

]ν . [

O. Ox. XXI (1951) nr. 2289 fr. 4.

]ρηονθαλαμωτωδες[inc. a. 26 l.P.

]ιςευποδανύμφαναβ[ραν

] . νννδ[

]νμοι · [

]αςγε . [5

P. OX. XXI (1951) nr. 2308

] . ᾰ κάλαν [64 a D².

]αἰγιόχω λα[

] . Κυθέρη', ε[ϑχ]ομ[

ἴλλα]ον ἔχοισα θῦμο[ν

κλ]ῦθί μ' ἄρας, αἴ π[οτα   5

ἐράνν]ας προλίποισα Κ[ύπρω

] . πεδ' ἔμαν ἰώ[

] . ν χαλέπᾱι . [

P. Ox. XVIII (1941) nr. 2166 d, 1 p. 44.

. . . . Alc. 255 LP.

]μ[
]ανθειαϲἀπυ[
]εϲκιβισινδ.[
]χατοκᾱ̈κφίλεπ.[
ἐ]κδέλεμόστια[5
]ϲ· περέτὲ.[
].μαβο.[
]ερε.[

P. Ox. XXI (1951) nr. 2299 fr. 4

. . . . .Alc. 256 LP.

].λων.[
]εμοννο[η]μμαργαλ[ε-
]αἰασονθ[ερ]απον[τ
].οναλλα.[.]ηνα[[
'Α]τθιδηανκεφαλαν[5
]παϊϲτονδετελεσ.[
]ωδεφ[   ]σοκ[
]οσπ[   ]ε.υ[
]θριασ[.].[
    ]ησθεγα.[10
]..[[λ]]οισιν.[
]χταιμελα.[
].τογάρκεισ.[
]ινον...ω.[
].[15

P. Ox. XXI (1951) nr. 2299 fr. 5 a

]ωϲοτεπα[Alc. 257 LP
]πρόσ(σ)θε[
]λαμπομ[
]παντεπιχ[
]ὠϲτομελι[5
]ῆρέτιπᾱϲτ[
μ.[
να[
κα[
εμ[10
να[

P. Ox. XXI (1951) nr. 2299 fr. 6

. . . . Alc. 263 LP.

]..[
]φονε.[
]αρμ'ερο[
]..οσσιμαν[
].'ἀιθεροσον[5
]εωϲδενα[
θα]υμασιονμεν.[
]..πεφυκεδ.[
].εκαλος[
]εφαντ[10
].αϲδελ[
]λωνενν[
]λος·αμφι[

P. Ox. XXI (1951) nr. 2299 fr. 12

].. μα[.].[Alc. 259 LP.

]χαλαις, ως[

]τουτοτοιφ[

]γενεσθαιχ[

ωςγαρχε[5

οπποινὖν[

μωσαμμ.[

]ελπωρα[

].δοςο[..]...[

]σομε.[.]ποτ.[10

]ουχαυδδεες[

[α]υταγαρπαρο[ς

[ἰ]πποιςῆχες[

[.].δαλλαιπαρεβα.[

κοσμωχυδοςεχ[15

νυνδεῖχῆναμε[

βεβάχαισ[..].[.]...[

P. Ox. XXI (1951) nr. 2299
fr. 8 a col. II

. . . .   Alc. 261 LP. col. I

]ημ[

'Αφρό]δ[[ε]]ἴτ[α

]αχεφα.α..[

ι]ανλυθεισα·

μαλ]οπαρανεσοίμαν   5

]'.δε.β[   ]νγυναιχων

]...οισανμ[   ].ζάεισαι

].ινορχησθ['ἐρό]εσσάβανθι·

(vacat)

P. Ox. XXI (1951) nr. 2299 fr. 10 b col. I

. . . . . . Alc. 261 LP. col. II

].[. .]κυπ[
αγλαοι.[
βωμος[5
κυαν[
αρχ[P. Ox. XXI (1951) nr. 2299
χον[fr. 10 b col. II

αν(τι) ψ[.]ν[ ] Μυρσ[ι]λον [ ]   Schol. Alc. 259 LP.
τ.[. .]ον [ ]φ.ει γαρ...[ ]τω).[col. I

Schol. P. Ox. XXI (1951) nr. 2299 fr. 8 col. I, 9 s.

] [25 a D³.   σμικρ[149 a, b D³.
].οισα[.].   τὰν σφ[
Γ]υριννοι   πολλα[
].αύταν   πρὶγ γα[
].   5   πὸλλαισ[5
]σ'ἔοισαν   τῶν σφω[
]λοισα   ὠδαμελ[
].[χει[

P. Ox. XVIII (1941)   explicit
nr. 2166 (a) fr. 1

        Γοργ[P. Mediol. ed. Vogliano,
              PRIMI I (1937) nr. 7

. . .   (fr. novum)

]προλ[
]φερην[
].ιδεθελ[. . .   (fr. novum)
Ἀρ]χεάνασσα[   ]α.[
]δήποτ' ὀνα[5 Ἔ]κλυον ε[
]νυσαμέν[K]ραννιαδες δ[
]εν ἐπηρατ[πα]ρθενίκαις υ[
]ν[   ].μ[

P. Ox. XXIII (1956)   ].[P. Ox. XXIII (1956)
nr. 2357 fr. 1   nr. 2357 fr. 4

DAS ERSTE BUCH

Ποικιλόθρον᾿ ἀθανάτ᾿ Ἀφρόδιτα,　　　　　　1 D.
παῖ Δίος δολόπλοκε, λίσσομαί σε,
μή μ᾿ ἄσαισι μηδ᾿ ὀνίαισι δάμνα,
πότνια, θῦμον,
ἀλλὰ τυίδ᾿ ἔλθ᾿, αἴ ποτα κἀτέρωτα　　　　　5
τᾶς ἔμας αὔδως ἀίοισα πήλυι
ἔκλυες, πάτρος δὲ δόμον λίποισα
χρύσιον, ἦλθες
ἄρμ᾿ ὐπασδεύξαισα, κάλοι δέ σ᾿ ἆγον
ὤκεες στροῦθοι περὶ γᾶς μελαίνας　　　　　10
πύκνα δἴννεντες πτέρ᾿ ἀπ᾿ ὠράνωἴθε-
ρος διὰ μέσσω,
αἶψα δ᾿ ἐξίκοντο, σὺ δ᾿, ὦ μάκαιρα,
μειδιαίσαισ᾿ ἀθανάτωι προσώπωι
ἦρε᾿, ὄττι δηὖτε πέπονθα κὤττι　　　　　15
δηὖτε κάλημμι
κὤττι μοι μάλιστα θέλω γένεσθαι
μαινόλαι θύμωι, ῾τίνα δηὖτε Πείθω
+μαῖσ᾿+ ἄγην ἐς σὰν φιλότατα, τίς σ᾿, ὦ
Ψάπφ᾿, ἀδικήει;　　　　　20
καὶ γὰρ αἰ φεύγει, ταχέως διώξει,
αἰ δὲ δῶρα μὴ δέκετ᾿, ἀλλὰ δώσει,
αἰ δὲ μὴ φίλει, ταχέως φιλήσει
κωὐκ ἐθέλοισα᾿.
ἔλθε μοι καὶ νῦν, χαλέπαν δὲ λῦσον　　　　　25
ἐκ μερίμναν, ὄσσα δέ μοι τέλεσσαι
θῦμος ἰμέρρει, τέλεσον, σὺ δ᾿ αὔτα
σύμμαχος ἔσσο.

(I) Dion. Halic. de comp. verb. 173—9 (VI 114 ss. Usener, cf. Radermacher, Dion. Halic. opuscula II, 2 praef. p. XIIs.); (II) P. Ox. XXI (1951) nr. 2288; (III) (vv. 1, 4, 5) Hephaest. Ench. 14, 1 (p. 43 s. Consbruch); (IV) (vv. 1—5) Choerob. in Hephaest. 14 (pp. 249—253) et 11 (p. 244 Consbr.); (V) (v. 3) Schol. A in Hephaest. 11 et 14 (p. 146 et 151 Consbr.); (VI) (v. 5) Priscian. Inst. Gr. I, 37 (II 28 Keil); (VII) (ad v. 6) Apollon. Dysc. de pron. p. 197, 15 Schneider; (VIII) (v. 9) Herodian. π. καθολ. προσωιδ. I, 144, 17, cf. π. μονήρ. λέξ. II 948, 4 s. Lentz; (IX) (v. 20) Etym. Magn. 485, 41 (Etym. Gud. 294, 38). — cf. ad vv. 9—13 Athen. IX 391 f (II 354 Kaibel).

DAS ERSTE BUCH

Aphrodite, Göttin auf buntem Throne,
dich, des Zeus listsinnende Tochter, ruf ich:
zwing in Gram und Qualen nicht ganz darnieder,
    Herrin, das Herz mir,
sondern komm hierher, wenn du sonst schon einstmals
meiner Stimme Rufen von ferne hörtest
und, des Vaters goldenes Haus verlassend,
    zu mir herabkamst
hoch zu Wagen, den dein Gespann, die muntren
Vögel, trugen über die schwarze Erde,
flink die Flügel regend, aus Himmelshöhen
    und durch die Lüfte
rasch ans Ziel der Fahrt, und du fragtest, Sel'ge,
lächelnd mit unsterblichem Götterantlitz,
was denn wieder dulden ich mußte, warum
    wieder ich riefe
und was nun ich Rasende wohl mir wünsche,
daß es sich erfülle? „Wer ist's, den Peitho"
„wieder schenken soll deiner Liebe, wer denn,"
    „Sappho, tut weh dir?"'
„Flieht sie jetzt, so wird sie dich bald verfolgen,"
„nimmt sie kein Geschenk, wird sie selbst bald schenken,"
„liebt sie jetzt auch nicht, wird sie bald doch lieben,"
    „ohn' es zu wollen!"'
— Komm zu mir auch jetzt und erlös aus schwerer
Sorge mich, und was meines Herzens Sehnsucht
wünscht und hofft, erfülle es du, sei du mir
    Bundesgenossin!

(Schluß des Liedes)

Φαίνεταί μοι κῆνος ἴσος θέοισιν   2 D.
ἔμμεν' ὤνηρ, ὄττις ἐνάντιός τοι
ἰσδάνει καὶ πλάσιον ἆδυ φωνεί-
     σας ὐπακούει

καὶ γελαίσας ἰμέροεν, τό μ' ἦ μὰν   5
καρδίαν ἐν στήθεσιν ἐπτόαισεν,
ὠς γὰρ ἔς σ' ἴδω βρόχε' ὤς με φώνας
     οὐδὲν ἔτ' εἴκει,

ἀλλὰ κὰμ μὲν γλῶσσα +ἔαγε+, λέπτον
δ' αὔτικα χρῶ πῦρ ὐπαδεδρόμηκεν,   10
ὀππάτεσσι δ' οὐδ' ἒν ὄρημμ', ἐπιρρόμ-
     βεισι δ' ἄκουαι

ἀ δέ μ' ἴδρως κακχέεται, τρόμος δὲ
παῖσαν ἄγρει, χλωροτέρα δὲ ποίας
ἔμμι, τεθνάκην δ' ὀλίγω 'πιδεύης   15
     φαίνομ' ἔμ' αὔται

ἀλλὰ πὰν τόλματον ἐπεὶ +καὶ πένητα+

. . . .

(I) [Longin.] de sublim. 10; (II) (vv. 1—2) Apollon. Dysc.
de pron. 59 et 82 Schneider; (III) (vv. 7 ss.) [Plut.]
amator. 18 (Mor. IV 436 Bernardakis); (IV) (vv. 9—10)
Plut. de prof. in virt. 81 d (Mor. I, 196 Bernard.); (V)
Anecd. Oxon. I, 208, 13 Cramer (ἴδρώς fem. gen.); (VI)
(v. 14—16) P. Flor. ed. M. Manfredi, Dai papiri della
Società Italiana, 1965, nr. 2. p. 16 s.

Φαίνεταί Γοι κῆνος . . . .   3 D.

Apollon. Dysc. de pron. 82, 17 Schneider

Ἄστερες μὲν ἀμφὶ κάλαν σελάνναν   4 D.
ἆψ ἀπυκρύπτοισι φάεννον εἶδος,
ὄπποτα πλήθοισα μάλιστα λάμπηι
     γᾶν ⟨ἐπὶ παῖσαν⟩
. . . . ἀργυρία   5

(I) (vv. 1—4) Eust. in Jl. 729, 20; (II) Anecd. Par. III
233, 31 Cramer; (III) Ps.-Iulian. epist. 19 (ep. 194 Bidez-
Cumont)

Scheinen will mir, daß er den Göttern gleich ist,
jener Mann, der neben dir sitzt, dir nahe
auf den süßen Klang deiner Stimme lauscht und,
*   wie du voll Liebreiz*

ihm entgegenlachst: doch, fürwahr, in meiner
Brust hat dies die Ruhe geraubt dem Herzen.
Wenn ich dich erblicke, geschiehts mit einmal,
*   daß ich verstumme.*

Denn bewegungslos liegt die Zunge, feines
Feuer hat im Nu meine Haut durchrieselt,
mit den Augen sehe ich nichts, ein Dröhnen
*   braust in den Ohren,*

und der Schweiß bricht aus, mich befällt ein Zittern
aller Glieder, bleicher als dürre Gräser
bin ich, dem Gestorbensein kaum mehr ferne
*   schein ich mir selber.*

Aber alles muß man ertragen, da doch
. . . .

*   Jener scheint ihm . . . .*

Alle Sterne rings bei dem schönen Monde,
sie verbergen alle ihr strahlend Antlitz,
wenn der helle Vollmond sein Licht läßt scheinen
*   über die Erde*
. . . . silberne (Mond) . . . .

```
_ ᴜ _ ᴜ  ὀϱϱάνοθεν ⟨ᴜ _ ⏑⟩                                    5/6 D.
         ⟨–⟩ κατίοισα
```

δεῦϱυ μ[[μ]]᾽ ἐς Κϱητας ̣ .π[.....]ναῦον
ἄγνον ὅπ[παι δὴ] χάϱιεν μὲν ἄλσος
μαλί[αν], βῶμοι δ᾽ ἔνι θυμιάμε·   5
    νοι ⟨λιβ⟩ανώτω

ἐν ⟨δ᾽⟩ ὕδωϱ ψῦχϱον κελάδει δι᾽ ὕσ⟨δ⟩ων
μαλί⟨νω⟩ν, βϱόδοισι δὲ παῖς ὁ χῶϱος
κ⟨ασ⟩σκιάσ⟨θ(η)⟩, αἰθυσσομένων δὲ φύλλων
    κῶμα κατέϱϱ⟨ει⟩   10

ἐν δὲ λείμων ἱππόβοτος τέθαλε
πϱϱινίνοισιν ἄνθεσιν αἰ [δ᾽] ἄνητοι
μέλλιχα πνέϱισι [ᴜ _ ᴜ _ ⏑]
    [_ ᴜ ᴜ _ ⏑]

ἔλθε δὴ σὺ στέμ[ματ᾽] ἔλοισα, Κύπϱι,   15
χϱυσίαισ⟨ιν⟩ ἐν κυλίκεσσιν ἄ⟨β⟩ϱω⟨ς⟩
συμμ⟨εμ⟩είχμενον θαλίαισι νέκταϱ
    οἰνοχόεισα
         (fort. explicit)

(I) Ostracon Flor., denuo ed. Norsa PSI XIII nr. 1300;
(II) (vv. 7—10) Hermog. π. ἰδεῶν II 4 (p. 331 Rabe);
(III) (vv. 15—18) Athen. XI 463 e (III 9 s. Kaibel); (IV) (ad
v. 8) Anecd. Oxon. III 240,1 Cramer (= adesp. 59 Bgk.)

ἤ σε Κύπϱος ἤ Πάφος ἤ Πάνοϱμος   7 D.
Strabo I p. 40

σοὶ δ᾽ ἔγω λεύκας ἐπὶ βῶμον αἴγος   8 D.

         *

κἀπιλείψω τοι ....
Apollon. Dysc. de pron. I p. 81, 24 ss. Schneider

. . . . *vom Himmel*
      steige hernieder,

komm hierher, zum heiligen Tempel Kretas(?),
wo von Apfelbäumen ein schöner Hain sich
rings erstreckt, darinnen Altäre stehen,
      schwelend von Weihrauch.

Kühles Wasser rauscht an den Apfelzweigen
leis vorbei, im Schatten der Rosensträucher
liegt der Hang, von wiegenden Blättern senkt sich
      Schlummer hernieder.

Eine Wiese liegt da, den Pferden Weide,
prangt sie bunt im Schmucke der Frühlingsblumen,
süßen Duft verströmt das Aniskraut, ..
     . . . . .

Komm denn, Kypris, schmücke dein Haupt mit Kränzen,
um in goldnen Schalen als reiche Gabe
den zu frohem Feste bereiten Nektar
      uns zu kredenzen!
               (verm. Liedschluß)

       [An Aphrodite]

mag dich Kypros, Paphos oder Panormos eben
(dort dich weilen lassen) . . . .

dir will ich (das Fleisch) einer weißen Ziege
(opfern) am Altar . . . .
                *

und will spenden dir . . . .

αἶθ' ἔγω, χρυσοστέφαν' 'Αφρόδιτα,   9 D.
τόνδε τὸν πάλον λαχόην ‿ _ ⩊

Apollon. Dysc. de synt. 247 b (II p. 350 Uhlig)

αἶ με τιμίαν ἐπόησαν ἔργα   10 D.
τὰ σφὰ δοῖσαι

Apollon. Dysc. de pron. 113, 10 Schneider

οἶμαι δέ σε καὶ Σαπφοῦς ἀκηκοέναι πρός τινας τῶν εὐδαι- 193 LP.
μόνων δοκουσῶν γυναικῶν μεγαλαυχουμένης καὶ λεγούσης
ὡς αὐτὴν αἱ Μοῦσαι τῷ ὄντι ὀλβίαν καὶ ζηλοτὴν ἐποίησαν
καὶ ὡς οὐδ' ἀποθανούσης ἔσται λήθη

Ael. Aristid. or. 28, 51 (II 158 Keil)

τάδε νῦν ἐταίραις   11 D.
ταὶς ἔμαις +τέρπνα+ κάλως ἀείσω.

Athen. XIII 571 d (III 260 Kaibel)

ταῖς κάλαισ⟨ιν⟩ ὔμμι νόημμα τῶμον   12 D.
οὐ διάμειπτον

Apollon. Dysc. de pron. 98, 3 s. Schneider

ταῖσι .... ψῦχρος μὲν ἔγεντο θῦμος   13 D
πὰρ δ' ἴεισι τὰ πτέρα

Schol. Pind. Pyth. 1. 10 (II 10 Drachmann)

.... κὰτ ἔμον στάλαγμον   14 D.
    * * *
τὸν δ' ἐπιπλάζοντ' ἄνεμοι φέροιεν
    καὶ μελέδωναι

v. 1: Etym. Magn. 576, 26 (Et. Gen.). — vv. 3—4: (I)
Herodian. π. μονήρ. λέξ. II 929, 19 Lentz; (II) Etym.
Magn. 335, 39 (Et. Gen.)

'Αρτίως μ' ἀ χρυσοπέδιλλος Αὔως   15 D.

Ammonios, Lex. 23 (p. 25 Valckenaer, 2. ed.)

Wenn ich doch, o Göttin mit goldnem Kranze,
Aphrodite, dies als mein Los erhielte!

[Die Musen]
die ihr Werk mich lehrten, die Ehren alle
dank ich ihnen ....

Ich meine, du hast auch von Sappho gehört, wie sie sich
rühmt vor einigen jener Frauen, die sich reich dünkten, und
wie sie sagt: sie hätten die Musen wahrhaft reich und be-
neidenswert gemacht, und selbst wenn sie sterbe, werde man
sie nicht vergessen.

— will ich meine Mädchen
durch dies schöne Lied, das ich sing, erfreuen.

euch, ihr Schönen, wird sich mein Sinn und Fühlen
niemals entfremden.

und erkaltet ist da das Herz (der Tauben),
niedersinken lassen sie ihre Flügel —

.... für mein Weinen .....
* * *
der so schmäht(?), den mögen die Winde treiben
und seine Sorgen!

Früh hat mich die golden-beschuhte Eos —

. . . . πόδα⟨ς⟩ δὲ   17 D.
ποίκιλος μάσλης ἐκάλυπτε, Λύδι-
    ον κάλον ἔργον.

(I) Schol. Aristoph. Pac. 1174; (II) Pollux
VII 93 (II 78 Bethe)

. . . . ἢ τιν' ἄλλον   18 D.
⟨μᾶλλον⟩ ἀνθρώπων ἔμεθεν φίλησθα;

Apollon. Dysc. de pron. 66,5 s. Schneider

ὄπταις ἄμμε   19 D.

Apollon. Dysc. de pron. 100, 6 Schneider

καὶ ποθήω καὶ μάομαι ᴗ _ ᴗ   20 D.

(I) Etym. Magn. 485, 43; (II) Etym. Gud. 294, 40
= Anecd. Par. IV 63 Cramer. sine nomine auctoris

ὦ τὸν Ἄδωνιν   21 D.

Marius Plotius Sacerdos, gramm. III 3 (VI 516, 25
Keil)

. . . .   23 D.

      ]δώσην

      ]ύτων μέν τ' ἐπτ̣[
      κ]άλων κᾶσλων· σ̣[
      φί]λοις, λύπης τέ μ[ε
      ]μ' ὄνειδος   5

      ]οιδήσαις. ἐπιτᾳ̣[
   [καρδ]ίαν· ἄσαιο. τὸ γὰρ ἠ̣[όημμα]
   [τὦ]μον οὐκ οὕτω μ[
      ]διάκηται·

      ]μη δόαζε, [10
         ]χις, συνίημ[ι
         ]λης κακότατο[ς
         ]μεν

.... *die Füße*
staken (ihr) in purpurnen Schuhn, wie Lyder
          kunstreich sie machen.

.... *oder*........ *ist ein*
andrer Mensch dir lieber vielleicht als ich's bin?

..... *du dörrest uns* ....

Sehnen und Begehren zugleich erfaßt mich

wehe, Adonis!

.... *in*
          Zukunft zu geben.

Dieser Dinge ....
...... *der schönen, feinen; (du kränkst ..)*
(alle) deine Freunde, bereitest Gram mir,
          (mir lauter) Schande.

(Sei nicht?) aufgebracht gegen (deine Schwester),
(nicht) verblenden laß dir das Herz, denn wisse,
daß mein Sinn kaum derart dem Zorn sich preiszu-
          geben gestimmt ist.

Zweifle nicht, ...
.... *ich verstehe* ....
.... *des Unglücks*
          . . . .

]ν ἀτέραις με[

]η φρένας, εὔ[　　　　　　　　15

]α τοῖς μάχα[ρας

· · · · · · · ·

· · · · · · · · · ·

(I) (vv. 1—10) P. Berol. 5006 (Schubart, BKT V, 2
p. 9); (II) (vv. 6—18) P. Ox. III (1903) nr. 424, nunc
P. Graz I, 1926

[Κύπρι καὶ] Νηρήιδες, ἀβλάβη[ν μοι]　　　　　25 D.

[τὸν κασί]γνητον δότε τύϊδ' ἴκεσθα[ι]

[κὤσσα Ϝ]οι θύμωι κε θέληι γένεσθαι

　　　[πάντα τε]λέσθην·

[ὄσσα δὲ πρ]όσθ' ἄμβροτε πάντα λῦσα[ι]　　　5

[καὶ φίλοισ]ι Ϝοῖσι χάραν γένεσθαι

　　　　δ' ἔ]χθροισι, γένοιτο δ' ἄμμι

　　　[μηκέτι μ]ηδ' εἶς

[τὰν κασιγ]νήταν δὲ θέλοι πόησθαι

[ἔμμορον] τίμας [ὀν]ίαν δὲ λύγραν　　　　10

　　　]οτοισι π[ά]ροιθ' ἀχεύων

　　　　].να

　　　]λ' εἰσαΐω[ν] τό κ' ἐν χρῶι

　　　]λ'ἐπαγ[ορί]αι πολίταν

　　　]λλωσ[...]νηκε δ' αὖτ' οὐ　　　　15

　　　　]κρω[.]

　　　]οναικ[..]εο[ισ]ι

　　　]..[.]ν· σὺ [δέ,] Κύπ[ρι] ..[..]να,

　　　]θεμ[έν]α κάκᾱν[

　　　　]ι.　　　　　　　　20

(fortasse explicit)

(I) P. Ox. I (1898) nr. 7, cf. Milne, Cat. of the Lit. Pap. in the
Brit. Mus., 1927, 43; (II) (vv. 17—18): P. Ox. XXI (1951)
nr. 2289 fr. 6

.... *die anderen Frauen* ....
.... *die Sinne, wohl* ....
.... *(die Götter,) die Seligen (rufen?)*
   . . . .

. . . .

Kypris und ihr Töchter des Nereus, bringt mir
wohlbehalten hierher den Bruder wieder!
Was sein Herz sich wünscht, daß es wirklich werde,
   — alles erfüllt ihm!

Was er einst gefehlt hat, das soll er lösen,
Freude wieder sein den vertrauten Freunden,
seinen Feinden Gram, aber uns mag. niemals
   (feind einer werden!)

Seine Schwester wieder in Ehren sehen
sei sein Vorsatz, frei von den schlimmen Sorgen
die sein Leid bisher ihr gebracht hat, ..
   . . . . .

Wenn er (alles) hörte, er müßt' erröten(?)
über das, was hier seine Bürger reden
und es brächt ihn nochmals .....
   höchster (Bedrängnis?)

.... *wenn* .... *den jungen.*
Nun geleit du, Kypris, ihn glücklich heimwärts!
Böse (Stürme) halte ihm fern, (beschütz ihn)
   (auf seiner Heimfahrt!)

     (vermutlich Liedschluß)

. . . .   26 D.

]ạ μάχαι[ρα

]εὔπλο.[

].ατο; χα[

]

[ὄσσα δὲ πρ]όσθ'[ἄμ]βροτε χῆ[ν' ἔλυσεν]   5
         ]αταις [ἀ]νεμ[
[ἔσλαι σὺν] τύχạι λί[μ]ενος χλ[
         ].[   ]

[Κύ]πρι, χα[ί σ]ε πι[χροτάτ]ạν ἐπεύ[ροι]
[μη]δὲ χαυχάσ[α]ịτο τόδ' ἐννέ[ποισα]   10
[Δ]ωρίχα τὸ δεύ[τ]ερον ὡς πόθε[ννον]
     [εἰς] ἔρον ἦλθε.

(explicit)

P. Ox. X (1914) nr. 1231 fr. 1, 1—12 et fr. 3

[Ο]ἰ μὲν ἰππήων στρότον, οἰ δὲ πέσδων   27.a D.
οἰ δὲ νάων φαῖσ' ἐπ[ὶ] γᾶν μέλαι[ν]αν
[ἔ]μμεναι κάλλιστον, ἔγω δὲ χῆν' ὄτ-
     τω τις ἔραται.

[πά]γχυ δ' εὔμαρες σύνετον πόησαι   5
[π]άντι τ[ο]ῦτ', ἀ γὰρ πόλυ περσκέθοισα
κάλλος [ἀνθ]ρώπων 'Ελένα [ϝὸ]ν ἄνδρα
     τὸν [μέγ' ἄρ]ιστον

χαλλ[ίποι]σ' ἔβα 'ς Τροίαν πλέοι[σα]
χωὐδ[ὲ π]αῖδος οὐδὲ φίλων το[χ]ήων   10
πά[μπαν] ἐμνάσθη, ἀλλὰ παράγạγ' αὔταν
     ['   ]σαν

       γν]άμπτον γὰρ[
     ]...χούφως τ[◡ ◡ _]οησ[.]ν
[χἄ]με νῦν 'Ανακτορί[ας ὀ]νέμναι-   15
     [σ' οὐ] παρεοίσας,

Kypris, zu dir, selige Göttin, bet ich:
gute Seefahrt (schenk meinem fernen Bruder)
(ohne) .... *und*
       . . . . .

Was er einst gefehlt hat, er (hats) beglichen.
Mögen denn der Wind und die Meereswogen
als ein glückhaft Schiff zu dem Heimathafen
        bringen das seine!

Kypris, dich als strafende Göttin spüre
Doricha! Nicht laß sie sich dessen rühmen
daß ein zweites Mal in entflammter Liebe
        er ihr verfallen!

(Liedschluß)

Reiterheere mögen die einen, andre
halten Fußvolk oder ein Heer von Schiffen
für der Erde köstlichstes Ding, — ich aber
        das, was man lieb hat.

Leicht begreiflich läßt sich das jedem machen,
hat doch Helena, die an Schönheit alle
weithin übertraf, ihren Mann verlassen,
        den allerbesten:

fort ging sie und segelte hin nach Troja,
weder an ihr Kind noch die lieben Eltern
dachte sie zurück, denn ihr Herz verführte
        Kypris in Liebe.

.. biegsam ist ja .....
.... leicht ... die Sinne(?),
läßt auch mich der fernen Anaktoria
        wieder gedenken.

[τᾶ]ς κε βολλοίμαν ἐρατόν τε βᾶμα
κἀμάρυχμα λάμπρον ἴδην προσώπω
ἦ τὰ Λύδων ἄρματα κὰν ὅπλοισι
    [πεσδο]μάχεντας.   20

      ].μεν οὐ δύνατον γένεσθαι
      ]ạν ἀνθρωπ[..π]εδέχην δ᾽ ἄρᾶσθαι

. . . .

      τ᾽ἐξ ἀδοκή[τω]   27 b D.
        (explicit)

(I) P. Ox. X (1914) nr. 1231 fr. 1 col. 1, 13—34 et P. Ox.
XXI (1951) add. p. 122; (II) (vv. 31—32) PSI II nr. 123;
(III) (vv. 3—4) Apollon. Dysc. de synt. 291 b (II 419 Uhlig)

Πλάσιον δη μ[28 D.
πότνι᾽ Ἥρα, σὰ χ[
τὰν ἀράταν Ἀτρ[έιδαι θέσαν, κλῆ-]
    τοι βασίληες.

ἐκτελέσσαντες μ[έγ᾽ Ἄρευος ἔργον]   5
πρῶτα μὲν περι.[
τύιδ᾽ ἀπορμάθε[ντες ἐς Ἄργος ἔλθην]
    οὐκ ἐδύναντο,

πρὶν σὲ καὶ Δί᾽ Ἀντ[ίαον κάλεσσαν]
καὶ Θυώνας ἱμε[ρόεντα παῖδα.]   10
νῦν δὲ κ[αὶ . . . .
    κὰτ τὸ πάλ[αιον]

ἄγνα καὶ κạ[
[π]αρθ[εν·
[ἀ]μφὶ ọ[15
    [‒ ∪ ∪ ‒ ‒̆]

[   ]
.[.].ν ἰλ[
ἔμμενạ[ι
    [.]ραπικε[σθαι].   20
        (explicit)

(I) (vv. 1—10) PSI II nr. 123, 3—12; (II) (vv. 11—20)
P. Ox. X (1914) nr. 1231 fr. 1, col. 2, 12—21; (III) P. Ox.
XXI (1951) nr. 2289 fr. 9 et add. p. 122

Ihren leichten Schritt wollt' ich lieber sehen
und das helle Leuchten von ihrem Antlitz
als der Lyder reisiges Heer und erzge-
> *-wappnete Streiter.*

Nicht ist's möglich doch, daß dem Menschen werde
(vollen Glückes Los), aber teilzuhaben,
dies Gebet . . . .
> (fehlen einige Strophen)
> *wider Erwarten.*
>> (Liedschluß)

Nahe ist mir, nun ich zu dir hier bete,
Herrin Hera, deine Gestalt und Gnade,
deren Kult gestiftet des Heerbanns Führer
> *einst, die Atriden.*

Als vollbracht des Krieges gewalt'ges Werk war
und sie erst beim (. . . . gelandet ?),
lösten hier die Anker sie, konnten aber
> *heim nicht gelangen,*

eh sie dich und Zeus, der den Fahrtwind sendet,
und Thyonas freudvollen Sohn gerufen.
Heute noch (erklingen) die heil'gen (Lieder)
> *so wie vor Zeiten*

(euch zu Ehren, und zu dem Jahresfeste)
(tanzen) Mädchen(chöre im Hain hier Reigen)
rings um dein . . . .
> . . . . .

. . . .
. . . . gnädig . . . . .
(laß mich) sein . . . . und, Hera,
> *heim (mich) gelangen.*
>> (Liedschluß)

. . . .   30 D.

   ]μενοισα[

-με]θ' ἐν θύοισι[ν]

   ]ἔχοισαν ἔσλ[◡]

    ]

   ]ει δὲ βαισα[.]   5

   ]ὺ γὰρ ἴδμεν

   ]ιν ἔργων

    ]

   ]δ' ὐπίσσω

κ]ἀπικύδ[_]   10

   ]τόδ' εἴπη[.]

. . . .

P. Ox. X (1914) nr. 1231 fr. 2

   ]ἔπιθες μα[χαιρα]   31 D.

   ]ε,γάνος δὲ καί.[

    ]

   τ]ύχαι σὺν ἔσλαι

λί]μενος κρέτησαι   5

   γ]ᾶς μελαίνας

    ]

   οὐκ ἐθ]έλοισι ναῦται

   ]μεγάλαις ἀήται[ς]

   ]α κἀπὶ χέρσω   10

    ]

   ἄ]μοθεν πλέοι.[

   ]δε τὰ φόρτι' εἰκ[

   ]ν ἄτιμ' ἐπεὶ κη[

    ]   15

   ]ρέοντι πόλλαι[

   ]αι δέκα[

    ]ει

    ]

.... *harrend*
.... *wir bei den Opfern* ..
.... *hat sie feine*

　·　·　·　·

.... *schreitet daher sie* ..
.... *denn wir wissen*
dies sehr wohl ..... *der Werke*

　·　·　·　·

.... *künftig*
.... *und zum Ruhme*
.... *so spräche*

　·　·　·　·

.. *gib uns, Selige, noch zu allem*
... *und Glanz und* .....
　　(Kypris, beschere!)
Laß mit gutem Glück unser Schiff gelangen
zu dem Hafen, laß uns .....
...... *die schwarze Erde*
　　wieder betreten
Sturmwind tobt: nicht wollen die Schiffer weiter
segeln, denn sie fürchten die starken Stürme,
wünschen nur das Ende der Fahrt und anzu-
　　laufen das Festland
... *woher sie auch segeln mögen*
über Bord schon geht unsres Schiffes Ladung
.... .. *entehrt, da jene*

　·　·　·　·

.... *strömen in Menge* ..
.... *aufzunehmen*

·　·　·　·　·　·　·　·　·

　·　·　·　·

]ιν ἔργα   20
]χέρσω[
].α

P. Ox. X (1914) nr. 1231 fr. 9 et P. Ox. XXI
(1951) add. p. 122

. . . .   32 D

              ]
       ]λεπαβολησ[ᴗ]
    ]αν δ' ὄλοφυν [. . . .]ερ
    ]τρομέροις π.[. .]αλλα
              ]   5
    πάντα] χρόα γῆρας ἤδη
         ]ν ἀμφιβάσκει
         ]ς πέταται διώκων
              ]
         ]τας ἀγαύας   10
         ]εα · λάβοισα
[δ' ἀδύφωνον πᾶκτιν] ἄεισον ἄμμι
    [τὰν ἰόκολπον]
         ]ρων μάλιστα
         ]ας π[λ]άναται   15

. . . .

(I) P. Ox. X (1914) nr. 1231 fr. 10; (II) (vv. 12—13)
Apollon. Dysc. de pron. 97, 22 Schneider

. . . .   33 D.

       ]βλαφ[θ-
       ]ἔργον, πηλ' ἀπ[
       ]ν ῥέθος δοκιμ[
       ]ησθαι
[_]ν ἀνάδην χ.[5
[αἰ δ]ὲ μή, χείμων[
[_ᴗ]τοισαν ἄλγεα.[
       ]δε

P. Ox. X (1914) nr. 1231 fr. 12, cf. P. Ox. XXI
(1951) add. p. 125 nr. 11

.... *Werke*
.... *Festland*

        . . . .
.. *weckt das Alter den Jammer* ..
.... *zittrige Füße, kraftlos*
      werden die Knie

und es furcht die Haut allenthalben schon das
Alter .... *(Eros)*
fliegt den Jungen nach und verfolgt ...
       . . . . .
.... *der hehren*
...... *so nimm die Leier*
singe uns von ihr, die die duftgen Veilchen
      trägt an dem Busen
.... *am meisten*
.... *über die Erde hinirrt*

.... *ward zuschanden*
.. *Werk, doch ferne von (dir)* ...
wähne ich dein schönes Gesicht zu sehen
       .. *zu* ..
... *die lästige (Zeit des Winters?)*
und wo nicht, der Winter (wird ....)
.. *die an Schmerzen (Gewöhnte?)* ....
      . . . . .

. . . .
]αν ἄγᾳ[34 a D.
[ἀλλὰ μ]εμνᾱσεσθ' ἀ[
ἄ]μμες ἐν νεό[τατι
ἐ]πόημμεν.

[ἔσλα μ]ὲν γὰρ καὶ κά[λα   5
[ἤχο]μεν, πόλι[
[‗ χ]ο[ρ]είαις δ[
. . . .

P. Ox. X (1914) nr. 1231 fr. 13

. . . .   35 D.
]ἔρωτος ἠλπ[
]

[‗ ◡ ὢς γὰρ ἄν]τιον εἰσίδω σ[ε]
]'Ερμιόνα⟨ι⟩ τεαυ[ταν]
[οὐδάμα], ξάνθαι δ' 'Ελέναι σ' ἐίσ[κ]ην   5
[οὐδεν ἄει]κες

[αἰ θέ]μις θνάταις, τόδε δ' ἴσ[θι] τᾶι σᾶι
[καρδίαι], παίσαν κέ με τᾶν μερίμναν
]λαῖσ' ἀντιδ[..]'[.]αθοις δὲ
]   10

δροσύεν]τας ὔχθοις
]ταῖν
παν]νυχίσ[δ]ην
. . . .

P. Ox. X (1914) nr. 1231 fr. 14

[.].ε̣.[. . . . . . . .κ]έλομαι σ[36 D.
[Γο]γγύλα . [. Ἄβ]ανθι λάβοισα μα . [
[πᾶ]κτιν, ἆς σε δηὖτε πόθος τ.[
ἀμφιπόταται

...... zu sehr ...
sondern sollt euch dessen erinnern, wieviel
.... wir in der Jugend Schönes
*   ... taten*

Haben doch des Feinen so viel gehabt wir
und des Schönen, (voll war) die Stadt ...
.. Tänze ....
*   . . . . .*

.... der Liebe ... erwartet(?)
*   . . . . . .*

So, wie ich dich hier vor mir sitzen sehe,
scheinst du wohl Hermione nicht zu ähneln,
doch der blonden Helena dich vergleichen
*   wäre nur billig,*

so man's darf bei Sterblichen. Doch dies Eine
soll dein Herz stets wissen: für alle Sorgen
gäbe(?) ich ...... doch gute
*   . . . . . .*

.... die taufrischen Ufer ...
.... den beiden
.... die Nacht durch feiern
*   . . . . . .*

.... rufe ich dich, so komm doch,
Gongyla, du meine Abanthis, mit der
Leier, während noch deiner Jugend Reiz und
*   Anmut umschweben*

τὰν κάλαν· ἀ γὰρ κατάγωγις αὔτα[5
ἐπτόαισ᾽ ἴδοισαν, ἔγω δὲ χαίρω,
καὶ γὰρ αὔτα δήπο[τ᾽] ἐμέμφ[ετ᾽ _ ⌣]
        [Κ]υπρογέν[ηα.]

ὡς ἄρᾱμᾱ[ι
τοῦτο τῶ[10
[β]όλλομᾱ[ι

        · · · · · ·

P. Ox. X (1914) nr. 1231 fr. 15

        · · · · · · · · · · · · · ·   37 D.
                ]θαμέω[ς ⌣ _ ⌣]
                δ]ττινα[ς γὰρ]
        [εὖ θέω, κῆνοί με μά]λιστα πά[ντων]
            [_ ⌣ σίνοντα]ι

                ]ᾱλεμάτ[ων ⌣ _ ⌣]   5
                ]· γόνωμ[
                ].ιμ᾽ οὐ πρ[
                ]αι

                ]σέ· θέλω[
                τοῦ]το πάθη[ν   10
                ]λαν· ἔγω δ᾽ ἔμ᾽ [αὔται]
        [τοῦτο σύ]νοιδα

                ]ρτοισ[
                ]εναμ[
                ]ε[15
(I) P. Ox. X (1914) nr. 1231 fr. 16; (II) vv. 2—4:
Etym. Magn. 449, 36

·   38 D
                ]χαιπ[
                ]νοσ[
        [_ ⌣ ⌣ _]σι· [   ] [

dich, du Schöne: bringt doch dein Jäckchen selbst schon
jede, die es sah, aus der Fassung: Freude
ist das mir, nichts fände daran zu tadeln
    selbst Aphrodite,

und so bet ich um . . . .
dieses für den . . . .
Lieber will ich . . . .
        . . . . . .

. . . . so häufig
. . . . denn wem ich
Gutes tat, die pflegen am allermeisten
        mich zu mißhandeln

. . . . mit Prahlern
. . . . . . dem Sproß . . .
. . . . . . nicht . . . .
        . . . . . .

. . . . dich; ich möchte
. . . . dieses dulden
. . . . . und bewußt bin ich mir
        dessen schon selber

        . . . .
        . . . .

    . . . .
    . . . .
        . . . . . .

[ἦσθ]α καὶ γὰρ [δ]ὴ σὺ πάϊς ποτ[' ἄβρα,]
[. . .]ικης μέλπεσθ', ἄγι ταῦτα [πάντα]   5
[σοὶ] ζάλεξαι κάμμ' ἀπὺ τῶδε κ[ῆρος]
    [ἄ]δρα χάρισσαι·

[σ]τείχομεν γὰρ ἐς γάμον· εὖ δέ [γ' οἶσθα]
[κα]ὶ σὺ τοῦτ', ἀλλ' ὅττι τάχιστα[
[πα]ρ[θ]ένοις ἄπ[π]εμπε, θέοι[10
    [. . .]εν ἔχοιεν·

[οὐ γὰρ ἔστ'] ὅδος μ[έ]γαν εἰς Ὄλ[υμπον]
        ἀ]νθρω[π·   ]αικι[
. . . .
. . . .

P. Ox. X (1914) nr. 1231 fr. 50—54 et P. Ox. XXI (1951)
add. p. 123

. . . .   39 D.
        νύκτ[. . . .].[

πάρθενοι δ[
παννυχίσδοι[σ]αι[
σὰν ἀείδοισιν φ[ιλότατα καὶ νύμ-]
        φας ἰοκόλπω.   5

ἀλλ' ἐγέρθεις, ἠϊθ[
στεῖχε σοὶς ὑμάλιϰ[ας, ὡς ἐλάσσω]
ἤπερ ὄσσον ἀ λιγύφω[νος _ ⌣]
        ὔπνον ἴδωμεν
            (explicit)

MEΛΩN Ā
XHHHΔΔ

P. Ox. X (1914) nr. 1231 fr. 56 et P. Ox. XXI (1951)
add. p. 123

Warst ja selbst auch früher ein junges Mädchen
und im Chor klang hell deine Stimme. All das
überleg und tu uns aus solchem Herzen
  großen Gefallen,

denn zur Hochzeit ziehen wir nun, du weißt es
selbst sehr wohl: so schnell wie nur möglich laß die
Mädchen gehn, — und mögen die Götter dir es
  immerdar lohnen!

Sieh, es führt kein Weg zum Olymp, dem hohen,
für uns Menschen . . . .

. . . . . (im)
  nächtlichen (Dunkel)

Und die Mädchen (vor eurer Kammertüre)
singen bei der Nacht, bis der Morgen dämmert
deiner und der bräutlichen Jungfrau Liebe
  hell ihre Lieder.

Weckt dich, junger Bräutigam, dann der Morgen,
geh zu deinen Freunden (, daß wir grad soviel)
wie die schmelzend schlagenden (Nachtigallen)
  sehen den Schlummer.

(Schluß des Liedes)

Schluß des ersten Buches der Lieder
1320 Verse

DAS ZWEITE BUCH

ἠράμαν μὲν ἔγω σέθεν, Ἄτθι, πάλαι ποτά   40 D.

(I) Hephaest. Ench. 7, 7 (p. 23 Consbruch); (II) Schol. A in Hephaest. 7
(p. 130 Consbr.); (III) Schol. B in Hephaest. 9 (p. 274 Consbr.);
(IV) Marius Plotius Sacerdos, gramm. III 3 (VI 512 Keil); (V) Arsen.
28, 100 = Apostol. 8, 68 b (II 449 Leutsch-Schneidewin)

σμίκρα μοι πάις ἔμμεν' ἐφαίνεο κἄχαρις   41 D.

(I) Plut. amat. 5 (Mor. IV 405 Bernardakis); (II) Schol. Pind. Pyth.
2, 78a (II 44 Drachmann); (III) Maxim. Tyr. 18, 9 (p. 231 Hobein);
(IV) Terentian. Maur. de metr. 2154 s. (VI 390 Keil, cf. Mar. Victorin.
VI 111 Keil)

ἔγω δ' ἐπὶ μολθάκαν   42 D.
τύλαν κασπολέω μέλε' + α · κἂν μὲν τε τύλαγκας
ἀσπόλεα⁺

Herodian. π. μονήρ. λέξ. II 945, 7 Lentz

οὔ τί μοι ὔμμες   43 D.

Apollon. Dysc. de pron. 93, 24 Schneider

ἆς θέλετ' ὔμμες   44 D.

Apollon. Dysc. de pron. 93, 25 Schneider

⁺δ'⁺ ἀλλᾶ μὴ μεγαλύν⟨ν⟩εο δακτυλίω πέρι   45 D.

Herodian. π. μονήρ. λέξ. II 932, 23 ss. Lentz

οὐκ οἶδ' ὄττι θέω· δύο μοι τὰ νοή⟨μι⟩ματα   46 D.

Chrysipp. π. ἀποφατικῶν 23 (SVF II 57 s. Arnim)

ψαύην δ' οὐ δοκίμοιμ' ὀράνω ⁺δυσπαχέα⁺   47 D.

Herodian. π. μονήρ. λέξ. II 912, 16 Lentz

DAS ZWEITE BUCH

Liebgewonnen hab, Atthis, ich dich schon vor langer Zeit

(viell. Anfang eines Liedes)

wie ein kleines und reizloses Mädchen erschienst du mir

(viell. aus demselben Lied)

. . . . . ich aber bette aufs
weiche Lager die Glieder . . . .

. . . ihr mir gar nichts

. . . solang ihr's selbst wollt

tu, du Törin, doch nicht mit dem Ring so groß!

weiß nicht recht, was ich tu: denn mein Sinn ist ein zwiefacher

zu berühren vermein ich
den Himmel (mit Händen?) nicht

Ἦλθες, κά⟨λ'⟩ ἐπόησας, ἔγω δέ σ' ἐμαιόμαν   48 D.
ἂν δ' ἔφλυξας ἔμαν φρένα καιομέναν πόθωι
χαῖρε πόλλα .. ἰσάριθμά ⟨τε⟩ τῶι χρόνωι

· · · · · · · · · · · · · · · ·

Ps.-Iulian. epist. 60 (ep. 183 Bidez-Cumont)

ὀ μὲν γὰρ κάλος, ὄσσον ἴδην, πέλεται ⟨κάλος⟩,   49 D.
ὀ δὲ κἄγαθος αὔτικα καὶ κάλος ἔσ⟨σε⟩ται

Galen. protr. 8 (p. 102 Wenkebach, Quellen u. Stud. z.
Gesch. d. Naturw. u. d. Medizin, vol. 4, 1935)

· · · · · · · · · · · · ·Ἔρος δ' ἐτίναξέ μοι   50 D.
φρένας, ὡς ἄνεμος κὰτ ὄρος δρύσιν ἐμπέ⟨τ⟩ων

Maxim. Tyr. 18, 9 (p. 232 Hobein)

ὡς δὲ πάις πεδὰ μάτερα πεπτερύγωμαι ..   51 D.

(I) Schol. Theocr. I, 55 b (p. 50 Wendel); (II) Etym. Magn.
662, 35 (Et. Gen.); (III) Zonaras in πέπταμαι = Herodian
π. παθῶν II 187, 17 Lentz. nusquam nomen auctoris.

μήτ' ἔμοι μέλι μήτε μέλισσα ....   52 D.

(I) Anon. π. τρόπων 25 (Rhet. gr. 3, 206 Spengel); (II)
Diogenian. VI 58 (I, 368 Leutsch-Schneidewin), cf. par-
oemiogr. gr. II 39. 189. 527 Leutsch-Schneidewin

ἦρ' ἔτι παρθενίας ἐπιβάλλομαι;   53 D.

(I) Apollon. Dysc. de coniunct. p. 223 Schneider;
(II) Schol. in Dion. Thrac. 20 (p. 290 Hilgard)

· · · · · · · · · · · · · ·   54 D.

          ]λεται
          ][[κ]]αλος
          ]λ' ἄκαλα κλόνει
          ]κάματος φρένα   5
          ]ε κατίσδανε[ι]
          ]ἀλλ' ἄγιτ', ὦ φίλαι,
          ], ἄγχι γὰρ ἀμέρα
            (explicit)
P. Ox. X (1914) nr. 1232 fr. 1 col. 1

Kamst du endlich! Hab Dank! denn ich harrte in Sehnsucht
dein ...
Überströmen nun läßt du mein Herz, das in Liebe brennt.
Sei gegrüßt vielemal, so viel Mal, wie die Zeit...

zwar der Schöne ist schön, — nur soweit, wie sein Anblick zeigt:
der Rechtschaffne wird bald aber gleichfalls ein Schöner sein.

(es) hat geschüttelt die Sinne mir
Eros, so wie ein Sturm in die Eichen des Bergwalds fällt.

wie ein Kind zu der Mutter, so bin ich geflogen.

weder Honig noch Biene begehr ich ....

wünsch ich denn jetzt noch die Jungfernschaft?

. . . .
. . . .
.... bewegt sanft
.... Müdigkeit den Sinn
.... setzt sich nieder
.... doch wohlan, ihr Lieben,
.... Denn nah ist der Tag.

(Schluß des Liedes)

Κύπρο[– ⏑ ⏑ – ⏑ ⏑ – ⏑ ⏑ – ⏑]ας. 55 a D.
κᾶρυξ ἦλθε θέ[ων ⏑ ⏑ –]ελε̣[– ⏑]θεις
Ἴδαος τάδε κα[ῖνα] φ[όρ]ε̣ις τάχυς ἄγγελος·
‘⟨ ⟩
τᾶς τ' ἄλλας Ἀσίας τ̣[ό]δε γᾶν κλέος ἄφθιτον·
Ἔκτωρ καὶ συνέταιρ[ο]ι ἄ̣γοισ' ἐλικώπιδα
Θήβας ἐξ ἰέρας Πλακίας τ' ἀπ' ἀ[ϊ]ν⟨ν⟩άω
ἄβραν Ἀνδρομάχαν ἐνὶ ναῦσιν ἐπ' ἄλμυρον
πόντον· πόλλα δ' [ἐλί]γματα χρύσια κἄμματα
πορφύρ[ᾱ] καταΰτ[με]να, ποίκιλ' ἀθύρματα
ἀργύρᾱ τ̣' ἀνάριθμα ποτήρια κἀλέφαις.'
ὢς εἶπ'· ὀτραλέως δ' ἀνόρουσε πάτ[η]ρ φίλος·
φάμα δ' ἦλθε κατὰ π̣τόλιν εὐρύχ̣ο̣ρ̣ον φίλοις.
αὔτικ' Ἰλιάδαι σατίναι[ς] ὐπ' ἐυτρόχοις
ἆγον αἰμιόνοις· ἐπ[έ]βαινε δὲ παῖς ὄχλος
γυναίκων τ' ἄμα παρθενίκα[ν] τ' ἀ̣π̣[αλ]ο̣σφύρων·
χῶρις δ' αὖ Περάμοιο θύγ[α]τρες [ἐπήισαν],
ἴππ[οις] δ' ἄνδρες ὔπαγον ὐπ' ἄρ[ματα κάμπυλα]
π[άντ]ες ἠίθεοι· μεγάλω[σ]τι δ' [⏑ – ⏑ ⏑̄]
δ[ίφροις] ἀνίοχοι φ[
π̣[⏓ ⏓ ⏒]ξαλο̣[ν

* * *

ἴ]κελοι θέοι[ς] 55 b D.
]ἄγνον ἀόλ[λεες]
ὄρμαται[⏑ ⏑ – ⏑ ⏑ –]νον ἐς Ἴλιο[ν]
αὖλος δ' ἀδυ[μ]έλη[ς ⏑ ⏑ –]τ' ὀνεμ⟨ε⟩ί⟨χ⟩νυ[το]
καὶ ψ[ό]φο̣[ς κ]ροτάλ[ων λιγέ]ως δ' ἄρα πάρ[θενοι]
ἄειδον μέλος ἄγν[ον, ἴκα]νε δ' ἐς α̣ἴ̣θ̣[ερα]
ἄχω θεσπεσία, γέλ[ος – ⏑ ⏑ – ⏑ ⏑̄]
πάνται δ' ἦς κὰτ ὄδο[ις ⏑ ⏑ – ⏑ ⏑ – ⏑ ⏑̄]
κράτηρες φίαλαί τ' ο̣[...]υεδε[..]λ̣[.]εακ[..]
μύρρα καὶ κασία λίβανός τ' ὀνεμείχνυτο.
γύναικες δ' ἐλέλυσδον ὄσαι προγενέστερα[ι]
πάντες δ' ἄνδρες ἐπήρατον ἴαχον ὄρθιον
Πάον' ὀνκαλέοντες ἐκάβολον εὐλύραν

. . . .

(daß) von Kypros (geschnäbelte Schiffe sich Troja nahn).
Laufend kam da der Herold Idaios und kündete
(in der Halle?) als hurtiger Bote die Neuigkeit:
„Unvergänglicher Ruhm (unsrer heil'gen Stadt) Ilion"
„und dem Lande des übrigen Asien (zieht heran)."
„Hektor führt im Geleit nun ein schwarzäugig Mädchen heim"
„aus dem heiligen Theben und Plakias Fruchtgefild",
„bringt die zarte Andromache über die salzige"
„Meerflut. Zahlreiche Ketten von Golde und purpurne"
„Kleider, duftig gewebt, für den Putz eine Farbenpracht",
„und von Silber die Becher unzählig, und Elfenbein!"
— Also sprach er, schnell sprang da der sorgende Vater auf.
Durch die Weite der Stadt ging die Kunde von Freund zu Freund.
Allsogleich schirrten Ilions Söhne die Maulesel
vor großrädrige Karren, es stiegen die Frauen ein
und mit ihnen feinfüßige Mädchen in hellem Hauf,
von den andren gesondert des Priamos Töchter all.
Pferde wurden von Männern geschirrt in das Wagenjoch,
von den jungen zumal: und weithin . . . . (auf die?)
Wagensitze die Lenker . . . .

. . . .
* * *
. . . . (beide) den Göttern gleich.
Alle stimmten das heilige Lied, sie zu preisen, an,
und so zog man (vom Strande zum heiligen) Ilion.
Süßer Ton vieler Flöten und Leierklang mischt sich drein
mit dem Rasseln der Schellen, es sangen die Mädchen ihr
festlich Lied mit hell klingenden Stimmen, zum Himmel stieg
unermeßlicher Widerhall, Lachen (und Scherz klang auf).
Überall an den Straßen . . . .
Krüge, Schalen, und . . . .
Duft von Myrrhen und Zimt und von Weihrauch vereinte sich.
Alle Frauen, die älteren, riefen ihr ‚Eleleu',
alle Männer mit Jauchzen und sehnlichem Hochzeitsruf,
riefen Paian, den treffenden Schützen, den Sangesgott,

ΰμνην δ' Ἔκτορα κ'Ἀνδρομάχαν θεο⟨ε⟩ικέλο[ις].

(explicit)

ΣΑΠΦΟΥΣ·
ΜΕΛ[ΩΝ] B̄

(I) P. Ox. X (1914) nr. 1232 fr. 1, col. 2 et 3; fr. 2; (II) (b vv. 3—14)
P. Ox. XVII (1927) nr. 2076 col. 2; (III) (a v. 10) Athen. XI 460 d
(III 2 Kaibel); (IV) (ad b v. 10) cf. Philostr. imag. 2, 1 (p. 62 Vind.);
Bekker, Antiattic. 108, 22; Athen. XV 688 c (III 522 Kaibel)

DAS DRITTE BUCH

ἔλθοντ' ἐξ ὀράνω πορφυρίαν περθέμενον χλάμυν   56 D.

(I) Pollux X 124 (II 227 Bethe); (II) Ammon. Lex. 147
(p. 140 Valckenaer, 2. ed.)

⟨B⟩ροδοπάχεες ἄγναι Χάριτες, δεῦτε Δίος κόραι   57 D.

Schol. Theocr. 28 argum. (p. 334 Wendel), cf. Eust.
in Od. 1429, 58; Philostr. Mai. epist. 51.

κατθάνοισα δὲ κείσηι οὐδέ ποτα   58 D.
      μναμοσύνα σέθεν
ἔσσετ' οὐδὲ πόθα ⟨εἰς⟩ ὔστερον· οὐ
      γὰρ πεδέχηις βρόδων
τῶν ἐκ Πιερίας, ἀλλ' ἀφάνης
      κἠν 'Αίδα δόμωι
φοιτάσεις πὲδ ἀμαύρων νεκύων
      ἐκπεποταμένα.

(I) Stob. flor. IV 12 (III 221 Hense); (II) (vv. 1—3)
Plut. praec. coniug. 48 (Mor. I, 357 Bernardakis); (III)
Plut. quaest. conv. 3, 2 (Mor. IV 99 Bernard.); (IV) Clem.
Alex. paedag. II 8, 72 (p. 201 Stählin)

priesen Hektor, Andromache, beide den Göttern gleich.

(Schluß des Liedes)

Schluß des zweiten Buches
von Sapphos Liedern

DAS DRITTE BUCH

als vom Himmel er kam,
purpurn der Rock,
den er sich umgelegt

(von Eros gesagt)

Rosenarmige Cha-
ritinnen kommt,
Zeustöchter, heilige, kommt!

(wohl Liedanfang)

Wenn du stirbst, ist es aus:
späterhin fragt
keine Erinnerung,
keine Sehnsucht nach dir,
weil du ja nie
an den Pierischen
Rosen Anteil gehabt.
Unscheinbar gehst
du in des Hades Haus
zu den Schatten hinab,
kraftlos wie sie
fliegst du hinweg, ein Nichts.

μνάσεσθαί τινα φα⟨ί⟩μ' ....   59 D.
     κἄψερον ἀμμέων

[Dio Chrysost.] or. 37, 47 (II 29 Arnim)

οὐδ' ἴαν δοκίμοιμι προσίδοισαν   60 D.
     φάος ἀλίω
ἔσσεσθαι σοφίαν πάρθενον εἰς
     οὐδενά πω χρόνον
τοιαύταν ... .

Chrysipp. π. ἀποφατικῶν 13 (SVF II 55 Arnim)

τίς δ' ἀγροΐωτις θέλγει νόον ...   61 D.
τίς δ' ἀργοΐωτιν ἐπεμμένα σπόλαν ...
οὐκ ἐπισταμένα τὰ βράκε' ἔλκην ἐπὶ τῶν σφύρων

vv. 1 et 3: (I) Athen. I, 21 b, c (I, 46 Kaibel); (II) Eust. in Od. 1916,
49; (III) Philemo 162 (p. 108 Osann). — v. 2: Maxim. Tyr. 18, 9
(p. 231 Hobein)

     Ἤρων ἐξεδίδαξ' ἐ⟨γ⟩ Γυάρων   62 D.
       τὰν ἀννόδρομον

Anon. ap. Aldum Manutium, thes. cornuc. 268 c =
cod. Voss. gr. 20 ap. Reitzenstein, Gesch. d. gr.
Etym. 367

DAS VIERTE BUCH

Εὐμορφοτέρα, Μνᾶσι, Δίκα   63 D.
     τᾶς ἀπάλας Γυρίννως

(I) Hephaest. Ench. 11, 5 (p. 36 Consbruch); (II) Lon-
gin. in Hephaest. 3 (p. 82 Consbr.); (III) Choerob.
in Hephaest. 1 (p. 178 Consbr.); (IV) Anon. ap.
Aldum Manutium, thes. cornuc. 268 b = cod. Voss.
gr. 20 ap. Reitzenstein, Gesch. d. gr. Etym. 367

sich erinnern an uns
  wird, wie ich mein',
    mancher in spätrer Zeit

keine einzige, die
  jemals erblickt
    strahlendes Sonnenlicht,
wird an Weistum so reich,
  glaube ich, kein
    einziges Mädchen. Nie
wirds das geben ...
      . . . .
        . . . . . .

welch bäurisches Mädchen denn fesselt den Sinn?
wer denn, mit solchem bäurischen Kleide angetan, ...
Nicht versteht sie, den Saum
  bis zu den Fuß-
    knöcheln emporzuziehn.

  Hero lehrte sie gut, — aus Gyara ist sie und
  flink im Lauf

DAS VIERTE BUCH

von schönerem Wuchs,
  Mnasis, ist doch
    Dika als unsre Gyrinno

ἀσαροτέρας οὐδάμα πΩῖραν⟨ν⟩α,   64 D.
σέθεν τύχοισαν

(I) Hephaest. Ench. 11, 5 (p. 36 Consbruch);   (II)
Choerob. in Hephaest. 11 (p. 244 Consbruch)

φ]ύγοισα[.]   5 65 a D.
]ιδ' ἄχθην
]χυ θ[ι]οι[.]αλλ[. . . . . . α]ὔταν
]αχθο[. .]ᾶ τί . [. . . . .]εισα
]μένᾱ τὰν[. . . . ώ]νυμόν σε
]νι θῆται στ[ύ]μα[τι] πρόκοψιν   10
]πων κάλα δῶρα παῖδες
]φίλ', ἄοιδον λιγύραν χελύνναν
πά]ντα χρόα γῆρας ἤδη
λεῦκαί τ' ἐγένο]ντο τρίχες ἐκ μελαίναν
]αι· γόνα δ' [ο]ὖ φέροισι   15
]ησθ' ἴσα νεβρίοισιν
ἀ]λλὰ τί κεν ποείην;
]οὖ δύνατον γένεσθαι
]βροδόπαχυν Αὔων
ἔσ]χατα γᾶς φέροισα   20
Τίθω]νον ὔμως ἔμαρψε[ν]
ἐρ]άτᾱν ἄκοιτιν
φθ]ιμέναν νομίσδει
]αις ὀπάσδοι

[ἔγω δὲ φίλημμ' ἀβροσύναν _ ∪ ∪] τοῦτο καί μοι   25
τὸ λά[μπρον ἔρος τώελίω καὶ τὸ κά]λον λέ[λ]ογχε.

explicit

(I) P. Ox. XV (1922) nr. 1787 fr. 1 et 2, 1—25; (II) (vv. 25—26)
Clearch. fr. 41 Wehrli ap. Athen. XV 687 b (III 519 Kaibel)

. . . .   66 D.

ἐπτάξατε[
δάφνας ὄτα[

πὰν δ' ἄδιον[
ἦ κῆνον ἐλὸ[

ein boshaftes Kind
   bist du, wie sonst
     nie ich, Iranna, antraf!

      . . . . entfliehend
     . . geführt zu werden
. . den Göttern gar schnell doch . . . sie . .
   . . . . was . . . .
   . . . . dich, die so Vielgerühmte.
  . . . dem Wort und dem Mund Erfolg gibt
die Mädchen . . liebliche (Musen)gaben
  . . so nimm, Liebste, zum Sang die Leier!
Mir furchte bereits hier, da und dort tief meine Haut das Alter
. . . weiß wurde das Haar, hing einst in schwarzen Flechten.
  . . . nicht tragen mich mehr die Knie
  . . . und tanzen so leicht wie Rehe.
  . . . . aber was soll ich machen?
  . . . nicht möglich, daß das geschähe.
(Man sagt, daß dereinst . . . .) Eos mit Rosenarmen
  . . . . trug zu dem Erdenrande
Tithonos . . . . und doch ergriff ihn
(das Alter . . . . . bei der) nicht mehr geliebten Gattin
  . . . . glaubt, daß (die Kraft ihm) schwinde
  . . . . . . bescheren möge.
Ich liebe den Glanz: . . . dies wurde mein Teil im Leben,
Hell, strahlend und schön ist dies mein Los, weil ich die
       Sonne liebe.

   (Schluß des Liedes)

fort huschtet ihr (wie) —
des Lorbeers, wenn —

doch alles ist angenehmer —
als jenen —

καὶ ταῖσι μὲν ἀ[5
ὀδοίπορος ἄν[

μύγις δέ ποτ' εἰσάιον · ἐκλ[
ψύχα δ' ἀγαπάτα συν[·

τέαυτ[.]ν δὲ νῦν ἔμμ[ατα
ἴκεσθ' ἀγανα[10

ἔφθατε · κάλαν[
τά τ' ἔμματα κα[ὶ
               (explicit)
P. Ox. XV (1922) nr. 1787 fr. 3, col. 2, 3—14

῎Ονοιρε μελαινα[67 D.
φ[ο]ίταις ὄτα τ' ὔπνος[

γλύκυς θ[έ]ος, ἦ δεῖν' ὀνίας μ[
ζὰ χῶρις ἔχην τὰν δυναμ[ιν

ἔλπις δέ μ' ἔχει μὴ πεδέχη[ν   5
μῆδεν μακάρων ἐλ[

οὐ γάρ κ' ἔον οὔτω[.ι
ἀθύρματα κα.[

γένοιτο δέ μοι[
τοὶς πάντα[10
               (explicit)
P. Ox. XV (1922) nr. 1787 fr. 3, col. 2, 15—24

und den Mädchen ist wohl —
ein Wandrer (der des Weges käme, würde) —

Mit Kummer vernahm ich das einst —
Herz, mein geliebtes —

solche Kleider nun —
zu kommen ... die freundliche —

Die Schnelleren wart ihr: eine schöne —
und die Kleider und —

(Schluß des Liedes)

O Traum, über nachtdunkeles Land
schreitest du leisen Schrittes,
wenn Schlummer umfängt Augen und Sinn
allen, die schlafen können.
Willkommener Gott! Wahrlich, die Qual
(zeigst du) mir nur zu deutlich!
Denn fern ist die Kraft . . . .
. . . .
die Hoffnung allein hält mich, daß nicht
teil ich noch habe . . . .
auch daß ich nichts . . . .
. . . . von der Götter (Leben?)
Nicht wäre ich so (töricht . . . . .)
. . . .
manch schönes Geschmeid. . . . . . .
. . . .
doch mir sei beschert . . . .
. . . .
diejenigen, die alles . . . .
. . . .

(Schluß des Liedes)

. . . .   68 D.

[. . . . .]πυφα[

[. . 'Ανδ]ρομε[δ-
[. . . . .]δελασ[

[.]ροτήννεμε[
Ψάπφοι, σὲ φίλ[ημμ'   5

Κύπρωι βασίληα[
καί τοι μέγα δ.[

[δ]σσοις φαέθων ἀ[έλιος
πάντᾱι κλέος[

καί σ' ἐνν 'Αχέρ[οντος   10
[.]ρ[. . . . . .]νπ[

(I) P. Ox. XV (1922) nr. 1787 fr. 4; (II) (vv. 5—7)
agnovi in P. Ox. XXI (1951) add. p. 137 nr. 6,
ubi quartum tamen versum a nostro carmine
alienum esse monet Lobel (per litt.)

. . . .   69 D.

[θέ]ων μαχ[άρων

[κ]αὶ τοῦτ' ἐπικε[_ _ ∪ ∪ _ _ ∪ ∪ _ ∪ _ ⏚]
[δ]αίμων ὀλοφ[_ _ ∪ ∪ _ _ ∪ ∪ _ ∪ _ ⏚]

οὐ μὰν ἐφίλησ[
νῦν δ' ἔννεκα[5

τὸ δ' αἴτιον οὐτ[
οὐδεν πόλυ[.]έ[

[σ]ὺ δ' ἄ[

. . . .

P. Ox. XV (1922) nr. 1787 fr. 5

. . . .
. . . . erklären (?) . . . . .

. . . . Andromeda, da . . . .
. . . . vergaß (?) . . . . .

. . . . verargen (?) . . . .
„Sappho, dich habe ich lieb, (die ich)“

„in Kypros Königin bin . . . .“
„und dir ein großes (Geschenk) . . . .“

„bei allen Menschen, auf welche die strahlende (Sonne
niederschaut)“
„überall Ruhm . . . .“

„auch in des Acheron (Gefilden) werde ich dich . . . . . .“
. . . .

der seligen Götter —

und dies hat (verhängt?) —
ein Dämon, ein schlimmer (?) —

wahrlich, nicht hat sie dich geliebt —
jetzt aber wegen —

der Grund ist weder —
gar nicht viel —

du (?) selbst —

οὐδὲ θέ]μις σε Μίκα   70 D.
]ελα[.. ἀλ]λά σ' ἔγωὐκ ἐάσω
]ν φιλότ[ατ'] ἤλεο Πενθιλήᾱν
      ]δα κα[κό]τροπ', ἄμμα[
          ]μέλ[ος] τι γλύκερον. [◡ _ ⌣]   5
          ]ᾱ μελλιχόφων[ος _ ⌣]
ἀεί]δει, λίγυρᾱι δ' ἄη[δοι]
          ]δροσ[ο]εσσα[

P. Ox. XV (1922) nr. 1787 fr. 6 et P. Ox. XXI (1951)
add. p. 135

          ]ι γάρ μ' ἀπὺ τᾱς ἐμ[ας]   71 a D.
          ὔ]μως δ' ἔγεν[το
          ] ἴσαν θέοισιν
          ] ἄσᾱν ἀλίτρα[
          'Αν]δρομέδαν[.]παξ[5
          ]αρ[   ]τα μάκα[ιρ]α
ἀργάλ]εον δὲ τρόπον α[.]κύνη[
          ]κορον οὐ κατισ.ε.[
]κα[.....]ρ Τυνδαρίδαι[ς
]ασυ[.]...κα[ι] χαρίεντ' ἄ.[10
]κ' ἄδολον [μ]ηκέτι συν[
]Μεγαρα[...]ν ἀ[κάλ]α[ν

. . . .

P. Ox. XV (1922) nr. 1787 fr. 7 et P. Ox. XXI (1951)
add. p. 135

und nicht Recht ist es, daß du, Mika
(meine Freundschaft vergißt.) Aber ich werde dich nicht
                                                    lassen
(auch wenn du jetzt) die Liebe der Penthiliden-Frauen dir
                                                erwähltest,
. . . . du Charakterlose, mein- . . . .
. . . . irgend ein süßes Lied. . . . .
. . . . mit lieblicher Stimme . . . .
. . . . singt, hellstimmige Nachtigallen(?)
. . . . das taufrische (Gras) . . . .

. . . . denn daß ich von meiner . . . getrennt . . .
(hatte ich nicht geglaubt): und doch geschah es
. . . . die Göttergleiche
. . . . der Leiden, die falsche
. . . . Andromeda . . . .
. . . . die Selige
. . . . die schlimme Art, sie, die . . .
. . . . den Überdruß nicht bezwang
. . . . die Tyndariden
. . . . und liebliche . . . .
wohl nie wieder aufrichtig . . . .
. . . Megara . . . . sanfte . . . .

]ο δέρκεν ἐπώμοσσ[72 D.

]ν ἔτι, τὰν παῖδα δε[

]βρ[.́]ταν κἀγχερριθ[έτ-

    ]εν[. . . .]παρε[δωκ-

P. Ox. XV (1922) nr. 1787 fr. 9
— P. Ox. XXVI (1961) nr. 2442
fr. 87. Pindaro nunc vindicavit
Lobel

].ον αὐ[73 D.

]ην οὐδε[

]ης ἱμερ[ο _

]ται δ' ἄμα[

].ανθος· [5

  ἴ]μερον[

   ]ετερπ[

P. Ox. XV (1922) nr. 1787 fr. 10

]νβ.[. . .]υ   74 D.

]α

]αν Ἀφροδι[τα]

ἀ]δύλογοι δ' Ἐρ[ωτες]

]βαλλοι   5

α]ἷς ἔχοισα

μ]ένα θαᾶσ[σ   ]

θ]άλλει

κάλ]ας ἐέρσας [

P. Ox. XV (1922) nr. 1787 fr. 11

]ανπα[_ ᷄]   75 D.

τε]λέσειε κ[_ ᷄]

]ίη λελά[θ ᷄]

]ε θέλω[‿ _ ᷄]

]έχην[᷄]   5

]η· ἔφἄ[ν ᷄]

ὑμ]ᾱλίκ[εσσι]

P. Ox. XV (1922) nr. 1787 fr. 12

]απύθεσθ[80 D.

τά]χιστα λ[

]εμπ[

σὺ δὲ στεφάνοις, ὦ Δίκα, πέρθεσθ' ἐράτοις φόβαισιν
δρπακας ἀνήτω συν⟨α⟩έρραισ' ἀπάλαισι χέρσιν·   5
εὐάνθεα γὰρ ⁺πέλεται⁺ καὶ Χάριτες μάκαιρα⟨ι⟩
μᾶλλον ποτόρην, ἀστεφανώτοισι δ' ἀπυστρέφονται.

(I) P. Ox. XV (1922) nr. 1787 fr. 33; (II) (vv. 4—8) Athen. XV
674 e (III 491 Ka¹bel)

]α̣μ . λλ̣[76 D.

]ναμ[

  ]ν δ' εἰμ' ε[

  ]ρσομέν[

  ʹ]λικ' ὐπα[5

    ]βα[

]ς γὰρ ἐπαυ[

]μάν κ' ἀπυθυσ[

]αρμονίας δ̣[

πολυγ]άθην χόρον· ἆα[10

  ]δε λίγηαν[

  ]ατόν σφι[

]πάντεσσι[

]επ[

P. Ox. XV (1922) nr. 1787 fr. 13

]απ[79 D.

]σετα[

]υμαιχ.[

]ʹ τεχαρα[

]ιδι δοῖσ[5

] δεν ἀμεσ[

]ος σύγ' ἀ[

].λονα[

].δαλ[

P. Ox. XV (1922) nr. 1787
fr. 26

. . . .

. . . . *abzulegen*

. . . . *schnellstens* . . . . .

. . . .

. . . .

. . . .

Du, Dika, jedoch setz dir ins Haar
       liebliche Blumenkränze,
die dir deine Hand fein und geschickt
       flocht aus des Dilles Gräsern.
Was blumengeschmückt, das allermeist
       mögen auch die Chariten
anschauen, ihr Blick wendet sich ab,
       so jemand ohne Kranz naht.

.   .   .   .   81 D.

　　　].αἰ.[

　　　]λ' αὖθι με[νην?

　　　]νώμεθ' ὀ[

　　　]δηῦτ' ἐπιτ[

　　　]έντηδεκ[5

　　　].α γὰρ ἑκά[

　　　　　　　]. . .[

.   .   .   .

P. Ox. XV (1922) nr. 1787 fr. 36

.   .   .   .

　　　]τύχοισα   84 D.

　　]θέλ' ὦν τ' ἄπαισᾰν

　τέ]λεσον νόημμα

　　]έτων κάλη⟨μ⟩μι

　　]πεδὰ θῦμον αἶψα   5

　δ]ρσα τύχην θελήσῃ[ις]

　　]ρ ἔμοι μάχεσθα[ι]

χ]λιδάναι 'πίθεισᾰ[.]

　]ι, σὺ δ' εὖ γὰρ οἶσθα

　]έτει τα[.]λλε[..]   10

　]κλασ[

P. Ox. XV (1922) nr. 1787 fr. 44
= P. Halens. 18 (Graeca Halensis
Dikaiomata, 1913, p. 182 ss.)

]λαισ[82 D.

]λικι π[

]ωνκ[...]ίνα[

]τονόνεσ[.]οσε[

]άβροις ἐπιχημ[5

]αν 'Αρτεμι[

]ναβλ[

P. Ox. XV (1922) nr. 1787 fr. 37 + 41

. . . .   83 D.

]ʹπάμενα[

]τ' ὧς τ' ὀ πέλη[

]ακανσό[

. . . .

P. Ox. XV (1922) nr. 1787 fr. 38

. . . .

— wenn (du) erlangt hast

— wolle nun die ganze

— erfüll den Wunsch

— ... ich rufe

— nach dem Sinn rasch

    — alles, was du erhalten willst

     — mit mir zu kämpfen

— , dem üppigen, draufsetzend

— denn du weißt sehr gut

— .... gnädig

. . . .

DAS FÜNFTE BUCH

ἀμφὶ δ' ἄβροις λασίοις εὖ ⟨F⟩ε πύκασσε   85 D.

Pollux VII 73 (II p. 73 Bethe)

Τί με Πανδίονις, Ὤ⟨ι⟩ραν⟨ν⟩α, χελίδων   86 D.

(I) Hephaest. Ench. 12, 2 (p. 37 Consbruch); (II) Hesych
in ὠράνα(?)

Ζά ⟨τ'⟩ ἐλεξάμαν ὄναρ, Κυπρογένηα   87 D.

(I) Hephaest. Ench. 12, 3 (p. 35 Consbruch); (II) Schol. A
in Hephaest. 12 (p. 148 Consbr.)

Πλήρης μὲν ἐφαίνετ' ἀ σελά⟨ν⟩να   88 D.
αἰ δ' ὡς περὶ βῶμον ἐστάθησαν

(I) Hephaest. Ench. 11, 3 (p. 35 Consbruch); (II) Anon.
metr. P. Ox. II nr. 220 col. 9 = ap. Heph. p. 405 Consbruch

_ ∪ ∪ _ πτερύγων δ' ὕπα κακ-   89 D
χέει λιγύραν ἀοίδαν,
ὅπποτα ⟨—⟩φλόγιον κὰτ ἔταν
ἐπιπτάμενον καταύληι.

Demetr. π. ἑρμ. 142 (p. 33 Radermacher)

Δεῦτέ νυν ἄβραι Χάριτες   90 D.
καλλίκομοί τε Μοῖσαι

(I) Hephaest. Ench. 9, 2 (p. 30 Consbruch); (II)
Schol. A in Hephaest. 9 (p. 139 Consbr.); (III)
Cheorob. in Hephaest. 9 (p. 235 Consbr.); (IV) Atil.
Fortunatian. gramm. 28 (VI 301, 11 Keil)

πάρθενον ἀδύφωνον   91 D.

Atil. Fortunatian. gramm. 28 (VI 301, 6 Keil)

DAS FÜNFTE BUCH

decke sie recht
          fein mit dem Tuch
                    zu, mit dem weichen

Was wohl, Liebste, die Schwalbe, Pandions Kind, will?

          Einen Traum hab ich erzählt dir, Aphrodite

Voll sahn wir den Mond am Himmel leuchten,
und als sie dann rings am Altar standen,
. . . .

(verm. Liedanfang)

(und die Zikade) ein helltönend Lied
          erklingen läßt unter den Flügeln,
wenn sie zur glühenden Sommerzeit sacht
          den drückenden Glast verzaubert

Kommt hierher, ihr Grazien und
          Musen im Schmuck der Locken!

(das) Mädchen mit süßer Stimme

ὁ πλοῦτος ἄνευ⟨θ'⟩ ἀρέτας   92 D.
   οὐκ ἀσίνης πάροικος

(I) Schol. Pind. Ol. 2, 96 a. f (I, 85 s. Drachmann);
(II) Schol. Pind. Pyth. 5, 1 a (II, 172 Drachmann);
(III) Ps.-Plut. pro nobil. 5 (Mor. VII 212 Bernardakis),
cf. transl. lat. ib. p. 213

Κρῆσσαί νύ ποτ' ὧδ' ἐμμελέως πόδεσσιν   93 D.
ὦρχηντ' ἀπάλοισ' ἀμφ' ἐρόεντα βῶμον
πώας τέρεν ἄνθος μάλακον μάτεισαι.

vv. 1—2: Hephaest. Ench. 11, 3 (p. 35 Consbruch); v. 3:
ib. 11, 5 (p. 36 Consbr.); cf. Philostr. imag. 2, 1 (p. 62 Vind.)

   Δέδυκε μὲν ἀ σελάννα   94 D.
   καὶ Πληίαδες· μέσαι δὲ
   νύκτες, πάρα δ' ἔρχετ' ὤρα·
   ἔγω δὲ μόνα κατεύδω

(I) Hephaest. Ench. 11, 5 (p. 36 Consbruch); (II) Schol.
A in Hephaest. 11 (p. 147 Consbr.); (III) Arsen.
18, 52 = Apostol. 5, 98 c (II, 363 Leutsch-Schneidewin)
(I), (II) sine nomine auctoris, (III) in marg. Σαπφοῦς

   . . . .   95 D.

   . . . .
   πε[3
   κρ[. . . . .]περ[
   πέπλον[. . .]πυσχ[5
   καὶ κλε[. .]σαω[
   κροκόεντα[
   πέπλον πορφυ[ρ. . . . . . .]δεξω[.]
   χλαιναι περσ[
   στέφανοι περ[10
   καλ[.]οσσαμ[
   φρυ[
   πορφ[υρ·
   ταπα[
   [15
   π[
   P. (olim) Berol. 9722 fol. 1 (BKT V, 2 p. 12)

Das Geld ohne menschlichen Wert
wohnt, um zu schaden, bei uns.

So tanzten wohl einst kretische Mädchen Reigen
leichtfüßig im Takt: um den Altar, den schönen,
berührte ihr Schritt zart-weichen Grases Blüten.

Nun ist schon der Mond versunken
und auch die Plejaden. Mitte
der Nacht, und die Zeit des Wartens
vorüber. Alleine schlaf ich.

. . . .
. . . . . .
einen Peplos --
und, Kleis(?) --
einen safranfarbenen --
purpurnen Peplos . . . .
Gewänder --
Kränze, um das (Haar gelegt?) --
die Schönheit (dir?) --
phrygische(?) --
purpurne --
. . . .
. . . .

. . . .

τεθνάκην δ' ἀδόλως θέλω.

ἄ με ψισδομένα κατελί⟨μ⟩πανεν

πόλλα, καὶ τόδ' ἔειπέ [μοι·]
'ὤιμ' ὡς δεῖνα πεπ[όνθ]αμεν,   5
Ψάπφ', ἦ μάν σ' ἀέκοισ' ἀπυλιμπάνω'.

τὰν δ' ἔγω τάδ' ἀμειβόμαν·
'χαίροισ' ἔρχεο κἄμεθεν
μέμναισ', οἶσθα γὰρ ὥς ⟨σ⟩ε πεδήπομεν.

αἰ δὲ μή, ἀλλά σ' ἔγω θέλω   10
ὄμναισαι[. . .]ǫ[ὲ λά]θεαι
ὄσ[σα γ' ἔσλα τε] καὶ κάλ' ἐπάσχομεν·

πό[λλοις γὰρ στεφάν]οις ἴων
καὶ βρ[όδων πλο]κίων τ' ὔμοι
καὶ [≚ _] πὰρ ἔμοι παρεθήκα⟨ο⟩   15

καὶ πό[λλαις ὐπα]θύμιδας
πλέκ[ταις ἀμφ' ἀ]πάλαι δέραι
ἀνθέων ἐ[ράτων] πεποημμέναις

καὶ πόλλω[ι λιπάρως] μύρω[ι
βρενθείω⟨ι⟩ [τε ∪_]ǫυ[. .]ν   20
ἐξαλ⟨ε⟩ίψαο κα[ὶ βασ]ιληίωι

καὶ στρώμν[αν ἐ]πὶ μολθάκαν
ἀπάλαν παρ[ ]α[.]ǫνων
ἐξίης πόθǫ[ν _ ∪ ∪]ανίδων

κωὔτε τις [χόρος οὔ]τε τι   25
ἴρον οὐδ' ὐ[∪ _ ∪ ≚]
ἔπλετ', ὄππ[οθεν ἄμ]μες ἀπέσκομεν·

οὐκ ἄλσος [∪ ∪ εἶ]αρος
[ὦραι _ ∪ ∪ _] ψόφος
[_ ≚ _ ∪ ∪ _ ∪ ∪]ǫιδιαι   30

. . . .

ganz im Ernst, ich wär lieber tot!
   Herzzerreißend geschluchzt hat beim Abschied sie

damals, als sie zu mir so sprach:
„O wie schrecklich ist unser Los,"
   „Sappho! Wirklich, nur ungern verlaß ich dich!"

Ihr erwiderte drauf ich dies:
„Zieh getrost nun hinaus, an mich"
   „denk bisweilen! Du weißt, wie umsorgt du warst."

„Oder nicht? Nun, so will ich dich"
„dran erinnern(, weil du's vergißt),"
   „wieviel Glück und wie Schönes wir hier erlebt."

„Viele Kränze von Veilchen hast"
„und von Rosen, von (Krokos) du"
   „und von . . . . bei mir dir ins Haar gelegt,"

„viel Guirlanden aus duftenden"
„Blumen dir um den weichen Hals"
   „umgehängt, die geflochten aus Blüten fein,"

„und mit glänzendem Myrrhenöl"
„hast du dir deine schöne Haut"
   „eingesalbt und mit Salbe, die fürstlich heißt,"

„und gelagert auf weichem Bett"
„(neben?) zarten . . . ."
   „hast verströmt du die Sehnsucht nach . . . . . ,"

„keinen (Reigen), kein heilig Fest"
„keinen . . . ."
   „gab's, die wir miteinander nicht aufgesucht,"

„keinen Hain, wo zur Frühlings(zeit)"
„nicht (der Kastagnetten?) Getön"
   „und (wo nicht eure) Lieder (erklungen sind)"

. . . .

του[⏑ _ ⏑ ⏑ _ ⏑ _ ⏑ _ ⏓]   97 D.

ἦρ' α[_ ⏒ ⏑ _ ⏑ ⏑ _ ⏑ ⏑]

δηρατο[⏒ ⏑ ⏒ ⏑ ⏒]

    Γογγύλα ϛ[⏑ ⏑ _ ⏑ _ ⏑ _ ⏓]

ἦ τι σᾶμ' ἐθε̣[σπ _ ⏑ ⏑ _ ⏑ ⏑]   5

παῖσι μάλιστ' · ἄγ[⏑ ⏑ ῎Ερ-]

   μα⟨ι⟩ς γ' ἔσηλθ' ἐπά̣[ρωγος _ ⏑ _ ⏓]

εἶπον · ὦ δέσποτ', ἐπ[⏑ ⏑ _ ⏑ ⏑]

[ο]ὐ μὰ γὰρ μάχαιραν [θέον]

   [ο]ὐδεν ἄδομ' ἔπαρθ' ἀγα[ν ⏑ _ ⏓]   10

κατθάνην δ' ἰμερός τις [ἔχει με καί]

λωτίνοις δροσόεντας [ὄ-]

   χ[θ]οις ἴδην Ἀχερ[οντ ⏑ _ ⏑ _ ⏓]

[κὰδ] δ' ἐς Ἀιδ[⏑ _ ⏑ ⏑ _ ⏑ ⏑]

[_ ⏑]δεϋομ[⏑ ⏒ ⏑ ⏒]   15

   μή τις [_ ⏑ ⏑ _ ⏑ _ ⏑ _ ⏑]

P. Berol. 9722 fol. 4 (BKT V, 2, 14 a.)

[_ ⏑ _ ἀπὺ] Σαρδ[ίων] ....   98 D.

   [_ ⏑ πόλ]λακι τύιδε̣ [ν]ῶν ἔχοισα

ὠς πε̣[δε]ζώομεν · β[εβάω]ς ἔχε̣ν

σὲ θέα⟨ι⟩σ' ἰκέλαν Ἀρι-

   γνώτα σᾶι δὲ μάλιστ' ἔχαιρε μόλπαι.   5

νῦν δὲ Λύδαισιν ἐμπρέπεται γυναί-

κεσσιν ὠς ποτ' ἀελίω

   δύντος ἀ βροδοδάκτυλος μήνα

πάντα περ⟨ρ⟩έχοισ' ἄστρα, φάος δ' ἐπί-

σχει θάλασσαν ἐπ' ἀλμύραν   10

   ἴσως καὶ πολυανθέμοις ἀρούραις.

ἀ δ' ἐ⟨έ⟩ρσα κάλα κέχυται, τεθά-

λαισι δὲ βρόδα κἄπαλ' ἄν-

   θρυσκα καὶ μελίλωτος ἀνθεμώδης.

Ist denn tatsächlich . . . .

. . . .

Gongyla . . . .

Sieh, ein Gott   sandte ein Zeichen mir, verstehn
  kann es jeder. — Als Bote trat
    zu mir Hermes, ein Helfer allen Müden.

Und ich sprach: „Herre, willkommen bist du mir!"
  „Bei der Göttin dort drunten! Hier"
    „find ich nirgendmehr Freude, zuviel (litt ich)."

„In mir lebt   wie eine Sehnsucht: tot zu sein"
  „und die taufrischen Ufer des"
    „Acheron, die von Lotosgrün umkränzten,"

„bald zu sehn,   und zu des Hades Haus hinab"
  „(dann zu kommen,) zu suchen (..),"
    „auf daß niemand . . . .*"*

. . . .

. . . . *oftmals von Sardeis her*
  richtet sie zu uns heimwärts die Gedanken,

denkt daran, wie wir damals vereint gelebt:
götterähnlich erschienst du ihr,
  dein Lied fand Arignota stets das schönste.

Fein und schön lebt jetzt sie unter Lydiens
Fraun, wie nach Sonnenuntergang
  rosenfingrig der Mond mit seinem Scheine

aller Sterne Glanz hell überstrahlt, sein Licht
breitet er übers salz'ge Meer
  gleicherweise wie über Blumenauen,

und da liegt frisch der Tau und die Rosen blühn
und der Kerbel, der zarte, und
  Honiglotos mit seinen Blütendolden.

πόλλα δὲ ζαφοίταισ᾽ ἀγάνας ἐπι-   15
μνάσθεισ᾽ Ἀτθιδος ἰμέρωι
    λέπταν ποι φρένα κῆρ ⟨δ᾽⟩ ἄσα⟨ι⟩ βόρηται
κῆθ⟨ι⟩ δ᾽ ἔλθην ἄμμε ὀξυ βόα⟨ι⟩ τὸ δ᾽ οὐ
⁺νωντ⁺ ἄ[π]υστον ὐμ[..] πόλυς
    γαρύε[ι..]αλος π[... ὀ]ν τὸ μέσσον   20
[ε]ὔμ[α]ρ[ες μ]ὲν ον[.] σ᾽ αἰμιθέαισι μόρφαν ἐπή[ρατο]ν ἐξίσω-
    σθ᾽ αἰ συ[..]ρος ἐχησθα[...]νιδηον
                    ]το[...]ρα τι-
μαλ[δι᾽ α]ἴθερος   25
    καὶ δ[.]μ[   ]ος Ἀφροδίτα
καμ[   ]νέκταρ ἔχευ᾽ ἀπὺ
χρυσίας [   ]ναν
    [....]απουρ[   ]χέρσι Πείθω
                    ]θ[..]ησεν η   30
                    πόλλ]ακις
                    ]εδαην μαι-
                    ]ες τὸ Γεραῖστιον
                    ]ν φίλαι
            ἄπ]υστον οὐδενο[ς]   35
                    ]ερον ἴξο[μ ⌣]

P. Berol. 9722 fol. 5 (BKT V, 2, 16 s. et Σμ. p. 80)

a)   [..]θος· ἀ γάρ με γέννα[τ᾽ ἔφα, Κλέϊ,]   98 a, b D.

[σφ]ᾶς ἐπ᾽ ἀλικίας μέγ[αν]
[κ]όσμον, αἴ τις ἔχη⟨ι⟩ φόβα⟨ν⟩
[π]ορφύρωι κατελιξαμέ[να πλόκωι.]

Auf und ab wandert sie, an die freundliche
Atthis denkt sie mit wehem Sinn
    voller Sehnsucht, da wird das Herz ganz schwer ihr.

„*Kommt zu mir!*" — *Sie ruft laut es hinaus, doch nicht*
trägt das rauschende Meer, das uns
    trennt, den Ruf uns herüber: keiner hört ihn.

Ohne Weitres scheint jeder dein feiner Wuchs
von halb-göttlicher Schönheit, wenn
    du . . . . trägst das Festgewand.

. . . . .
. . . . durch die Luft
    und . . . . Aphrodite

und sie schenkte uns Nektar aus goldenem
Krug, und Peitho mit eigner Hand
    (reichte allen davon) . . . .

. . . . .
. . . . . oft

. . . . .
. . . . zum Geraistischen
(Berg?) . . . . ihr Lieben, ihr,
    ungehört bleibt das keinem . . . .
. . . . (dann) kommen wir (ganz gewiß)
. . . . .

. . . . .

[An die Tochter Kleis]

. . . . .
. . . . .
   . . . . so sprach zu mir meine Mutter einst:

schönster Schmuck in der Jugend sei,
wenn ein Mädchen die Flechten mit
    Purpurbändern zu Zöpfen gebunden trägt:

[ἔ]μμεναι μάλα τοῦτον [_]   5
[ἀ]λλ' ἀ ξανθοτέρα⟨ι⟩ς ἔχη⟨ι⟩
[τ]α⟨ί⟩ς κόμα⟨ι⟩ς δάϊδος; προ[◡ _ ◡ ⌣]

[σ]τεφάνοισιν ἐπαρτία
[ἀ]νθέων ἐριθαλέων
[μ]ίτρα· ⟨τ⟩ὰν δ' ἀρτίως, Κλ[έϊ, _ ◡ ⌣]   10

[π]οικίλαν ἀπὺ Σαρδίω[ν]
[οἴα] Μαονίας πόλεις
[_ ⌣ _ ⩝ ◡ _ ◡ ◡ _ ◡ ⌣]

b)   σοὶ δ' ἔγω, Κλέϊ, ποικίλαν
οὐκ ἔχω· πόθεν ἔσσεται   15
μίτρα ν⟨ῦν⟩; ἀλλὰ τῶι Μ⟨υ⟩τ⟨ι⟩ληνάωι

[   ].[   ]
⁺παισαπειον⁺ ἔχην πολ[ις]
αἰ κε[.]η ποικίλας κ...[

ταύτας τᾶς Κλεανακτίδ[αν]   20
φύγας ⁺αλις α πόλις ἔχει⁺
μνάματ' [ο]ἶδε γὰρ αἶνα διέρρυε[ν]

(a, vv. 1—12) P. Hauniens. et (b, vv. 14—22) P.
Mediol., ed. Vogliano, Mediol. 1942. Denuo ed. Gallavotti,
P. Mil. Vogl. II (1961) nr. 40 (cum tab. II)

χερρόμακτρα δὲ ⁺Καγγόνων   99 D.
πορφύρα καταΰτμενα,
τά τοι Μ⟨ν⟩ᾶσις ἔπεμψ' ἀπὺ Φωκάας
δῶρα τίμια ⁺Καγγόνων.

Athen. IX 410 d, e (II, 395 Kaibel)

ἀλλ' ἔων φίλος ἄμμιν λέχος ἄρνυσο νεώτερον   100 D.
οὐ γὰρ τλάσομ' ἔγω σύν ⟨τ'⟩ ὅικην
                              ἔσσα γεραιτέρα

(I) Stob. flor. 4, 22, 112 (IV 543 Wachsmuth-Hense);
(II) Arsen. 3, 14 = Apostol. 2, 52 d (II 277 Leutsch-
Schneidewin)

sehr, sehr fein sei ein solcher Schmuck.
Hat ein Kind aber blondes Haar,
heller noch als das Leuchten der Fackel scheint,

— Kränze, bunt wie der Blütenflor,
sind für diese die passende
Mitra. Doch eine solche, wie du, Kleis,

jetzt dir wünschst, eine sardische,
bunte, (mag es in) Lydiens
Städten (geben, doch nicht, wo wir eben sind).

Keine bunte hab ich für dich,
Kind! Woher denn auch nähme ich
solchen Schmuck? Mytilenes Beherrscher, ihm

(gib die Schuld, daß es soweit kam)
.... haben die ganze Stadt(?)
wenn .... einer bunten ....

Spuren trägt unsre Stadt genug,
seit der Kleanaktiden Macht
viele forttrieb: da brach unser Elend an.

[An Aphrodite]
Kopfschmuck aus dem Iavoner(?)-Land,
purpurfarben und duftgetränkt,
aus Phokaia hat Mnasis der Iavoner(?)
schöne Gabe dir hergeschickt.

———————

Bist mein Freund du, so such dir ein Gemahl
unter den Jüngeren!
Ich ertrüge es nicht bei dir zu sein,
wo ich die ältere bin.

αὖτα 101 D.
ὠρ́ια στεφαναπλόκην

Schol. Aristoph. Thesm. 401

Ἄγι ⟨δή⟩, χέλυ δῖα, μοι 103 D.
φωνάεσσα γένοιο.

(I) Hermog. π. ἰδεῶν 2, 4 (p. 334 Rabe); (II) Eust. in Jl. 9, 11

Γέλλως παιδοφιλωτέρα 104 D.

(I) Etym. Magn. 795, 11; (II) Zenob. 3, 3 (I, 58 Leutsch-Schneidewin); (III) Suid. s. v.

Φαῖσι δή ποτα Λήδαν ὐακίνθινον 105 D.
πεπυκάδμενον ὤιον εὔρην ⏑ ⏓

(I) Athen. II 57 d (I, 134 Kaibel); (II) Eust. in Od. 1686, 49; (III) Etym. Magn. 822, 41; (IV) Etym. Flor. p. 316 Miller; (V) Zonar. in ὠιόν

ὀφθάλμοις δὲ μέλαις νύκτος ἄωρος ..... 106 D

Etym. Magn. 117, 17

Κατθναίσκει, Κυθέρη', ἄβρος Ἄδωνις· τί κε θεῖμεν; 107 D.
καττύπτεσθε, κόραι, καὶ κατερείκεσθε χίτωνας.

Hephaest. Ench. 10, 4 (p. 33 Consbruch)

...... ἀλλά τις οὐκ ἔμμι παλιγκότων 108 D.
ὄργαν, ἀλλ' ἀβάκην τὰμ φρέν' ἔχω ....

(I) Etym. Magn. 2, 45; (II) Zonar. in ἀβάκησαν

ich selbst
wand als Mädchen mir oft den Kranz

Nun erheb deine Stimme, du
meine göttliche Leier!
(Liedanfang)

mehr als Gello die Kinder liebt

Man erzählt sich, daß einst
Leda ein dunkeles
und gewaltiges Ei
fand ....
(Liedanfang)

schwarzer Schlaf dann des nachts
(schließt) unsre Augen .....

[*Klage um Adonis*]
Mädchen: Ach, Adonis stirbt hin,
jugendlich-schön!
Kypris, was tun wir?
Chorführerin: „Schlagt die Brust euch und reißt,
Mädchen, entzwei
eure Gewänder!"

.... *aber ich bin nicht von der Art, die Zorn*
grollend heimzahlt: mein Herz trägt lieber stumm ....

...... οὐ γὰρ θέμις ἐν μοισοπόλων ⟨δόμωι⟩   109 D.
θρῆνον ⟨ἔμμεν'⟩ ..... οὔ κ' ἄμμι πρέποι τάδε.
Maxim. Tyr. 18, 9 (p. 232 Hobein)

.... σύ τε κἀμος θεράπων Ἔρος   110 D
Maxim. Tyr. 18, 9 (p. 232 Hobein)

ἄνθε' ἀμέργοισαν παῖδ' +ἄγαν+ ἀπάλαν   111 D
Athen. XII 454 b (III 223 Kaibel)

τὸν Ϝὸν παῖδα κάλει   112 D.
Apollon. Dysc. de pron. 107, 12 Schneider

μὴ κίνη χέραδος   113 D.
Schol. Apoll. Rhod. 1, 1123 b
(p. 100 Wendel); (II) Etym. Magn. 808, 39

BUCH SIEBEN

Γλύκηα μᾶτερ, οὔ τοι   114 D.
    δύναμαι κρέκην τὸν ἴστον
πόθωι δάμεισα παῖδος
    βραδίναν δι' Ἀφροδίταν

(I) Hephaest. Ench. 10, 5 (p. 34 Consbruch); (II) Etym.
Magn. 506, 1; (III) Etym. Gud. 316, 35; (IV) Zonar.
in κερκίς

[*Mahnung an die Tochter*]

...... *kein*

  Klagelied darf

    dort, wo man Musen dient,

laut erklingen im Haus.

  ...... *schlecht*

    stünde uns solches an.

———————

[*Aphrodite spricht:*]

  du und mit dir   Eros, mein Bote, ihr

· · · · · · · ·

———————

(Sappho hat gesehen,)

wie ein gar schönes Kind   Blumen pflückte zum Kranz

· ·

    (bitt Aphrodite und)

  ihren Sohn ruf herbei ....

  rühr am Kar keinen Stein!

BUCH SIEBEN

[*Das Mädchen am Webstuhl*]

„*O süße Mutter, nicht mehr*

    kann den Webekamm ich schwingen"

„*vor Sehnsucht nach dem Knaben,*

    und das fügte Aphrodite."

EPITHALAMIA

πέρροχος ὡς ὅτ' ἄοιδος ὁ Λέσβιος   115 D.
     ἀλλοδάποισιν

Demetr. π. ἑρμ. 146 (p. 34 Radermacher);
cf. Eust. in Jl. 741, 16; Hesych. in μετά Λέσβιον ἀοιδόν

οἶον τὸ γλυκύμαλον   116 D.
    ἐρεύθεται ἄκρωι ἐπ' ὕσδωι
ἄκρον ἐπ' ἀκροτάτωι,
    λελάθοντο δὲ μαλοδρόπηες,
οὐ μὰν ἐκλελάθοντ', ἀλλ' οὐκ ἐδύναντ'
    ἐπίκεσθαι

(I) Syrian. in Hermog. π. ἰδεῶν I, 15 Rabe; (II) Schol.
Theocr. 11, 38 s. (p. 245 Wendel); cf. Longum III 33;
Himer. or. IX 135 ss. (p. 82 Colonna)

ὦ κάλα, ὦ χαρίεσσα κόρα   116a D.

Himer. or. IX 227 (p. 84 Colonna), cf. Theocr. 18, 38

οἶαν τὰν ὑάκινθον ἐν ὤρεσι   117 D.
    ποίμενες ἄνδρες
πόσσι καταστείβοισι, χάμαι δὲ
    τ⟨ὸ⟩ πόρφυρον ἄνθος

Demetr. π. ἑρμ. 106 (p. 26 Radermacher)
sine nomine auctoris.

χρύσειοι ⟨δ'⟩ ἐρέβινθοι ἐπ' αἰόνων ἐφύοντο   118 D.

(I) Athen. II 54 f (I, 128 Kaibel); (II) Eust.
in Jl. 948, 44

Λάτω καὶ Νιόβα μάλα μὲν φίλαι ἦσαν ἔταιραι   119 D.

Athen. XIII 571 d (III 260 Kaibel)

EPITHALAMIA

So wie der Sänger aus Lesbos, die anderen weit
überragend,

. . . .

Wie der Apfel sich rötet, der süße,
hoch oben am Baume,
hoch im höchsten Gezweig, ihn vergaßen
die Pflücker zu holen —
Ei doch, nein! Nicht vergaßen:
sie konnten ihn bloß nicht erreichen —

Mädchen, du Schöne, du Reizende du!

So wie die Hyazinthe
von Hirten beim Hüten am Berghang
mit den Füßen zertreten,
— da liegt nun die purpurne Blüte!

und es wuchsen am Strande dort Wicken mit
goldenen Früchten

Leto und Niobe waren Freundinnen, liebe und gute,

88   EPITHALAMIA

Ἔσπερε, πάντα φέρεις, ὅσα φαίνολις   120 D
                ἐσκέδασ' Αὔως
φέρεις ὄιν,
φέρεις αἶγα, φέρεις ἄπυ μάτερι παῖδα.

(I) Demetr. π. ἑρμ. 141 (p. 33 Radermacher); (II) Etym.
Gen. p. 129 Miller; (III) (v. 1) Etym. Gen. ap. Reitzen-
stein, G. d. gr. Etym. p. 159; (IV) Etym. Magn.
174, 43 et 384, 1; (V) Etym. Gud. p. 538, 13 de Stefani;
(VI) Etym. Gud. p. 254, 5 et 446, 5 Sturz; (VII)
Anecd. Ox. 2, 444, 17 Cramer; (VIII) Schol. Eur.
Orest. 1260 (I, 212 Schwartz)

Ἤρος ἄγγελος ἱμερόφωνος ἀήδων   121 D.

(I) Schol. Soph. El. 149 (p. 110 Papageorg.);
(II) Suid. in ἀηδών

δώσομεν, ἦσι πάτηρ . . . . .   122 D.

Anecd. Ox. 1, 190, 19 Cramer

ἴψοι δὴ τὸ μέλαθρον,   123 D.
        ὑμήναον,
ἀέρρατε τέκτονες ἄνδρες,
        ὑμήναον,
γάμβρος ἐσέρχεται ἶσος Ἄρευι
ἄνδρος μεγάλω πόλυ μέζων

(I) Hephaest. π. ποιημ. 7, 1 (p. 70 Consbruch);
(II) Demetr. π. ἑρμ. 148 (p. 34 Radermacher);
(III) Arsen. p. 460 Walz = Apostol. 17, 76 a
(II 705 Leutsch-Schneidewin)

θυρώρωι πόδες ἐπτορόγυιοι   124 D.
τὰ δὲ σάμβαλα πεμπεβόηα,
πίσσυγγοι δὲ δέκ' ἐξεπόνησαν

(I) Hephaest. Ench. 7, 6 (p. 23 Consbruch); (II) Schol. A
in Hephaest. 7 (p. 129 Consbr.); (III) Schol. B in
Hephaest. 9 (p. 274 Consbr.), cf. Synes. epist. 3, 158 d

ὄτα πάννυχος ἄσφι κατάγρει   125 D.

Apollon. Dysc. de pron. 99, 18 Schneider

Abendstern, bringst alles heim, was
  die strahlende Eos zerstreute:
bringst Schafe heim,
bringst heim Ziegen, —
    bringst fort von der Mutter die Tochter!

Frülihlingsbotin, die Nachtigall, sehnsuchtsvoll singend . . . . .

„Nimm sie denn!" spricht da der Vater . . .

Hoch die Tür des Gemaches!
  — Hyménaios! —
Hebt den Türsturz, ihr Bauleute, höher!
  — Hyménaios! —
Ganz wie Gott Ares, so naht nun der Bräutigam,
viel größer als sonst große Männer!

Beim Tür-
    hüter der Fuß sieben Klafter,
zum Schuh
    gaben fünf Rinder das Leder,
genäht
    haben zehn Schuster die Schuhe.

wenn (der Schlaf) sie die ganze Nacht festhält

σκιδναμένας ἐν στήθεσιν ὄργας   126 D.
μαψυλάκαν γλῶσσαν πεφύλαχθαι.

Plut. de cohib. ira 7 (Mor. III 188 Bernardakis)

Τίωι σ', ὦ φίλε γάμβρε, κάλως ἐικάσδω;   127 D.
ὄρπακι βραδίνωι σε μάλιστ' ἐικάσδω.

(I) Hephaest. Ench. 7, 6 (p. 23 Consbruch); (II) Schol. B
iu Hephaest. 9 (p. 274 Consbr.)

Ὄλβιε γάμβρε, σοὶ μὲν δὴ γάμος,   128 D.
           ὡς ἄραο
ἐκτετέλεστ', ἔχηις δὲ πάρθενον, ἂν ἄραο.

*

σοὶ χάριεν μὲν εἶδος, ὄππατα δ'
           ⟨ἐστί, νύμφα,⟩
μέλλιχ', ἔρος δ' ἐπ' ἰμέρτωι κέχυται προσώπωι

*

_ ∪ ∪ _ τετίμακ' ἔξοχά σ' Ἀφροδίτα   5

*

χαῖρε ⟨δέ,⟩ νύμφα, χαῖρε, ⟨τ⟩ίμιε γάμβρε,
           πόλλα

(I) (vv. 1—2 et 4) Hephaest. Euch. 15, 26 (p. 55 Consbruch);
(II) (vv. 3—5) Choricius, epithal. Zach. (ap. Foerster, Ind.
lect. Vratisl. 1861, p. 16); (III) (v. 6) Serv. in Verg. Georg.
I, 31 (III 139 Thilo-Hagen), cf. Ps.-Iullan. epist. 60 (ep. 183
Bidez-Cumont)

χαίροις, ἀ νύμφα, χαιρέτω δ' ὁ γάμβρος   129 D.

(I) Hephaest. Ench. 4, 2 (p. 13 Consbruch); (II) Choerob.
in Hephaest. 4 (p. 220 Consbr.); (III) Epit. Hephaest. 8
(p. 361 Consbr.); cf. Theocr. 18, 49

                       οὐ γάρ   130 D.
ἀτέρα νῦν πάϊς, ὦ γάμβρε, τεαύτα

Dion. Halic. de comp. verb. 201 s. (VI 127 s.
Usener-Radermacher)

wenn sich der Zorn im Herzen auch breit macht,
— eifernde Rede halte im Zaume!

Womit soll ich dich, Bräutigam lieber, vergleichen?
Einer biegsamen Gerte will ich dich vergleichen!

(Zum Bräutigam)
> *Glücklicher Bräutigam, die*
> > *Hochzeit, die du ersehntest,*
> *feierst du heut, die Braut*
> > *ist dein, die du so ersehntest!*

(Zur Braut)
> *Lieblich ist deine Schönheit,*
> > *Braut, deine Augen blicken*
> *zärtlich, das feine Antlitz*
> > *strahlt, wie verschönt durch Liebe,*

(Zum Bräutigam)
> *und eine große Ehre*
> > *schenkte dir Aphrodite!*

(Zu Braut und Bräutigam)
> *Segen und Glück dir, Braut! Dir,*
> > *Bräutigam, Glück und Segen!*

Viel Glück dir, Braut! Dem Bräutigam viel Freude!

..... wisse,
Bräutigam, ihr gleichet kein anderes Mädchen!

τάνδε φυλάσσετε   130 a D.

ἐννε[..]οι γάμβροι, [.....]υ πολίων βασίληες

P. Bouriant 8 col. VI 4 s. (Lobel, A. f. P. 10, 1932, p. 3)

(νύμφη) παρθενία, παρθενία, ποῖ με λίποισ'   131 D.

ἀ⟨π⟩οίχηι;

(παρθενία) οὐκέτι ἥξω πρὸς σέ, οὐκέτι ἥξω.

Demetr. π. ἑρμ. 140 (p. 33 Radermacher)

῎Εσπερ', ὑμήναον   132 a D.

Marius Plotius Sacerd. gramm. III 3
(VI 517, 4 ss. Keil)

ὦ τὸν 'Αδώνιον   132 b D.

Marius Plotius Sacerd. gramm. III 3
(VI 517, 4 ss. Keil)

ἀστέρων πάντων ὁ κάλλιστος   133 D.

Himer. or. 46, 74 (p. 188 Colonna),
cf. 47, 135 (p. 195 Colonna)

χρυσαστράγαλοι φίαλαι   133 a D.

Pollux VI 98 (II, 28 Bethe)

δαύοις ἀπάλας ἑτάρας ἐν στήθεσιν   134 D.

Herodian. π. καθολ. προσωιδ. I, 453, 16 Lentz
(Etym. Magn. 250, 10; Etym. Flor. p. 82 Miller)

κῆ δ' ἀμβροσίας μὲν   135/136 D.
κράτηρ ἐκέκρατ'
῎Ερμαις δ' ἔλων ὄλπιν θέοισ' ὠινοχόησε,
κῆνοι δ' ἄρα πάντες
καρχάσι' ἦχον   5

...... *hütet dies Mädchen recht*
...... *ihr Freier,* ...... *ihr Herren der Burgen!*

Braut: ,,*Mädchenzeit, sprich, Mädchenzeit, sag,*
wohin enteilen willst du?‘‘
Jungfräulichkeit: ,,*Nimmermehr kehr ich wieder,*
nimmermehr wieder.‘‘

Abendstern, Hochzeitslicht!

wie er Adonis gleicht!

von den Sternen allen schönster du

Goldschalen, mit Kugeln als Fuß

mögst ruhn an der zarten Gefährtin Brust du weich

Ambrosia war da
gemischt im Mischkrug,
die Kanne trug Hermes und goß Wein ein den Göttern.
Sie alle, in Händen
die Becher haltend,

κἄλειβον ἀράσαντο δὲ πάμπαν ἔσλα
τῶι γάμβρωι.

vv. 1—3: (I) Athen. X 425 d (II 425 Kaibel); (II) id.
II 39 a (I, 90 Kaibel), cf. V 192 c (I, 427 Kaibel); (III)
Eust. in Od. 1633, 1, cf. in Jl. 1205, 17. — vv. 4—7:
(IV) Athen. XI 475 a (III 44 Kaibel); (V) Macrob. Sat.
5, 21, 6 (p. 343 Eyssenh.)

INCERTI LIBRI FR.

Ἔρος δηὖτέ μ᾽ ὁ λυσιμέλης δόνει   137 D.
γλυκύπικρον ἀμάχανον ὄρπετον

*   *   *

Ἄτθι, σοὶ δ᾽ ἔμεθεν μὲν ἀπήχθετο
φροντίσδην ἐπὶ δ᾽ Ἀνδρομέδαν πότη⟨ι⟩

(I) Hephaest. Ench. 7, 7 (p. 23 Consbruch); (II) Schol. B
in Hephaest. 9 (p. 274 Consbr.)

πόλυ πάκτιδος ἀδυμελεστέρα   138 D.

*   *   *

χρύσω χρυσοτέρα

(I) Demetr. π. ἑρμ. 162 et 127 (p. 37 et p. 30 Radermacher); (II) Gregor. Corinth. in Hermog. (Rhet.
gr. VII 1236 Walz)

ὠίω πόλυ λευκότερον   139 D.

(I) Athen. II 57 d (I, 134 Kaibel);
(II) Eust. in Od. 1686, 49

ἄβρα ⁺δεῦτε πάσχης⁺ πάλαι ἀλλόμαν   140 D.

Herodian. π. μονήρ. λέξ. II 932, 34 Lentz

ἄλλαν, μή τι κατ᾽ ἀμμετέραν φρένα   141 D.

Herodian. π. μονήρ. λέξ. II 932, 32 Lentz

*vom Tranke spendeten und erflehten Segen
dem Eidam.*

INCERTI LIBRI FR.

*Gliederlösender Eros treibt wieder mich
um, süß-bitter, unzähmbar, ein wildes Tier.*

     ✱   **✱**   **✱**

*Atthis, dir ward es lästig, bei mir zu sein
in Gedanken: Andromeda läufst du nach.*

noch viel süßer singt sie als die Leier klingt

     ✱   **✱**   **✱**

goldner selbst als das Gold . . . .

wie ein Ei, noch viel weißer gewiß

*all die Zeit war mein Wunsch, daß dir's
wohlergeh*

sie ist falsch und so gar nicht nach meinem Sinn

... παντοδάπαισ⟨ι⟩ μεμει⟨χ⟩μένα   142 D.
χροίαισιν

Schol. Apoll. Rhod. 1, 727 (p. 61 Wendel)

... μάλα δὴ κεκορημένας   143 D.
Γόργως

Anon. ap. Ald. Manutium, thes. cornuc. 268 b —
cod. Voss. gr. 20 ap. Reitzenstein, G. d. gr. Etymol.
367

Ἔχει μὲν Ἀνδρομέδα κάλαν ἀμοίβαν   144 a D.

Hephaest. Ench. 14, 7 (p. 46 Consbruch)

Ψάπφοι, τί τὰν πολύολβον Ἀφροδίταν   144 b D.

Hephaest. Ench. 14, 7 (p. 46 Consbruch)

χρυσοφάη⟨ν⟩ θεράπαιναν Ἀφροδίτας   145 D.

Philodem. π. εὐσεβ. 42 Gomperz

◡ ◡ _ _ ἔμεθεν δ᾽ ἔχησθα λάθαν   146 D.

Apollon. Dysc. de pron. 66, 4 Schneider

τὸ μέλημα τὦμον   147 D.

Ps.-Iulian. epist. 18 (ep. 193 Bidez-Cumont)

τέουτος ἐς Θήβαις πάϊς   148 D
    ἀρμάτεσσ᾽ ὀχήμενος

*

Μᾶλις μὲν ἔννη λέπτον ἔχοισ᾽ ἐπ᾽
    ἀτράκτωι λίνον

(I) Hephaest. Ench. 14, 5 (p. 45 Consbruch);
(II) (v. 2) Etym. Magn. 603, 34, cf. 344, 1

(das Gewand), das gefärbt mit verschiedenen
Farben war

... (von) der Gorgo, die so reichlich sich
schadlos hielt

Jetzt hat Andromeda ihre rechte Antwort!

Sappho, warum die glücksel'ge Aphrodite
(rufst du?)

golden umstrahlt, die Begleiterin Aphrodites

.... aber mich hast du vergessen!

.... meine Sorge (bist du)

Solch junger Mann
  dereinst hoch zu Wagen zog nach Thebens Burg

*

Rotbäckchen spann,
  gar fein war der Flachs, der auf der Spindel hing

A'. θέλω τί τ' εἴπην, ἀλλά με κωλύει   149 D.
αἴδως ....

B'. αἰ δ' ἦχες ἔσλων ἴμερον ἢ κάλων
καὶ μή τί τ' εἴπην γλῶσσ' ἐκύκα κάκον,
αἴδως κε ν⟨ῦν⟩ σ' οὐκ ἦχεν ὄππατ',   5
ἀλλ' ἔλεγες περὶ τῶ δικαίω.

(I) Arist. Rhet. I 9 p. 1367 a; (II) Schol. anon. ad l. (Anecd. Par.
1, 266, 25 Cramer = anon. ad l. p. 51 Rabe + Stephan. schol. ad l.
p. 280 Rabe, Comm. in Arist. 21, 2); (III) (vv. 1—2) Anna Comnena,
Alexias 15, 2 (II 298 Reifferscheid); cf. transl. lat. G. de Moerbeka
(p. 211 Spengel)

.... πόλλα μοι τὰν   150 D.
Πωλυανάκτιδα παῖδα χαίρην

Maxim. Tyr. 18, 9 (p. 231 Hobein)

στᾶθι ⁺κἄντα⁺, φίλος,   151 D.
καὶ τὰν ἐπ' ὄσσοισ' ὀμπέτασον χάριν.

Athen. XIII 564 d (III 244 Kaibel)

Ἔστι μοι κάλα πάϊς χρυ-   152 D.
σίοισιν ἀνθέμοισιν
ἐμφέρη⟨ν⟩ ἔχοισα μόρφαν
Κλέις ⟨ῠ⟩ ἀγαπάτα
ἀντὶ τᾶς ἔγωὐδὲ Λυδίαν
παῖσαν οὐδ' ἐράνναν

(I) Hephaest. Ench. 15, 18 (p. 53 Consbruch); (II) Schol.
A in Hephaest. 15 (p. 159 Consbr.)

αἰμιτύβιον στάλασσον   153 D.

Schol. Aristoph. Plut. 729

Δεῦρο δηὖτε Μοῖσαι χρύσιον λίποισαι   154 D.

(I) Hephaest. Ench. 15, 25 (p. 55 Consbruch);
(II) Schol. A in Hephaest. 15 (p. 161 Consbr.)

Er: „*Was sagen will ich, aber es hindert mich*"
„*die Scham* . . . ."
Sie: „*Wenn du, was schön und recht ist, dir wünschtest, —*
wenn"

„*nicht arge Worte die Zunge sagen wollt*',"
„*dann spräch nicht Scham aus deinen Blicken*"
„*sondern du redetest so, wie's recht ist.*"

. . . . *nicht mehr kümmern*
soll mich hinfort Polyanax' Tochter.

. . . . . *tritt nun hin vor mich, Freund,*
und zeig die Anmut uns, die dein Blick besitzt!

Hab ein schönes Kind,
goldnen Blumen wohl vergleichbar
ist sein feiner Wuchs:
Kleïs heißt sie, mein Alles,
und ich nähme nicht
Lydiens Reichtum noch das schöne
(Lesbos), müßt' als Preis
sie ich geben . . . .

das Halbleinene beträufle (?)

Kommt hierher, ihr Musen, und verlaßt das goldne
(Haus des Vaters)

αὖτα δὲ σύ, Καλλιόπα   155 D.

(I) Hephaest. Ench. 15, 4 (p. 48 Consbruch);
(II) Schol. A in Hephaest. 15 (p. 154 Consbr.)

Ποικίλλεται μὲν   γαῖα πολυστέφανος   156 D.

*   *   *

δολοπλόκω γὰρ   Κυπρογένεος πρόπολον

v. 1: Demetr. π. ἑρμ. 164 (p. 37 Radermacher).
v. 2: Arist. Eth. Nic. VII 6 p. 1149 b 16 + Hesych.
in Κυπρογένεος πρόπολον (coniunxit Bergk)

τίοισιν ὀφθάλμοισι;   156a D.

(I) Choerob. in Theod. can. nom. ἀρσ. ζ' (I, 193 s. Hilgard); (II) id.
in Psalt. (III 65 Gaisford); (III) Etym. Magn. 759, 35

θέοι δ᾽ [ἐπαι]νέσ⟨σ⟩ω[σιν αὖ]τιχ᾽ ἀδαχ[ρυτον]   156 b D.
θε[...]ηλ[   ]ηλα[
Philo in P. Ox. XI (1915) nr. 1356 fol. 4 a, 16

INDIREKT ÜBERLIEFERTES

Σαπφὼ δὲ ἡ Λεσβία πολλά τε καὶ οὐχ ὁμολογοῦντα 198 LP.
ἀλλήλοις εἰς ῎Ερωτα ᾖσε.
Pausanias IX 27, 3

᾽Αλκαῖος (τὸν ῎Ερωτα εἶπεν) ῍Ιριδος καὶ Ζεφύρου,
Σαπφὼ ᾽Αφροδίτης καὶ Οὐρανοῦ.
Schol. Theocr. XIII 1/2 c (p. 258 Wendel)

Σαπφὼ δὲ (τὸν ῎Ερωτα) Γῆς καὶ Οὐρανοῦ (γενεα-
λογεῖ).
Schol. Apoll. Rhod. III 26 (p. 216 Wendel)

λέγεται δὲ κατέρχεσθαι εἰς τοῦτο τὸ ἄντρον (sc. τὸ 199 LP.
Λάτμιον) τὴν Σελήνην πρὸς ᾽Ενδυμίωνα. περὶ δὲ τοῦ
τῆς Σελήνης ἔρωτος ἱστοροῦσι Σαπφὼ καὶ Νίκανδρος
ἐν β̄ Εὐρωπείας.
Schol. Apoll. Rhod. IV 57 (p. 264 Wendel)

du selbst aber, Kalliope,

Bunt färbt sich nun die Erde, mit Kränzen ge-
*   schmückt*

*   *   *

Der listenreichen Kypris Begleiterin, sieh.

mit was für Augen?

Wer tränenlos blieb, dem wird der Götter Huld.

. . . .

INDIREKT ÜBERLIEFERTES

Sappho, die Lesbierin, hat viel Widerspruchsvolles über den Eros gesungen.

Alkaios nannte Eros einen Sohn der Iris und des Zephyros, Sappho einen Sohn der Aphrodite und des Uranos.

Sappho läßt Eros von Ge und Uranos (= Erde und Himmel) abstammen.

Es heißt, in diese Höhle im Latmos-Gebirge sei Selene vom Himmel herab zu Endymion gekommen. Von der Liebe der (Mondgöttin) Selene berichten Sappho und Nikander im 2. Buch über Europa (hellenistischer Dichter, 2. Jhdt. v. Chr.).

172 et 188 LP.

Διοτίμα λέγει, ὅτι θάλλει μὲν Ἔρως εὐπορῶν, ἀποθνήσκει δὲ ἀπορῶν· τοῦτο Σαπφὼ ξυλλαβοῦσα εἶπε γλυκύπικρον καὶ ἀλγεσίδωρον· τὸν Ἔρωτα Σωκράτης σοφιστὴν λέγει, Σαπφὼ μυθοπλόκον.

Maxim. Tyr. 18, 9 h (p. 232 Hobein)

Homerus pueros puellasque (Niobae) bis senos 205 LP. dicit fuisse, Euripides bis septenos, Sappho bis novenos, ...

Aulus Gellius, Noct. Att. XX 7 (II 301 Hosius)

Quidam septem pueros et septem puellas accipi 206 LP. volunt, quod et Plato dicit in Phaedone et Sappho in lyricis . . . ., quos liberavit secum Theseus . . .

Servius in Verg. Aen. VI 21 (II, 9 Thilo-Hagen)

Prometheus post factos a se homines dicitur . . . 207 LP. ignem furatus, quem hominibus indicavit. ob quam causam irati dii duo mala immiserunt terris, mulieres et morbos, sicut et Sappho et Hesiodus memorant.

Servius in Verg. Ecl. VI 42 (III 72 Thilo-Hagen)

Memoriae prodit Sappho primum Acheloum vini 212 LP. mistionem . . . invenisse.

Comes Natal. Mythol. VII 2 (p. 212, ed. Ven. 1567)

ὁ δὲ χρυσὸς ἄφθαρτος καὶ ἡ Σαπφὼ ⟨   ⟩, ὅτι 204 LP. Διὸς παῖς ὁ χρυσός.

Schol. Pind. Pyth. 4, 410 c (II 153 Drachmann)

καίτοι καθαρεύειν γε τὸν χρυσὸν ἀπὸ τοῦ ἰοῦ ἥ τε ποιήτρια μάρτυς ἐστὶν ἡ Λεσβία καὶ αὐτὸς ὁ χρυσὸς ἐπιδείκνυσιν.

Pausanias VIII 18, 5; cf. Theogn. 450 ss.

Diotima sagt (bei Platon), daß im Glück der Eros blüht, wenn er Not leidet, aber stirbt. Das hat Sappho in einem Wort zusammengefaßt und den Eros „süß-bitter" (fr. 137 D.) und „Schmerzensschenker" genannt. Sokrates nennt Eros einen Sophisten, Sappho nennt ihn den „Worte flechtenden".

Homer sagt (Jl. 24, 603 f.), Niobe habe je sechs Söhne und Töchter gehabt, Euripides — je sieben, Sappho — je neun.

Manche wollen zu berichten wissen, daß es sieben Knaben und sieben Mädchen waren, wie sowohl Platon im Phaidon (58a) als auch Sappho in ihren lyrischen Gedichten sagt, die Theseus zugleich mit sich selbst befreite.

Prometheus stahl, so wird erzählt, nachdem er die Menschen geschaffen hatte, ... das Feuer, das er den Menschen weitergab. Hierüber erzürnt schickten die Götter zweierlei Übel auf die Erde: die Frauen und die Krankheiten, was sowohl Sappho als auch Hesiod (Theogonie 570 ff., Werke u. Tage 70 ff.) erwähnt.

Sappho berichtet, der (Flußgott) Acheloos habe das Mischen des Weines als erster erfunden.

„Gold ist unzerstörbar" (Pindar). Auch Sappho ...., daß das Gold ein Kind des Zeus ist.

Daß Gold von Rost frei bleibt, bezeugt die lesbische Dichterin und zeigt das Gold selbst.

Σαπφώ (φησιν) ὅτι τὸ ἀποθνήσκειν κακόν· οἱ θεοὶ γὰρ 201 LP.
οὕτω κεκρίκασιν· ἀπέθνησκον γὰρ ἄν (εἴπερ ἦν καλὸν
τὸ ἀποθνήσκειν).

(I) Arist. Rhet. B 22, 1398 b 27 (om. εἴπερ κτλ.); (II)Gregor. Corinth.
in Hermog. 5, 41 (VII p. 1153 Walz)

τὸ ὑπὲρ πάσης τῆς πόλεως ἑστηκὸς γάνος, οὐ διαφθεῖ- 196 LP.
ρον τὰς ὄψεις, ὡς ἔφη Σαπφώ, ἀλλ' αὖξον καὶ τρέφον καὶ
ἄρδον ἅμα εὐθυμίᾳ, ὑακινθίνῳ μὲν ἄνθει οὐδαμῶς
ὅμοιον, ἀλλ' οἷον οὐδὲν πώποτε γῆ καὶ ἥλιος ἀνθρώποις
ἔφηναν.

Ael. Aristid. XVIII 4 (II, 9 Keil)

εἰ οὖν Σαπφὼ τὴν Λεσβίαν οὐδὲν ἐκώλυσεν εὔξασθαι 197 LP.
νύκτα αὐτῇ γενέσθαι διπλασίαν, ἐξέστω κἀμοί.

Libanios, or. XII 99 (II, 44 Foerster)

Σαπφὼ στεφανοῦσθαί φησι ... σελίνοις.   191 LP.

Pollux VI 107 (II p. 31 Bethe)

βεῦδος, ὡς Σαπφώ, κιμβερικόν. ἔστι δὲ τὸ κιμβερικὸν 177 LP.
διαφανής τις χιτωνίσκος.

Pollux VII 49 (II p. 65 Bethe)

Σαπφὼ δὲ γρύτην καλεῖ τὴν μύρων καὶ γυναικείων 179 LP.
τινῶν θήκην.

Phrynich. Prep. Sophist. (p. 60 v. Borries)

                                                    210 (b) LP.
θάψος γάρ ἐστι ξύλον τι, ὃ καλεῖται καὶ Σκυθικὸν
ξύλον, ὥς φησι καὶ Σαπφώ. τούτῳ δὲ τὰ ἔρια βάπτουσι
καὶ ποιοῦσι μάλινα καὶ τὰς τρίχας ξανθίζουσιν. ἔστι δὲ τὸ
παρ' ἡμῖν λεγόμενον χρυσόξυλον.

Schol. Theocr. 2, 88 (b) (p. 286 Wendel); cf. Phot., Hesych. s. v.

*Sterben, sagt Sappho, ist etwas Schlimmes. Die Götter
selbst haben so entschieden. Denn sie würden sterben, wäre
Sterben etwas Schönes.*

*Der Glanz, der über der ganzen Stadt steht, blendet nicht
die Augen, wie Sappho gesagt hat, sondern mehrt und
stärkt und tränkt sie zugleich mit Freude: (ein Glanz) keineswegs vergleichbar einer Hyazinthenblüte, sondern so, wie Erde
und Sonne die Menschen noch nie ihn sehen ließen.*

*Wenn nun die Lesbierin Sappho, durch nichts beirrt, sich
wünschen konnte, die Nacht möge für sie noch einmal so lang
sein, — so sei auch mir das verstattet.*

Sappho hat, wie sie sagt, sich mit ... Eppich bekränzt.

*„Beudos“: so bei Sappho, ein kimmerisches Wort. Dies
kimmerische Wort bedeutet: eine Art von durchsichtigem
Hemdchen.*

*Sappho nennt „Gryta“ ein Kästchen für wohlriechendes
Öl und andre Dinge, die die Frauen brauchen.*

*„Thapsos“ ist eine Holzart, auch „skythisches Holz“ ge-
nannt, wie u. a. Sappho sagt. Darin färbt man Wolle und
macht sie quittengelb, und damit blondiert man die Haare. Es
ist das gleiche, das bei uns „Chrysoxylon“ („Goldholz“) heißt.*

φιλία τις δηλαδὴ πολυρέμβαστος καὶ καλὸν δοκοῦσα, 209 LP.
εἴποι ἂν ἡ Σαπφώ, δημόσιον.

Eustath., epist. 42 (p. 345 Tafel)

αἰτιάο 〈   〉 τὰ μέτερρα   l. auct. 2 LP·

Etym. Magn. 587, 12 (exemplum linguae Aeolicae, sine nomine auctoris)

ἡ Σαπφὼ τοῦ ῥόδου ἐρᾷ καὶ στεφανοῖ αὐτὸ ἀεί τινι test. 117
ἐγκωμίῳ τὰς καλὰς παρθένων ἐκείνῳ ὁμοιοῦσα, ὁμοιοῖ   Gall.
δ᾽ αὐτὸ καὶ τοῖς τῶν Χαρίτων πήχεσιν, ἐπειδὰν ἀποδύσῃ
σφῶν τὰς ὠλένας.

Philostrat., epist. 51 (Hercher)

                                                                                      105 (b) LP.
Σαπφοῦς ἦν ἄρα μήλῳ μὲν εἰκάσαι τὴν κόρην, ... τὸν
νύμφιον δὲ Ἀχιλλεῖ παρομοιῶσαι καὶ ἐς ταὐτὸν ἀγαγεῖν
τῷ ἥρωι τὸν νεανίσκον ταῖς πράξεσι.

Himerios, or. 9, 185 (p. 82 Colonna)

δοκῶ τοὐναντίον ποιήσειν τοῖς Αἰολεῦσι ποιηταῖς · adesp.55
ἐκεῖνοι μὲν γάρ, ἐπειδάν τι βούλωνται τῶν καθ᾽ αὑτοὺς φαυ-   Bgk.
λίσαι, μεγάλῳ αὐτὸ παρέβαλον καὶ παρ᾽ ἀρχαίοις περι-
φανεῖ, ἡγούμενοι μάλιστ᾽ ἂν οὕτως ἐξελέγξειν.

Ael. Aristid. I p. 327

εἰσὶν δὲ αἱ μὲν ἐν τοῖς πράγμασι χάριτες, οἶον νυμφαῖοι test. 111
κῆποι, ὑμέναιοι, ἔρωτες, ὅλη ἡ Σαπφοῦς ποίησις. τὰ γὰρ   Gall.
τοιαῦτα ... χαρίεντά ἐστι, καὶ αὐτὸ ἱλαρὸν τὸ πρᾶγμα ἐξ
ἑαυτοῦ.

Demetr. π. ἑρμ. 131 s. (p. 31 Radermacher)

διὸ καὶ ἡ Σαπφὼ περὶ μὲν κάλλους ᾄδουσα καλλιεπής 195 LP.
ἐστι καὶ ἡδεῖα, καὶ περὶ ἐρώτων δὲ καὶ ἔαρος (Gale, ἀέρος
cod. P) καὶ ἀλκυόνος, καὶ ἅπαν καλὸν ὄνομα ἐνύφανται
αὐτῆς τῇ ποιήσει, τὰ δὲ καὶ αὐτὴ εἰργάσατο.

Demetr. π. ἑρμ. 166 (p. 37 Radermacher)

Eine Art von Liebe, die natürlich viel gepriesen wird und etwas Schönes zu sein scheint: Sappho würde sie etwas Gemeines nennen.

„Wirfst du mir vor ..... daß ich mein Maß weiß"

Sappho liebt Rosen und weiß immer wieder etwas zu ihrem Lobe zu sagen, indem sie die schönen Mädchen mit der Rose vergleicht. Sie vergleicht die Rose auch mit den Armen der Chariten, mit den entblößten Unterarmen...

Es entsprach Sapphos Art, das Mädchen mit einem Apfel zu vergleichen, ... bei dem Bräutigam aber den Vergleich mit Achill zu ziehen und den jungen Mann mit seinen Taten dem berühmten Helden gleichzusetzen.

Ich habe vor, umgekehrt wie die äolischen Dichter zu verfahren. Denn wenn die etwas aus ihrer Umwelt herabsetzen wollten, dann verglichen sie es mit etwas Großem, in alten Zeiten hoch Angesehenem, in der Meinung, gerade hierdurch es am ehesten zu demaskieren.

Anmut kann schon in der Thematik enthalten sein, — z.B. Nymphengärten, Hymenäen, Eroten, die ganze Poesie Sapphos. — Dergleichen Dinge sind ... voll Anmut, der Stoff als solcher ist heiter.

Deshalb verwendet auch Sappho, die von Schönheit singt, — von Eroten, vom Lenz, vom Eisvogel, — schöne Worte und hat einen gefälligen Stil, und jedes schöne Wort ist in ihre Dichtung hineingewoben: einige hat sie auch selbst gebildet.

Σαπφὼ καὶ Ἀνακρέων ὁ Τήιος, ὥσπερ τι προοίμιον   test. 95
τῶν μελῶν, τὴν Κύπριν ἀναβοῶντες οὐ παύονται.   Gall.

Himerios, or. 17, 5 ss. (p. 105 Colonna)

Σαπφὼ δὲ μόνη γυναικῶν μετὰ λύρας ἐρασθεῖσα ⟨καλῶν   test. 96
Wilamowitz⟩ καὶ διὰ τοῦτο Ἀφροδίτῃ καὶ τοῖς Ἔρωσι   Gall.
ὅλην ἀνιεῖσα τὴν ποίησιν, παρθένου ⟨κάλλος Wilamo-
witz⟩ καὶ χάριτας τῶν μελῶν ἐποιεῖτο τὴν πρόφασιν.

Himerios, or. 28, 7 ss. (p. 128 s. Colonna)

TESTIMONIA

συνήκμασε δὲ τούτοις (sc. Ἀλκαίῳ καὶ Πιττακῷ) καὶ
ἡ Σαπφώ, θαυμαστόν τι χρῆμα· οὐ γὰρ ἴσμεν ἐν τῷ
τοσούτῳ χρόνῳ τῷ μνημονευομένῳ φανεῖσάν τινα γυναῖκα
ἐνάμιλλον οὐδὲ κατὰ μικρὸν ἐκείνῃ ποιήσεως χάριν.

ἐτυραννήθη δὲ ἡ πόλις κατὰ τοὺς χρόνους τούτους ὑπὸ
πλειόνων διὰ τὰς διχοστασίας.

Strabo XIII 617

Ol. 45. 2 Sappho et Alcaeus poetae clari habebantur.

Euseb. ap. Hieronymum

Χαμαιλέων δ' ἐν τῷ περὶ Σαπφοῦς καὶ λέγειν τινάς φησιν   test. 30
εἰς αὐτὴν πεποιῆσθαι ὑπὸ Ἀνακρέοντος τάδε (fr. 5 D.)   Gall.
..... καὶ τὴν Σαπφὼ δὲ πρὸς αὐτὸν ταῦτά φησιν εἰπεῖν·
    κεῖνον, ὦ χρυσόθρονε Μοῦσ', ἔνισπες
    ὕμνον, ἐκ τᾶς καλλιγύναικος ἐσθλᾶς
    Τήιος χώρας ὃν ἄειδε τερπνῶς
      πρέσβυς ἀγανός,
ὅτι δὲ οὐκ ἔστι Σαπφοῦς τοῦτο τὸ ᾆσμα παντί που δῆλον.

Athenaeus XIII 599 cd (III 321 Kaibel)

*Sappho und Anakreon, der Dichter von (der Insel) Teos,
rufen immer wieder Kypris (= Aphrodite), gleichsam als
Proömium ihrer Lieder.*

*Sappho erlebte als einzige der Frauen beim Klang der
Lyra den Eros (nach Schönem), widmete deshalb Aphrodite
und den Eroten ihre gesamte Dichtung und wählte zum Thema
ihrer Lieder die Schönheit und Anmut des jungen Mädchens.*

BIOGRAPHISCHE ZEUGNISSE

*Zu der gleichen Zeit (wie Alkaios und Pittakos) blühte
Sappho, dieses wunderbare Wesen: denn soweit die geschichtliche
Erinnerung reicht — und das ist eine lange Zeit — hat es
unseres Wissens keine Frau gegeben, die auch nur im Geringsten
mit ihr sich hätte messen können in der Dichtung.*
*Beherrscht wurde die Stadt (Mytilene) in jenen Zeiten von
verschiedenen Tyrannen infolge der inneren Unruhen .....*

*Im zweiten Jahre der 45. Olympiade (= 598 v. Chr.): Blüte-
zeit der Dichterin Sappho und des Dichters Alkaios.*

*Chamaileon (Aristotelesschüler, Biograph d. 4. Jhdts. v. Chr.)
sagt in seinem Buch über Sappho, daß einige behaupten, an
sie seien von Anakreon die folgenden Verse gerichtet (Anacr.
fr. 5 D.): ...... und sagt, Sappho habe ihm darauf wie
folgt geantwortet: (fr. mel. adesp. 1 D.):*
    *Goldenthronende Muse, jenem Sange
    liehst du selbst das Wort, den der Greis aus Teos,
    dem durch Frauenschönheit mit Recht berühmten,
    sang, der bekannte.*
*Daß aber dieses Lied nicht von Sappho ist, sieht doch wohl
jeder.*

ἐν τούτοις ὁ Ἑρμησιάναξ σφάλλεται συγχρονεῖν οἰόμενος
Σαπφὼ καὶ Ἀνακρέοντα, τὸν μὲν κατὰ Κῦρον καὶ Πολυκρά-
την γενόμενον, τὴν δὲ κατ᾽ Ἀλυάττην τὸν Κροίσου πατέρα.
Athenaeus XIII 599 c (III 320 s. Kaibel)

Ep. 35 ἀφ᾽ οὗ Ἀ[λυάττη]ς Λυδῶ[ν ἐβα]σίλευσ[εν, ἔτη Η]
        Η[Η]ΔΔΔΔΙ, ἄρχοντος᾽ Ἀθήνησιν Ἀριστοκλέους.

Ep. 36 ἀφ᾽ οὗ Σαπφὼ ἐγ Μυτιλήνης εἰς Σικελίαν ἔπλευσε
        φυγοῦσα[ἄρχο]ντος Ἀθήνησιν μὲν Κρι-
        τίου τοῦ προτέρου, ἐν Συρακούσαις δὲ τῶν γαμόρων
        κατεχόντων τὴν ἀρχήν.
Marmor Parium

                [Περὶ Σαπφ]οῦς.   test. 11 Gall.

  [Σαπφὼ τὸ μὲν γένος] ἦν Λε[σβία, πόλεως δὲ   col. I
Μιτ]υλήνης, [πατρὸς δὲ Σκαμ]άνδρου, κα[τὰ δέ τινας
Σκα]μανδρωνύ[μου· ἀδελφοὺς δ᾽] ἔσχε τρεῖς, [Ἐρ]ί[γυιον
καὶ Λά]ριχον, πρεσβύ[τατον δε Χάρ]αξον, ὃς πλεύσας ε[ἰς
Αἴγυπτον] Δωρίχαι τινι προσε[νεχθε]ὶς κατεδαπάνησεν
εἰς ταύτην πλεῖστα. τὸν δὲ Λάριχον ⟨νέον⟩ ὄντα μᾶλλον
ἠγάπησεν. θυγατέρα δ᾽ ἔσχε Κλεῖν ὁμώνυμον τῆι ἑαυτῆς
μητρί. κ[α]τηγόρηται δ᾽ ὑπ᾽ ἐν[ί]ω[ν] ὡς ἄτακτος οὖ[σα]
τὸν τρόπον καὶ γυναικε[ράσ]τρια. τὴν δὲ μορφὴν [εὐ]-
καταφρόνητος δοκεῖ γε[γον]έ̣ν[αι κα]ὶ δυσειδεστάτη[[ν]],
[τ]ὴν μὲν γὰρ ὄψιν φαιώδης [ὑ]πῆρχεν, τὸ δὲ μέγεθος
μικρὰ παντελῶς. τὸ δ᾽ αὐτὸ [συ]μβέβηκε καὶ περὶ τὸν
[. . . . .]ν ἐλάττω [. .] γεγον⟨ότ⟩α[. . . . .].ην

περιτ[. . . . . ὥσ]περ Χαμαιλέω[ν . . . .]τιος   col. II
ἐπλανήθ[η . . . .] ἀπ᾽ αὐτοῦ λέγει [. . . Αἰολίδι?]
διαλέκτωι κεχρ[η . . . . . γέ]γραφεν δὲ βυβλ[ία ἐννέα
μὲν] λυρικά, ἐλεγείω[ν δὲ καὶ ἄλλων?] ἐν . . . .

P. Ox. XV (1922) nr. 1800 fr. 1

Hierin irrt sich Hermesianax, wenn er meint, Sappho und Anakreon wären Zeitgenossen, wo doch Anakreon in der Zeit des Kyros (558—529) und Polykrates (537—522), Sappho in der Zeit des Alyattes (ca.610—560), des Vaters des Kroisos, lebte.

Ep. 35. Seit Alyattes die Königsherrschaft über die Lyder an-
604/603 *trat, 341 Jahre, als Aristokles Archon in Athen war.*

Ep. 36. Seit Sappho, aus Mytilene verbannt, nach Sizilien
603/595 *fuhr [   ], als Kritias der Ältere Archon in Athen war, in Syrakus aber die Gamoren die Herrschaft in Händen hatten.*

Sappho.

(Kolumne I)
Sappho stammte aus Lesbos, aus der Stadt Mitylene, war die Tochter des Skamandros oder, wie andre sagen, des Skamandronymos. Brüder hatte sie drei: Erigyios, Larichos und als ältesten Charaxos, der nach Ägypten segelte und als Liebhaber einer gewissen Doricha Unsummen für sie ausgab. Den jungen Larichos liebte Sappho mehr. Sie hatte eine Tochter Kleis, gleichen Namens wie ihre eigene Mutter. Der Vorwurf ist von einigen gegen sie erhoben worden, daß sie unmoralisch und homosexuell veranlagt gewesen sei. Von Aussehen scheint sie höchst unansehnlich gewesen zu sein und sehr häßlich, denn ihr Gesicht war von dunkler Farbe, die Gestalt sehr klein. Dasselbe war auch bei (männlicher Eigenname auf -s) der Fall, der kleiner war (als) . . . .
. . . . .

(Kolumne II)
über . . . . wie Chamaileon (Biograph d. 4. Jhdts. v.Chr.) . . . . irrte umher . . . . von ihm. Spricht und verwendet äolischen Dialekt, hat (9) Bücher Lyrik geschrieben, Elegien und anderes in . . . .

Σαπφώ, Σίμωνος, οἱ δὲ Εὐμήνου, οἱ δὲ Ἠεριγυίου, οἱ   test. 12
δὲ Ἐκρύτου, οἱ δὲ Σήμου, οἱ δὲ Κάμωνος, οἱ δὲ Ἐτάρχου,   Gall.
οἱ δὲ Σκαμανδρωνύμου· μητρὸς δὲ Κλειδός· Λεσβία ἐξ
Ἐρεσσοῦ, λυρική, γεγονυῖα κατὰ τὴν μβ' Ὀλυμπιάδα,
ὅτε καὶ Ἀλκαῖος ἦν καὶ Στησίχορος καὶ Πιττακός.
ἦσαν δὲ αὐτῇ καὶ ἀδελφοὶ τρεῖς, Λάριχος, Χάραξος,
Εὐρύγιος. ἐγαμήθη δὲ ἀνδρὶ Κερκύλᾳ πλουσιωτάτῳ, ὁρμω-
μένῳ ἀπὸ Ἄνδρου, καὶ θυγατέρα ἐποιήσατο ἐξ αὐτοῦ, ἡ
Κλεῖς ὠνομάσθη· ἑταῖραι δὲ αὐτῆς καὶ φίλαι γεγόνασι τρεῖς,
Ἀτθίς, Τελεσίππα, Μεγάρα· πρὸς ἃς καὶ διαβολὴν ἔσχεν
αἰσχρᾶς φιλίας. μαθήτριαι δὲ αὐτῆς Ἀναγόρα Μιλησία,
Γογγύλα Κολοφωνία, Εὐνείκα Σαλαμινία. ἔγραψε δὲ μελῶν
λυρικῶν βιβλία θ'. ἔγραψε δὲ καὶ ἐπιγράμματα καὶ ἐλεγεῖα
καὶ ἰάμβους καὶ μονῳδίας.

Suid. s. v. Σαπφώ

ὁ δὲ τῆς Λεσβίας (sc. ἔρως) ... τί ἂν εἴη ἄλλο ἢ αὐτό, test. 112
ἡ Σωκράτους τέχνη ἐρωτική; δοκοῦσι γάρ μοι τὴν καθ'   Gall.
αὐτὸν ἑκάτερος φιλίαν, ἡ μὲν γυναικῶν ὁ δὲ ἀρρένων, ἐπιτη-
δεῦσαι. καὶ γὰρ πολλῶν ἐρᾶν ἔλεγον καὶ ὑπὸ πάντων ἁλίσκε-
σθαι τῶν καλῶν· ὅ τι γὰρ ἐκείνῳ Ἀλκιβιάδης καὶ Χαρμίδης
καὶ Φαῖδρος, τοῦτο τῇ Λεσβίᾳ Γυρίννα καὶ Ἀτθὶς ⟨καὶ⟩
Ἀνακτορία· καὶ ὅ τι περ Σωκράτει οἱ ἀντίτεχνοι Πρόδικος
καὶ Γοργίας καὶ Θρασύμαχος καὶ Πρωταγόρας, τοῦτο τῇ
Σαπφοῖ Γοργὼ καὶ Ἀνδρομέδα· νῦν μὲν ἐπιτιμᾷ ταύταις,
νῦν δὲ ἐλέγχει καὶ εἰρωνεύεται αὐτὰ ἐκεῖνα τοῦ Σωκράτους.

Maxim. Tyr. 18, 9 (p. 230 Hobein)

nov. test.

... ἔμματα (Zitatende)· [ἐ]νταῦτα γὰρ [ἔσ]τιν ⟨ἰδεῖν⟩ ὅτι ἦν
[οἰ]κουρὸς καὶ [δὴ] φίλεργος ο[ὖ]σα Σαπφώ.

Anon. de lyricis P. Ox. XXIX nr. 2506 fr. 48 col. III 41—44

Sappho

Sappho, Tochter des Simon, nach andren: des Eumenos, nach andren: des Eerigyios, nach andren: des Ekrytos, nach andren: des Semos, nach andren: des Kamon, nach andren: des Etarchos, nach andren: des Skamandronymos, — die Mutter hieß Kleïs — eine Lesbierin aus Eressos, lyrische Dichterin, blühte um die 42. Olympiade (612/08), zur gleichen Zeit, als auch Alkaios lebte und Stesichoros und Pittakos. Brüder hatte sie drei, Larichos, Charaxos und Eurygios. Wurde die Frau eines sehr reichen Mannes, Kerkylas, der aus Andros gekommen war, und gebar ihm eine Tochter, die Kleïs hieß. Gefährtinnen und Freundinnen hatte sie drei: Atthis, Telesippa, Megara; böse Zungen behaupten, sie habe mit ihnen ein schandbares Freundschaftsverhältnis unterhalten. Ihre Schülerinnen: Anagora (gemeint: Anaktoria) aus Milet, Gongyla aus Kolophon, Euneika aus Salamis. Schrieb 9 Bücher (? 8 Bücher, s. Lobel, Σμ. XIV) lyrische Lieder. Schrieb auch Epigramme, Elegien, Iamben und Monodien

Der Eros Sapphos .... was wäre er andres als eben dies: die Art zu lieben, in der Sokrates Meister war? Beide, so meine ich, haben die Freundschaft zu ihresgleichen, Sappho die Freundschaft mit Frauen, Sokrates die Freundschaft mit Männern, sich angelegen sein lassen, und beide haben gesagt, daß sie viele lieb haben und von allen Schönen gefangengenommen werden. Denn was für ihn Alkibiades, Charmides und Phaidros bedeuteten, das waren für die Lesbierin Gyrinna, Atthis (und) Anaktoria, und was für Sokrates seine Rivalen Prodikos, Gorgias, Thrasymachos und Protagoras, das waren für Sappho Gorgo und Andromeda. Bald tadelt sie sie, bald widerlegt sie sie und spricht ironisch, ganz in der Art wie Sokrates.

... Kleider (Zitatende): da kann man nämlich ersehen, daß Sappho eine gute Hausfrau war, eine fleißige, wohlgemerkt.

τὰ δὲ Ἀφροδίτης ὄργια ⟨μόνῃ add. Mai⟩ παρῆκαν τῇ 194 LP.
Λεσβίᾳ Σαπφοῖ ᾄδειν πρὸς λύραν καὶ ποιεῖν τὸν θάλαμον ·
ἢ καὶ [. . .] εἰσῆλθε μετὰ τοὺς ἀγῶνας εἰς θάλαμον,
πλέκει παστάδα, τὸ λέχος [['Ομήρου, del. Neue; τοῦ
γάμβρου? Lobel]] στρώννυσι, γράφει παρθένους ⟨εἰς
add. Dübner⟩ νυμφεῖον, ἄγει καὶ Ἀφροδίτην ἐφ' ἅρματι
Χαρίτων καὶ χορὸν Ἐρώτων συμπαίστορα, καὶ τῆς μὲν
ὑακίνθῳ τὰς κόμας σφίγξασα, πλὴν ὅσαι μετώπῳ μερί-
ζονται, τὰς λοιπὰς ταῖς αὔραις ἀφῆκεν ὑποκυμαίνειν, εἰ
πλήττοιεν · τῶν δὲ τὰ πτερὰ καὶ τοὺς βοστρύχους χρυσῷ
κοσμήσασα πρὸ τοῦ δίφρου σπεύδει πομπεύοντας καὶ δᾷδα
κινοῦντας μετάρσιον.

Himerios, or. 9, 37 ss. (p. 75 s. Colonna)

Φάων   211 (a) LP.

Τῷ Φάωνι βίος ἦν περὶ πλοῖον εἶναι καὶ θάλασσαν ·
πορθμὸς ἦν ἡ θάλασσα · ἔγκλημα δὲ οὐδὲν παρ' οὐδενὸς
ἐκομίζετο, ἐπεὶ καὶ μέτριος ἦν καὶ παρὰ τῶν ἐχόντων
μόνον ἐδέχετο. θαῦμα ἦν τοῦ τρόπου παρὰ τοῖς Λεσβίοις.
ἐπαινεῖ τὸν ἄνθρωπον ἡ θεός · Ἀφροδίτην λέγουσι τὴν
θεόν · καὶ ὑποδῦσα θέαν ἀνθρώπου, γυναικὸς ἤδη γεγηρα-
κυίας, τῷ Φάωνι διαλέγεται περὶ πλοῦ. ταχὺς ἦν ἐκεῖνος
καὶ διακομίσαι καὶ μηδὲν ἀπαιτῆσαι. τί οὖν ἐπὶ τούτοις
ἡ θεός; ἀμεῖψαί φασι τὸν ἄνθρωπον, καὶ ἀμείβετο νεότητι
καὶ κάλλει τὸν γέροντα. οὗτος ὁ Φάων ἐστίν, ἐφ' ᾧ τὸν
ἔρωτα αὐτῆς ἡ Σαπφὼ πολλάκις ἐμελοποίησεν.

[Palaephatus], de incredibilibus 48 (Mythogr. Gr. III, 2, 69 Festa)

καὶ ἡ ἐξ Ἐρεσοῦ δὲ τῆς +ἑταίρας . . . .+ (⟨ποιητρίας   test. 29
ὁμώνυμος⟩ ἑταίρα ci. Kaibel) Σαπφὼ τοῦ καλοῦ Φάωνος   Gall.
ἐρασθεῖσα περιβόητος ἦν, ὡς φησι Νύμφις (Νυμφόδωρος
Kaibel) ἐν Περίπλῳ Ἀσίας.

Nymphodoros (FGrHist 572 F 6 Jacoby) ap. Athen. XIII 596 e

Das Fest der Aphrodite zur Leier zu besingen und das Brautgemach zu richten, war der Lesbierin Sappho (als einziger) übertragen worden. Nach den Wettgesängen betritt sie denn auch das Brautgemach, sie knüpft den Vorhang, deckt das Brautbett, (versammelt?) bestimmte Mädchen im Brautgemach, bringt auch Aphrodite herbei auf einem Wagen der Chariten, begleitet von einer Schar spielender Eroten, und ihr hat sie das Haar mit Hyazinthen aufgesteckt bis auf das, das an der Stirn gescheitelt wird, und läßt das übrige frei im Winde sich bewegen, falls der daran zausen möchte, den Eroten aber hat sie Flügel und Locken geschmückt mit Gold und treibt zur Eile die vor dem Wagen einherziehenden Begleiter, die hoch die Fackel schwingen.

Phaon

Phaons Leben spielte sich ab in seinem Boot und auf dem Meer: ein Meeresarm war es, über den man übersetzt. Nachsagen konnte niemand ihm etwas Schlechtes, denn mäßig waren seine Forderungen und nur von den Besitzenden nahm er Geld. Bewundert hat man bei den Lesbiern sein Verhalten. Und es belohnt den sterblichen Menschen die Göttin: Aphrodite soll es gewesen sein. Menschengestalt nimmt sie an, die Gestalt eines alten Mütterchens, und verhandelt mit Phaon wegen der Überfahrt. Schnell bereit war er, sie überzusetzen, ohne etwas dafür zu verlangen. Was tut darauf die Göttin? Beschenkt soll sie den Mann dafür haben, den alten Mann beschenkte sie mit Jugend und Schönheit. Das ist der Phaon, zu dem Sappho ihre Liebe oft in Liedern bekannt hat.

(Die „andre Sappho")

Auch die aus Eresos stammende, mit der Dichterin gleichnamige Hetäre Sappho, die sich in den schönen Phaon verliebt hatte, war weit bekannt, wie Nymphodoros (hellenistischer Historiker aus Syrakus, Jacoby, F Gr Hist. nr. 572) in der Schrift über die Umsegelung Asiens sagt.

τὴν ποιητρίαν Σαπφώ, τὴν Σκαμανδρωνύμου θυγατέρα,   test. 36
ταύτην καὶ Πλάτων ὁ Ἀρίστωνος σοφὴν ἀναγράφει.   Gall.
πυνθάνομαι δὲ ὅτι καὶ ἑτέρα ἐν τῇ Λέσβῳ ἐγένετο Σαπφώ,
ἑταίρα, οὐ ποιήτρια.
Aelian., var. hist. 12, 19

Σαπφώ τε ἡ καλὴ πολλαχοῦ Λάριχον τὸν ἀδελφὸν 203 LP.
ἐπαινεῖ ὡς οἰνοχοοῦντα ἐν τῷ πρυτανείῳ τοῖς Μυτι-
ληναίοις.
Athen. X 425 a (II 424 Kaibel); cf. Eust. in Jl. 1205, 19

ἔθος γὰρ ἦν, ὡς καὶ Σαπφώ φησιν, νέους εὐγενεῖς
εὐπρεπεῖς οἰνοχοεῖν.
Schol. Hom. Jl. Υ 234 (VI 322 Maass)

Ῥοδῶπις δὲ ἐς Αἴγυπτον ἀπίκετο Ξάνθεω τοῦ Σαμίου 202 LP.
κομίσαντος, ἀπικομένη δὲ κατ' ἐργασίην ἐλύθη χρημάτων
μεγάλων ὑπὸ ἀνδρὸς Μυτιληναίου Χαράξου τοῦ Σκαμανδρωνύμου παιδός, ἀδελφεοῦ δὲ Σαπφοῦς τῆς μουσο-
ποιοῦ ... Χάραξος δὲ ὡς λυσάμενος Ῥοδῶπιν ἀπενόστησε
ἐς Μυτιλήνην, ἐν μέλεϊ Σαπφὼ πολλὰ κατεκερτόμησέ μιν.
Herodot II 135

λέγεται δὲ τῆς ἑταίρας τάφος γεγονὼς ὑπὸ τῶν
ἐραστῶν, ἣν Σαπφὼ μὲν ἡ τῶν μελῶν ποιήτρια καλεῖ
Δωρίχαν, ἐρωμένην τοῦ ἀδελφοῦ αὐτῆς Χαράξου γεγονυῖαν,
οἶνον κατάγοντος εἰς Ναύκρατιν Λέσβιον κατ' ἐμπορίαν,
ἄλλοι δ' ὀνομάζουσι Ῥοδῶπιν.
Strabo XVII 808

Die Dichterin Sappho, die Tochter des Skamandronymos, nennt sogar Platon, der Sohn des Ariston, in einer Schrift „die Weise". Ich höre aber, daß es auf Lesbos noch eine andre Sappho gegeben hat, eine Hetäre, keine Dichterin.

(Larichos)

Sappho, die schöne, erwähnt häufig voller Anerkennung, daß ihr Bruder Larichos im Prytaneion den Mytilenäern Wein kredenze.

Es war nämlich Brauch, wie auch Sappho sagt, daß gut aussehende junge Leute aus vornehmem Hause sich als Mundschenken betätigten.

(Doricha)

Die Rhodopis war von dem Samier Xanthes nach Ägypten mitgenommen worden. Sie kam dahin, um Geld einzubringen, wurde aber um einen sehr hohen Betrag freigekauft von einem Mann aus Mytilene, dem Sohn des Skamandronymos, Charaxos, dem Bruder der Dichterin Sappho ... Als Charaxos die Rhodopis freigekauft hatte und heim nach Mytilene brachte, hat Sappho in einem Liede ihn tüchtig gescholten.

Den Grabbau sollen die Liebhaber dieser Hetäre errichtet haben, die von Sappho, der lyrischen Dichterin, Doricha genannt wird. Sie war die Geliebte von Sapphos Bruder Charaxos gewesen, der lesbischen Wein auf einer Handelsfahrt nach Naukratis gebracht hatte. Von andren wird sie Rhodopis genannt.

ἐνδόξους δὲ ἑταίρας καὶ ἐπὶ κάλλει διαφερούσας ἤνεγκεν
καὶ ἡ Ναύκρατις· Δωρίχαν τε, ἣν ἡ καλὴ Σαπφὼ ἐρωμένην γενομένην Χαράξου τοῦ ἀδελφοῦ αὐτῆς κατ' ἐμπορίαν εἰς τὴν Ναύκρατιν ἀπαίροντος διὰ τῆς ποιήσεως
διαβάλλει ὡς πολλὰ τοῦ Χαράξου νοσφισαμένην. Ἡρόδοτος
δὲ αὐτὴν Ῥοδῶπιν καλεῖ ἀγνοῶν ὅτι ἑτέρα τῆς Δωρίχης
ἐστὶν αὕτη, ἡ καὶ τοὺς περιβοήτους ὀβελίσκους ἀναθεῖσα
ἐν Δελφοῖς ... εἰς δὲ τὴν Δωρίχαν τόδ' ἐποίησε τοὐπί-
γραμμα Ποσείδιππος, [καίτοι] καὶ ἐν τῇ Αἰθιοπίᾳ
(Αἰσωπίᾳ? Schott) πολλάκις αὐτῆς μνημονεύσας. ἐστὶ
⟨δὲ⟩ τόδε·

Δωρίχα, ὀστέα μὲν σὰ πάλαι κόνιν, ἔσσατο δ' ἐσμὸς
    χαίτης ἥ τε μύρων ἔκπνοος ἀμπεχόνη,
ᾗ ποτε τὸν χαρίεντα περιστέλλουσα Χάραξον
    σύγχρους ὀρθρινῶν ἥψαο κισσυβίων.
Σαπφῷαι δὲ μένουσι φίλης ἔτι καὶ μενέουσιν
    ᾠδῆς αἱ λευκαὶ φθεγγόμεναι σελίδες.
οὔνομα σὸν μακαριστόν, ὃ Ναύκρατις +ὧδε+ φυλάξει
    ἔστ' ἂν ἴῃ Νείλου ναῦς ἐφ' ἁλὸς πελάγη.

Athenaeus XIII 596 b, d (III 314 Kaibel)

ἦν δὲ Θρᾷσσα τὸ γένος, ἐδούλευσε δὲ σὺν Αἰσώπῳ
Ἰάδμονι Μυτιληναίῳ, ἐλυτρώσατο δ' αὐτὴν Χάραξας ὁ
Σαπφοῦς ἀδελφός· ἡ δὲ Σαπφὼ Δωρίχαν αὐτὴν καλεῖ.

Phot. in Ῥοδώπιδος ἀνάθημα; Suid. in Ῥοδώπιδος ἀνάθημα

ἡ Ῥοδῶπις ἑταίρα ἦν περὶ Ναύκρατιν τῆς Αἰγύπτου,
ἧς καὶ Σαπφὼ μνημονεύει καὶ Ἡρόδοτος.

App. Prov. IV 51 (I, 445 Leutsch-Schneidewin)

*Berühmte und besonders schöne Hetären gab es auch in
Naukratis, z. B. Doricha, die die Geliebte von Sapphos Bruder
Charaxos wurde, als der sich auf eine Handelsfahrt nach
Naukratis begeben hatte. Sappho, die schöne, bezichtigt sie in
ihren Dichtungen, den Charaxos um viel Geld gebracht zu
haben. Bei Herodot heißt sie Rhodopis: er weiß eben nicht,
daß das eine andre, mit Doricha nicht identische ist, die auch
das bekannte Weihgeschenk, die Spieße, in Delphi gestiftet
hat .... Auf Doricha hat Poseidipp (Dichter d. 3. Jhdts.
v. Chr.) folgendes Epigramm verfaßt, nachdem er sie schon
in seiner „Aithiopia"(?) mehrfach erwähnt hatte. Es lautet:*

Doricha, Erde deckt längst dein Gebein,
                    deckt den Kranz deiner Haare,
        duftend nach Myrrhen umgab
                    einst wie ein Umhang es dich,
wenn, auch des Charaxos Leib, des Geliebten,
                    mit ihnen umhüllend,
        als der Morgen schon graut,
                    Mund an Mund ihr geruht.
Sapphische Bücher, die leben und weiterhin werden sie
                    leben:
        weiße Seiten, worauf klingende Lieder gebannt.
Dir bleibt der Name; bewahren wird Naukratis hier ihn,
                    solange
        irgendein Schiff auf dem Nil
                    meerwärts zieht seine Bahn.

*(Rhodopis) war Thrakerin von Geburt, diente als Sklavin
— ebenso wie Äsop als Sklave — dem Mytilenäer Iadmon.
Freigekauft wurde sie von Sapphos Bruder Charaxas. Bei
Sappho heißt sie Doricha.*

*Rhodopis war eine Hetäre in der Gegend von Naukratis
in Ägypten. Sappho und Herodot erwähnen sie.*

(ΚΑΛΛΙΣΤΕΙΑ)

őππαι Λ[εσβί]αδες κριννόμεναι φύαν
πώλεντ' ἐλκεσίπεπλοι, περὶ δὲ βρέμει
ἄχω θεσ[π]εσία γυναίκων
ἶρα[ς ὀ]λολύγας ἐνιαυσίας

Alc. fr. 24 c, 17—20 D.

Πυλαιΐδεες· αἱ ἐν κάλλει κρινόμεναι τῶν γυναικῶν
καὶ νικῶσαι.

Hesych. s. v.; cf. Strabon. XIII 621 de monte Pylaeo in Lesbo
insula sito

παρὰ Λεσβίοις ἀγὼν ἄγεται κάλλους γυναικῶν ἐν τῷ
τῆς "Ηρας τεμένει, λεγόμενος καλλιστεῖα.

Schol. AD Hom. Jl. I 129

"Ελθετε πρὸς τέμενος ταυρώπιδος ἀγλαὸν "Ηρης,
Λεσβίδες, ἁβρὰ ποδῶν βήμαθ' ἑλισσόμεναι·
ἔνθα καλὸν στήσασθε θεᾷ χορόν· ὔμμι δ' ἀπάρξει
Σαπφὼ χρυσείην χερσὶν ἔχουσα λύρην

Anth. Pal. IX 189

με⟨σ⟩σοστροφωνίαι· ἡμέραι, ἐν αἷς Λέσβιοι κοινὴν
θυσίαν ἐπιτελοῦσιν.

Hesych. s. v.

ἐνιαχοῦ δέ φησιν ὁ ... Θεόφραστος καὶ κρίσεις γυναικῶν
περὶ σωφροσύνης γίνεσθαι καὶ οἰκονομίας, ὥσπερ ἐν τοῖς
βαρβάροις, ἑτέρωθι δὲ κάλλους, ὡς δέον καὶ τοῦτο τιμᾶσ-
θαι, καθάπερ καὶ παρὰ Τενεδίοις καὶ Λεσβίοις. ταύτην
δὲ τύχης ἢ φύσεως εἶναι τιμήν, δέον προκεῖσθαι σωφροσύνης. τὸ κάλλος γὰρ οὕτως καλόν, εἰ δὲ μή, κίνδυνον ἔχον
ἐπ' ἀκολασίαν.

Theophr. (fr. 112) ap. Athen. XIII 610 a (III 345 s. Kaibel)

(Schönheitswettkämpfe auf Lesbos)
Auserlesen von Wuchs, lesbische Mädchen drehn
langgewandet im Tanz hier sich, es schallt ringsum
jubelnd jauchzender Schrei der Fraun und
am jährlichen Fest himmelan tönt ihr Ruf.

„Pyläische (Schau-?) Frauen": diejenigen Frauen, die an
einem Schönheitswettkampf teilnehmen und siegen.

Bei den Lesbiern findet ein Schönheitswettkampf der Frauen,
genannt „Kallisteia", im heiligen Bezirk der Hera statt.

Kommet zum heilgen Bezirk, ihr Mädchen von Lesbos, zu Heras
schattigem Hain, und beschwingt eile der Fuß und der Schritt!
Schlingen sollt ihr den Reigen zu Ehren der Göttin dort. Leiten
wird euch Sappho und ihr Spiel auf der Leier von Gold.

„Mitt-(Sommer- und Winter-?)-Wende": die Tage, an denen
die Lesbier ein gemeinsames Opfer verrichten.

Mancherorts, sagt Theophrast (fr. 112), fänden Frauenwett-
bewerbe zur Beurteilung geistig-charakterlicher oder auch haus-
wirtschaftlicher Fähigkeiten statt: so bei den Barbaren, — an
andren Orten aber Schönheitswettbewerbe, da auch Schönheit
eine Auszeichnung verdiene: so bei den Bewohnern der Insel
Tenedos und bei den Lesbiern. Hierbei werde freilich nur
etwas Zufälliges bzw. etwas, was die Natur einem mitgegeben
hat, ausgezeichnet: zweifellos höher zu bewerten sei die Auszeichnung recht beschaffener Wesensart. Denn nur da (wo es
auch diese gibt) sei Schönheit wirklich Schönheit, andernfalls
drohe sie auszuarten in Haltlosigkeit.

Epistula Sapphus

Nec me Pyrrhiades Methymniadesque puellae   15
    Nec me Lesbiadum cetera turba iuvant;
Vilis Anactorie, vilis mihi candida Cydro,
    Non oculis gratest Atthis, ut ante, meis
Atque aliae centum, quas hic sine crimine amavi . . .   19

Si mihi difficilis formam natura negavit,   31
    Ingenio formae damna rependo meae:
Nec me despicias, si sim tibi corpore parva
    Mensuramque brevis nominis ipsa fero:
Sum brevis, at nomen, quod terras impleat omnes,
    Est mihi: mensuram nominis ipsa fero.
Candida si non sum, placuit Cepheia Perseo   35
    Andromede, patriae fusca colore suae. . . .

Sex mihi natales ierant, cum lecta parentis   61
    Ante diem lacrimas ossa bibere meas;
Sparsit opes frater meretricis captus amore
    Mixtaque cum turpi damna pudore tulit;
Factus inops agili peragit freta caerula remo   65
    Quasque male amisit, nunc male quaerit opes;
Me quoque, quod monui bene multa fideliter, odit:
    Hoc mihi libertas, hoc pia lingua dedit;

Ovid: Sapphos Brief an Phaon

. . . .

Nicht die Mädchen von Pyrrha noch die von Methymna ver-
mögen,
noch von ganz Lesbos die Schar heut noch mein Herz zu
erfreun.
Gleichgültig sind sie mir alle, Anaktoria und Kydro,
und es freut sich der Blick nicht mehr an Atthis wie einst,
noch an den andren vielen, die ich in Unschuld einst liebte.

. . . .

Wenn mir ein neidisches Schicksal die Schönheit des Leibes
versagte,
wiegt doch mein Dichtergenie all diese Nachteile auf.
Acht mich nicht deshalb gering, weil an Wuchs ich gering dir
erscheine
und meines Namens Maß trage, das kurze, an mir:
wohl bin ich klein, doch mir wurde ein Ruhm, der die Länder
erfüllet
alle, — so trag ich das Maß ruhmreichen Namens in mir.
Ist meine Haut auch nicht weiß, — es vermochte doch Perseus
zu lieben
Andromede, deren Teint bräunt' in kepheischem Land.

. . . .

Sechsmal beging ich Geburtstag, da mußte mit Tränen ich netzen
meines Vaters Gebein: früh schon entriß ihn der Tod.
Einer Dirne zuliebe verpraßte mein Bruder die Habe
und zum schlimmen Verlust zog er den Schimpf sich noch zu,
kreuzt als Verarmter das dunkle Meer, wo das Ruder ihn hin-
führt,
schlimm, wie das Geld er verlor, sucht er jetzt wieder
Gewinnst.
Mich, die in Treuen ihm riet und zum Guten ihn mahnte, —
mich haßt er!
Für meinen Freimut war das, das für die Sorge der Lohn!

Et tamquam desint, quae me sine fine fatigent, —
Accumulat curas filia parva meas.   70

Ecce, iacent collo sparsi sine lege capilli,   73
Nec premit articulos lucida gemma meos;
Veste tegor vili, nullumst in crinibus aurum,   75
Non Arabum noster dona capillus habet.
Cui colar infelix, aut cui placuisse laborem?
Ille mei cultus unicus auctor abes...   78

Hunc ne pro Cephalo raperes, Aurora, timebam: 87
Et faceres, sed te prima rapina tenet.
Hunc si conspiciat, quae conspicit omnia, Phoebe,
Iussus erit somnos continuare Phaon;   90
Hunc Venus in caelum curru vexisset eburno,
Sed videt et Marti posse placere suo ...   92

.... iuro............
Cum mihi nescio quis ‚fugiunt tua gaudia‘ dixit   109
Nec me flere diu, nec potuisse loqui: 110
Et lacrimae deerant oculis et verba palato,
Adstrictum gelido frigore pectus erat;
Postquam se dolor invenit, nec pectora plangi
Nec puduit scissis exululare comis,
Non aliter, quam si nati pia mater adempti   115
Portet ad exstructos corpus inane rogos.

Und — als fehlt es an Dingen, die mich unermeßlich zer-
mürben —
zu allem übrigen Leid kommt noch die Kleine, mein Kind.

. . . .

Sieh doch, es hängt verwühlt, ohne Pflege, das Haar mir am
Nacken,
kein hellglänzender Stein schmückt meine Hand und kein
Ring.
Ärmlich ist heute mein Kleid, ohne goldenen Schmuck meine
Haare
und Arabiens Geschenk netzte die Locken mir nicht:
wem denn sollt ich zu Liebe mich putzen? um wem zu gefallen?
Ferne weilst du, dem dies alles als Einzigem galt ...

. . . .

Daß, Aurora, du ihn statt des Kephalos raubst, mußt' ich
fürchten:
und du tätest es schon, hielt nicht der erste dich fest!
Wenn ihn Phoebe erblickte, die nachts ja doch alles erspähet,
— Phaon bekäme gewiß lange zu schlafen Befehl!
Venus im Elfenbeinwagen entführte ihn längst in den Himmel,
wenn nicht ihr Ehegemahl ebenfalls Freud' an ihm fänd!

. . . .

Als dann, ich weiß nicht, wer's war, zu mir sagte: ,,Dein
Liebster verläßt dich'',
sind meine Tränen versiegt, blieb ich mit einemmal stumm.
Trocken blieben die Augen und ohne Worte der Gaumen,
wie ein eisiges Band legte sich's mir um die Brust:
doch als der Schmerz sich dann fand, hab die Brüste mir blutig
zu schlagen,
Haare zu raufen, zu schrein ich mich vor niemand geschämt:
ganz wie die Mutter, wenn sie ihres Kindes erkalteten Körper
zu dem Holzstoß trägt, den man errichtet schon hat.

Gaudet et e nostro crescit maerore Charaxus
Frater et ante oculos itque reditque meos,
Utque pudenda mei videatur causa doloris,
,Quid dolet haec? certe filia vivit' ait.   120

Ovid., Her. XV

.. *I 2 ὁ μὲν φυ[γ Z. 3–4 μεί-]ζοσιν ἐχθραις τ[οῖς] κρατοῦσιν*   nov.
ἀεὶ π[ολε]μῶν·ἡ δ' ἐφ' ἡσυχίας παιδεύουσα τὰς ἀρίστας οὐ   test.
μόνον τῶν ἐγχωρίων, ἀλλὰ καὶ τῶν ἀπ' 'Ιωνίας·καὶ ἐν   (5—16)
τοσαύτηι παρὰ τοῖς πολίταις ἀποδοχῆι <ἦν> ὥς γ' ἔφη
Καλλίας ὁ Μυτιληναῖος ἐν... [....].[..] 'Αφροδει[

Anon. comm. P. Colon. 5860, ZPE 14, 1974, 114 ss.

Σόλων ὁ Ἀθηναῖος ὁ Ἐξηκεστίδου παρὰ πότον τοῦ   test. 3
ἀδελφιδοῦ αὐτοῦ μέλος τι Σαπφοῦς ᾄσαντος ἤσθη τῷ μέλει   Gall.
καὶ προσέταξε τῷ μειρακίῳ διδάξαι αὐτόν· ἐρωτήσαντος δέ
τινος διὰ ποίαν αἰτίαν τοῦτο ἐσπούδασεν, ὁ δὲ ἔφη, ἵνα
μαθὼν αὐτὸ ἀποθάνω.

Aelianus ap. Stob. flor. XXIX 58 (III, 1 p. 638 a. Wachsmuth-Hense);
cf. Valer. Max. VIII 7, 14

ἤρου με, ἔφη, πρώην, ὅ τι ὄνομα ἦν τῇ Παμφύλῳ   test. 81
γυναικί, ᾗ δὴ Σαπφοῖ θ' ὁμιλῆσαι λέγεται καὶ τοὺς ὕμνους,   Gall.
οὓς ἐς τὴν Ἄρτεμιν τὴν Περγαίαν ᾄδουσι, ξυνθεῖναι τὸν
Αἰολέων τε καὶ Παμφύλων τρόπον ... καλεῖται τοίνυν
ἡ σοφὴ αὕτη Δαμοφύλη καὶ λέγεται τὸν Σαπφοῦς τρόπον
παρθένους θ' ὁμιλητρίας κτήσασθαι ποιήματά τε ξυνθεῖναι
τὰ μὲν ἐρωτικά, τὰ δ' ὕμνους, τά τοι ἐς τὴν Ἄρτεμιν καὶ
παρῴδηται αὐτῇ καὶ ἀπὸ τῶν Σαπφῴων ᾖσται.

Philostrat. vita Apoll. I, 30

Aber es freut sich am Leid und weidet sich Bruder Charaxos,
geht, doch sieht ihn mein Blick bald wieder vor mir hier
stehn,
und, damit sich der Grund meiner Trauer als peinlicher zeige,
sagt er: „Was jammert sie denn? Ist doch am Leben ihr
Kind!"

. . .er (= Alkaios) als Verbannter (– – – –) mit größerer
Erbitterung gegen die Machthaber ständig Krieg führend, sie
(= Sappho) in Ruhe erziehend die vornehmsten Mädchen nicht
nur von den einheimischen, sondern auch von den ionischen.
Und so große Anerkennung fand sie bei den Bürgern, wie
Kallias von Mytilene gesagt hat im (Buchtitel, dann verm. so
daß bei) Aphrodi(tefeiern) . . .

Solon der Athener, Sohn des Exekestides, empfand, als einst
sein Neffe beim Symposion ein Lied Sapphos sang, Gefallen an
diesem Liede und hieß den Jüngling, ihn dasselbe zu lehren. Als
dann jemand fragte, aus welchem Grunde ihm daran gelegen sei,
erwiderte er: „Damit ich dieses erlerne und dann sterben kann."

„Du fragtest mich unlängst", sprach er (Apollonios zu
Damis), „wie der Name der Pamphylierin sei, die mit Sappho
lange zusammengewesen sein soll und die Hymnen verfaßt
und in äolischer und pamphylischer Weise komponiert haben
soll, die man zu Ehren der Artemis Pergaia (in Pamphylien)
singt . . . . . Diese kluge Frau heißt Damophyle und soll
ebenso wie Sappho um sich einen Kreis von Mädchen ver-
sammelt haben und Dichtungen verfaßt, teils erotische, aber
auch Hymnen; die bereits erwähnten auf Artemis sind in
Nachahmung Sapphos gedichtet und voller sapphischer Ent-
lehnungen sind diese Lieder.

LITERATUR

Publikationen, die mir unzugänglich blieben, sind mit [ ]
bezeichnet

AUSGABEN

Siehe Seite 239 f.

ÜBERSETZUNGEN

Hausmann, M., in „Antike und Abendland" II, 1946,
164 ff.; ders., Das Erwachen. Lieder u. Bruchstücke aus
d. griech. Frühzeit, 1949
Rüdiger, H., Griechische Lyriker, 1949; ders., Geschichte
der deutschen Sappho-Übersetzungen (Germanistische
Studien, Heft 151), Berlin 1934
Eigenbrodt, K. W., Sappho, Mainz 1952

ANTIKE ZEUGNISSE

zur Geschichte der Insel Lesbos siehe Inscriptiones Graecae
(IG) XII, suppl., S. 52 ff.

KARTE

Lesbos IG XII 2, tab. 2

ARCHÄOLOGIE

Koldewey, R., Die antiken Baureste der Insel Lesbos,
Berlin 1890
Bieber, M., Griechische Kleidung, Berlin 1928; dies.,
Entwicklungsgeschichte d. griechischen Tracht, Berlin
1934

VOLKSKUNDE

Nikitas, P., *TO ΛΕΣΒΙΑΚΟ ΜΗΝΟΛΟΓΙΟ* (Lesbiaka I, I),
Mytilene 1953

NACHSCHLAGEWERKE

Pauly-Wissowa, Realenzyklopädie der klass. Altertums-
wiss. (RE), Artikel: Alkaios (Crusius) 1885 — Gryneios
(Jessen) 1912 — Melanchros (Kahrstedt) 1931 — Myr-
silos (Schwahn) 1933 — Mytilene (Herbst) 1935 —
Panormos (Ziegler) 1949 — Phaon (Stoeßl) 1938 —
Pittakos (Schachermeyr) 1950 — Sappho (Aly) 1920 —
Tyrannis (Lenschau) 1943
Schmid, W., Geschichte der griechischen Literatur I, 1929

ALLGEMEINVERSTÄNDLICHE DARSTELLUNGEN

Pfeiffer, R., Gottheit und Individuum in der frühgriech.
  Lyrik, Philologus 84, 137ff., 1929 (zitiert: Pfeiffer '29)
Wili, W., Sappho, Neue Jahrbücher f. Wissenschaft u.
  Jugendbildung 6, 359ff., 1930 (zit. Wili)
Fränkel, H., Die Zeitauffassung in der archaischen griech.
  Literatur, Beilageheft z. Zeitschr. f. Ästhetik u. allg.
  Kunstwiss., Bd. 25, S. 97ff., 1931
Jax, K., Die weibliche Schönheit in der griech. Dichtung,
  Innsbruck 1933
Schadewaldt, W., Lebensalter und Greisenzeit im frühen
  Griechentum, Antike 9, 282ff., 1933
Jacoby, F., Die geistige Physiognomie der Odyssee, ebda.
  159ff., 1933
Jaeger, W., Paideia, Bd. I, 1934
Bach, R., Über Sappho und das Wesen der Dichtung,
  Der Bücherwurm 23, 33ff., 1937
Snell, Br., Das Erwachen der Persönlichkeit in der früh-
  griech. Lyrik, Antike 17, 5ff., 1941 = Entdeckung des
  Geistes, 2. Aufl. 1948, 57ff. (zit. Snell, Entd. d. G.)
[Massa Positano, L., Saffo, Napoli 1945]
Gigon, O., Der Ursprung der griechischen Philosophie, 1945
Schadewaldt, W., Homer und seine Welt, 2. Aufl. 1951
Bonnard, A., La poésie de Sapho. Étude et traduction,
  Lausanne 1948 (zit. Bonnard)
Harder, R., Eigenart der Griechen, 1949
Puccioni, G., La poesia di Saffo (Antiquitas II−V, 84ff.),
  1947−50
Della Corte, F., Saffo. Storia e leggenda, Torino 1950
Pohlenz, M., Gestalten aus Hellas, 1950
Schadewaldt, W., Sappho. Welt und Dichtung. Dasein
  in der Liebe. (I) 1950 (zit. Schadew.)
Fränkel, H., Dichtung und Philosophie des frühen Griechen-
  tums (Publ. of the American Phil. Association, New York),
  1951 (zit. Fränkel, D. u. Ph.)
Treu, M., Alkaios. Lieder (Tusculum-Bücher), 1952 (zit.
  A. p. . .)

LITERATURWISSENSCHAFTLICHE UNTERSUCHUNGEN

v. Wilamowitz-Moellendorff, U., Sappho und Simonides, 1913 (zit. Wil., S. u. S.)
Bowra, C. M., Greek Lyric Poetry, 1936 (zit. Bowra)
Gallavotti, C., Storia e poesia de Lesbo nel VII−VI secolo
  a. C., Alceo di Mitilene, 1949 (zit. Gall., Storia)

RELIGION

v. Wilamowitz-Moellendorff, U., Der Glaube der Hellenen, 2 Bde., 1931/33
Nilsson, Martin P., Geschichte der griech. Religion I, 1941
Picard, Ch., La triade Zeus — Hera — Dionysos dans l'Orient hellénique d'après les nouveaux fragments d'Alcéc, Bulletin de Correspondance Hellénique 70, 455ff., 1948

GESCHICHTE

Busolt, G., Griechische Geschichte I und II; 2. Aufl. 1893—95
Beloch, K. J., Griechische Geschichte I, 1 und I, 2; 2. Aufl. 1912—13
Meyer, Ed., Geschichte des Altertums II; 1. Aufl. 1893, 2. Aufl. 1937
Bengtson, H., Griechische Geschichte, 1950
Berve, H., Griechische Geschichte I, 2. Aufl. 1951; ders., Wesenszüge der griechischen Tyrannis, Historische Zeitschrift H. 177/1, 1ff., 1954
Pugliese Carratelli, G., Sul la storia di Lesbo nell'età di Alceo, Rivista di filologia ed istruzione classica, NS 21, 13ff., 1943
Mazzarino, S., Per la storia di Lesbo nel VI. secolo A. D., Athenaeum 21, 38ff., 1943
Lurje, S. J., Nowyje papirusnyje swidjeteljstwa is istorii Mitileny w natschale VI. weka naschei ery (d.h. Neue Papyruszeugnisse aus der Geschichte Mytilenes zu Beginn des VI. Jhdts. unserer Zeitrechnung), Westnik drewnej istorii 1946, fasc. 1, 187ff., 1946
Mantzouranis, Dem. P., ΠΙΤΤΑΚΟΣ Ο ΜΥΤΙΛΗΝΑΙΟΣ, Mytilene 1948; ders., ΟΙ ΠΡΩΤΕΣ ΕΓΚΑΤΑΣΤΑΣΕΙΣ ΤΩΝ ΕΛΛΗΝΩΝ ΣΤΗ ΛΕΣΒΟ, Mytilene 1949 (zit. Mantzouranis, Frühgesch.)
Mihailov, G., Alcée et la lutte des classes à Lesbos aux VII. et VI. siècles, Annuaire Univ. Sofia, Faculté hist.-philol. 46, 1949—50
Will, E., Alcée, Sappho, Anacréon et Hérodote, note de chronologie littéraire, Revue de Philologie 25, 178ff., 1951 (vgl. auch Gall., Storia und die neuen Zeugnisse A. p. 124f.)

TEXTGESCHICHTE, ANTIKE KUNSTTHEORIE

v. Wilamowitz-Moellendorff, U., Textgeschichte der griechischen Lyriker, Abh. d. Kgl. Ges. d. Wissensch. zu Göttingen, Phil.-hist. Kl. IV 3, 1900 (zit. Wil., TGL.)
Färber, H., Die Lyrik in der Kunsttheorie der Antike, 1936

PAPYRUSFUNDE

Martin, V., La poésie lyrique et la poésie dramatique dans les découvertes papyrologiques des trente dernières années, Museum Helveticum 4, 74ff., 1947

Pack, R. A., The Greek and Roman Literary Texts from Greco-Roman Egypt, Michigan 1952 (zit. Pack)

SPRACHE

Gerstenhauer, A., De Alcaei et Sapphonis copia verborum, Diss. Hal., 1892

Bechtel, Fr., Die griech. Dialekte I, 1921

Risch, E., Sprachliche Bemerkungen zu Alkaios, Museum Helveticum 3, 253ff., 1946

Gallavotti, C., La lingua dei poeti eolici, 1948

Braun, A., Il contributo della glottologia al testo critico di Alceo e Saffo, Annali Triestini a cura dell'Università di Trieste, vol. XX, (sezione 1) fasc. 1—4, 263ff., 1950

Belardi, W., Saffo 61, 3 D. (über βραχός), Maia 3, 59ff., 1950

Zuntz, G., On the Etymology of the Name Sappho, Museum Helveticum 8, 12ff., 1951

Hamm, E.-M., μάσθλη und μάσθλης, Glotta 32, 43ff., 1952

Hamm, E.-M., Grammatik zu Sappho und Alkaios, Abh. d. Akad. d. Wissensch. Berlin, Kl. f. Sprachen, Lit. u. Kunst, Jg. 1951, H. 2, Berlin 1957

STIL

Norden, Ed., ΑΓΝΩΣΤΟΣ ΘΕΟΣ, 1913

Dirichlet, G. L., De veterum macarismis, Religionsgesch. Versuche u. Vorarbeiten 14, 1914

Fränkel, Herm., Eine Stileigenheit der frühgriech. Literatur, Nachr. d. Göttinger gelehrten Ges., 63ff., 105ff., 1924 (zit. Fränkel)

Oehler, R., Mythologische Exempla in der älteren griech. Literatur, Diss. Basel 1925

Meyer, H., Hymnische Stilelemente in der frühgriech. Dichtung, Diss. Würzburg 1933

Dietel, K., Das Gleichnis in der frühen griech. Dichtung, Diss. München, 1939

METRIK

Kikauka, P., ΠΕΡΙ ΑΛΚΑΙΟΥ ΚΑΙ ΣΑΠΦΟΥΣ ΚΑΙ ΑΝΑΚΡΕΟΝΤΟΣ ΜΕΤΡΩΝ, Acta Univ. Latviensis 18, 3ff., 1928

Rupprecht, K., Griechische Metrik, 3. Aufl. 1952

Perrotta, G., Saffo Fr. 152 Diehl, Studi italiani di filologia class. NS 14, 301ff., 1937

Ardizzoni, A., Osservazioni metriche sul nuovo frammento di Saffo (pap. di Copenhagen e di Milano), Atene
e Roma 11, 37ff., 1943
Gallavotti, C., Revisione metrica di frammenti eolici,
Rivista di filol. cl. NS 28, 97ff., 1950

NACHLEBEN (allg., Pindar, Trag., Theocr., Lucr., Catull, Horaz, Ovid)

Welcker, F. G., Sappho von einem herrschenden Vorurtheil
befreyt, 1816 = Kl. Schriften II, 80ff., 1845 (zit.
Welcker)
Robinson, D. M., Sappho and her Influence, Boston Mass.,
1924
Zielinski, Th., Sappho und der leukadische Sprung, Klio
23, 1ff., 1930 (zit. Zielinski)
Rüdiger, H., Sappho. Ihr Ruf und Ruhm bei der Nach-
welt (Das Erbe der Alten 21), 1933
[Perrotta, G., Saffo e Pindaro, Bari 1935]
Pertusi, A., Euripide e Saffo, La Parola del Passato 8,
fasc. 32, 376ff., 1953
Kaibel, G., Theokrits ΕΛΕΝΗΣ ΕΠΙΘΑΛΑΜΙΟΝ, Hermes
27, 249ff., 1892
Costanza, S., Risonanze dell'ode di Saffo Fainetai moi
kenos da Pindaro a Catullo e Orazio, Messina 1950
Alfonsi, L., Appunti sulla fama dell'ode saffica tra i poeti
latini, Aegyptus 26, 3ff., 1946
Ferrari, G., Una reminiscenza di Saffo in Lucrezio, Studi
italiani di filol. class. NS 14, 140ff., 1936 (zit. Ferrari)
Kranz, W., Catulls Sapphoübertragung, Hermes 65, 236f.,
1930
Amundsen, L., Catulliana I: Zur Sappho-Übersetzung
Catulls, Symbolae Osloenses 12, 70ff., 1933
Immisch, O., Catulls Sappho, Sitzungsbericht d. Heidel-
berger Akademie d. Wiss., phil.-hist. Kl., 1933/34 H. 2
Tietze, F., Catulls 51. Gedicht, Rhein. Mus. 88, 346ff., 1939
Bickel, E., Catulls Werbegedicht an Clodia und Sapphos
Phaonklage im Hochzeitslied an Agallis, ebda. 89, 194ff.,
1940 (zit. Bickel)
Barigazzi, A., L'ode di Saffo ΦΑΙΝΕΤΑΙ ΜΟΙ ΚΗΝΟΣ
e l'additamento di Catullo, Reale Istituto Lombardo di
scienze e lettere, Milano, vol. 75 p. 401ff., 1941—42
[Gallavotti, C., Interpretando Saffo e poi Catullo, Atene
e Roma 11, 3ff., 1943]
Lattimore, R., Sappho 2 and Catullus 51, Classical Philo-
logy 39, 184ff., 1943
Bongi, V., Ancora su Catullo e Saffo, Aegyptus 26, 96ff., 1946

Rukscha, K., De Catulli carmine LI eiusque exemplari Graeco, Contributions of Baltic University, Nr. 10, Hamburg 1946

Perelli, L., Il carme 62 di Catullo e Saffo, Rivista di filol. cl. N.S. 28, 289ff., 1950

Bartoletti, V., Saffo ed Orazio, Studi italiani di filologia class. NS 15, 75ff., 1938

Righini, L., L'ode saffica dell'ostrakon ed Orazio, ebda. 22, 101ff., 1947

Hubaux, J., Ovide et Sappho, Musée Belge 30, 197ff., 1926

Treu, M., Ovid und Sappho, La Parola del Passato 8, fasc. 32, 356ff., 1953

Maehly, J., Sappho bei Himerios, Rhein. Museum für Philologie 21, 301ff., 1866

Mesk, J., Sappho und Theokrit in der ersten Rede des Himerios, Wiener Studien 44, 160ff., 1925

Meerwaldt, J. D., Epithalamica I: De Himerio Sapphus imitatore, Mnemosyne ser. IV, vol. VII, 19ff., 1954

Tristram, H., Burning of Sappho, Dubl. Rev. 197, 173ff., 1935

KRITISCHE UNTERSUCHUNGEN ZU EINZELNEN FRAGMENTEN

v. Wilamowitz-Moellendorff, U., Neue lesbische Lyrik, Neue Jahrbücher f. d. klass. Altertum 33, 225ff. = Kl. Schriften I 384ff., 1914 (zit. Wil.)

Maas, P., Ährenlese, Sokrates 8, 20ff., 1920; ders., Rezension der ALG I von Diehl, Deutsche Literaturzeitung 45, 1005ff., 1924

Pfeiffer, R., Rez. von Lobels Sapphoausgabe und von Diehls ALG I und II, Gnomon 2, 305ff., 1926 (daselbst 494f. zu Robinson, Sappho and her Influence)

Sitzler, J., Rez. von Lobels Sapphoausgabe, Berliner philol. Wochenschrift 47, 993ff., 1927

Fränkel, H., Rez. von Lobels Sappho- und Alkaios-ausgabe, Göttinger Gelehrter Anzeiger 258ff., 1928 (zit. Fränkel²)

Maas, P., Sappho fr. 75 Bergk (= 100 D²), Zeitschr. f. vergleichende Sprachforschung 56, 137ff., 1928 (zit. Maas)

Turyn, A., Studia Sapphica, Eus suppl. 6, 1929

Snell, Br., Sapphos Gedicht ΦΑΙΝΕΤΑΙ ΜΟΙ ΚΗΝΟΣ, Hermes 66, 71ff., 1931 (zit. Snell '31)

Milne, H. J., Sapphos Ode to Gongyla, Hermes 68, 475f., 1933; ders., A Prayer for Charaxus, Aegyptus 13, 176ff., 1933; ders., Musings on Sapphos ΦΑΙΝΕΤΑΙ ΜΟΙ, Symbolae Osloenses 13, 19ff., 1934

Theander, C., Studia Sapphica, Eranos 32, 57ff., 1934

Thomson, G., The Second Ode of Sappho, The Classical Quarterly 29, 37f., 1935

Bowra, C. M., Zu Alkaios und Sappho, Hermes 70, 238ff., 1935

Milne, H. J., The final stanza of *ΦΑΙΝΕΤΑΙ ΜΟΙ*, Hermes 71, 126ff., 1936

Page, D. L., The Autorship of Sappho β 2 (Lobel), The Classical Quarterly 30, 10ff., 1936

Schadewaldt, W., Zu Sappho, Hermes 71, 363ff., 1936 (zit. Schadew. '36)

Schroeder, O., Sapphos *ΦΑΙΝΕΤΑΙ ΜΟΙ* ... in neuer Beleuchtung, Philologus 91, 246f., 1936

Theander, C., Studia Sapphica II, Eranos 34, 49ff., 1936

Norsa, M., Versi di Saffo in un ostrakon del II sec. a. C., Annali della Scuola Normale Superiore di Pisa, ser. II, vol. VI, 8ff., 1937

Pfeiffer, R., Vier Sapphostrophen auf einem ptolemäischen Ostrakon, Philologus 92, 117ff., 1937 (zit. Pfeiffer)

Theander, C., Zum neuesten Sapphofund, ebda. 465ff., 1937

Vogliano, A., Nuove strofe di Saffo, ebda. 93, 277ff., 1939 (1938) (zit. Vogliano)

Schubart, W., Bemerkungen zu Sappho, Hermes 73, 297ff., 1938

Zuntz, G., De Sapphus carminibus ε 3, ε 4, ε 5, Mnemosyne 3. ser. 7, 81ff., 1938 (zit. Zuntz)

Cameron, A., Sappho's Prayer to Aphrodite, Harvard Theol. Review 32, 1ff., 1939

Körte, A., Rez. der 2. Aufl. von Diehls ALG, Gnomon 15, 316ff., 1939

Setti, A., Sul fr. 2 di Saffo, Studi italiani di filol. class. NS 16, 195ff., 1939

Srebrny, St. De novo Sapphus fragmento, Opuscula philol. Vilnensia, fasc. 1, 1939

Cataudella, Q., Saffo Fr. 5—6 Diehl, Atene e Roma 42, 199ff., 1940

Gallavotti, C., La nuova ode di Saffo, Rivista di filol. class. NS 19, 161ff., 1941

Siegmann, E., Anmerkungen zum Sappho-Ostrakon, Hermes 76, 417ff., 1941

Vogliano, A., Sappho: una nuova ode della poetessa, Ariel, Milano 1941

Gallavotti, C., Le citazioni saffiche di Apollonio Discolo, Rivista di filol. class. NS 20, 103ff.; ders., Esegesi e testo dell'ode fr. 2 di Saffo, ebda. 113ff., 1942

Vogliano, A., Ancora sulla nuova ode di Saffo, ebda. 203f., 1942

Lavagnini, Br., Ancora sull'ode di Saffo dell'ostrakon tolemaico, Annali della Scuola Normale Superiore di Pisa, ser. II, vol. XI, 8ff., 1942

Nencioni, G., Per la critica di Saffo, Athenaeum 20, 41ff., 1942

Stanford, W. B., An emendation in Sappho, Hermathena 59, 134f., 1942

Turyn, A., The Sapphic Ostracon, Transactions of the American Philol. Association 73, 308ff., 1942

Vogliano, A., Una strofe della seconda delle odi Berlinesi di Saffo, Athenaeum 20, 114ff., 1942

Setti, A., Il frammento saffico dell'ostrakon fiorentino, Studi italiani di filol. class. NS 19, 126ff., 1943

Snell, Br., Zu den Fragmenten der griech. Lyriker, Philologus 96, 282ff., 1944 (zit. Snell '44)

Gallavotti, C., Postilla a nuovi carmi di Saffo e di Alceo. La Parola del Passato I, 119ff., 1946

Theander, C., Atthis et Andromeda, Eranos 44, 62ff., 1946 (zit. Theander, A. et A.)

Theiler, W. — von der Mühll, P., Das Sapphogedicht auf der Scherbe, Museum Helveticum 3, 22ff., 1946

Perrotta, G., Il frammento 123 Diehl di Saffo, Maia I 52ff., 1948

Picard, Ch., Sur la rencontre d'Alcée et de Sappho, Revue des Études Grecques 61, 338ff., 1948

Rivier, A., Sur un vers-clé de Sappho (ostr. 5), Museum Helveticum 5, 227ff., 1948

Schubart, W., Bemerkungen zu Sappho, Alkaios und Melinno, Philologus 97, 311ff., 1948

Sedgwick, W. B., Sappho in Longinus, American Journal of Philology 69, 197ff., 1948

Steffen, V., De duobus Sapphus carminibus redivivis, Traveaux de la Soc. des Sciences ... de Wroclaw, Ser. A, Nr. 21, 1948; ders., De Sapphus carmine Hauniensi-Mediolanensi, Eos 43, 68ff., 1948—49

Srebrny, St., Ad Sapphus fragmentum Mediolanense, Eos 43, 138ff., 1948—49

Theander, C., Ad Sapphus et Alcaei poemata adnotatiunculae quaedam, Humanitas III, 33ff., 1948

Grassi, E., La prima ode di Saffo, Studi italiani di filol. class. NS 23, 215ff., 1949

Norsa, M., Dal primo libro di Saffo, Papiri della Società Italiana XIII, 1, Nr. 1300, S. 44ff., 1949 (zit. Norsa PSI)

Treu, M., Una testimonianza di Alceo sulla sua vocazione di poeta, Maia 2, 232ff., 1949

Chantraine, P., Rez. von Gallavotti, Saffo e Alceo, Revue
    de Philologie 24, 72ff., 1950
Milne, H. J. M., An Emendation in Sappho (zu 123 D.),
    Classical Review 64, 53, 1950
Righini, L., Saffo e Alceo in Efestione, Studi italiani di
    filol. class. NS 24, 65ff., 1950
Grassi, E., Saffo 98 A D., 5, ebda. NS 25, 189f., 1951
Hampe, R., Paris oder Helena? Zu Sappho fr. 27a Diehl,
    Museum Helveticum 8, 144ff., 1951 (zit. Hampe)
[Klinger, W., Z nowo znalezionych urywków poezji lesbijs-
    kiej, (Zu den neugefundenen Fragmenten lesbischer
    Poesie), Meander 6, 353ff., 1951]
Galiano, Manuel F., Algo más todavía sobre el ostracon
    Sáfico, Anales de filología clásica, Tomo V, 81ff., 1950−52
Lobel, E., und Page, D. L., A New Fragment of Aeolic
    Verse, Classical Quarterly 46, 1ff., 1952
Marzullo, B., Arignota l'amico di Saffo? Maia 5, 85ff., 1952
Pieraccioni, D., Rez. von Lobel, P. Ox. vol. XXI, ebda.
    130ff., 1952
Vogliano, A., Il nuovo Alceo, Rom 1952; ders., Sapphicum,
    Prolegomena 1, 23ff., 1952; ders., Per l'ode Hauniense-
    Mediolanense (nochmalige Ausgabe beider Stücke), ebda.
    27ff., 1952; ders., Nochmals Sappho, ebda. 35ff., 1952
Gallavotti, C., Auctarium Oxyrhynchium (Rez. von P.
    Ox. XXI), Aegyptus 33, 159ff., 1953 (zit. Gall. '53)
Schadewaldt, W., Sappho „An die Tochter Kleis", Studies
    presented to D. M. Robinson, Bd. 2, 499ff., St. Louis,
    Missouri, 1953 (zit. Schadew. '53)
Snell, Br., Der Anfang eines äolischen Gedichts, Hermes 81,
    118f., 1953

BIBLIOGRAPHIEN

Das von Marcel Hombert redigierte Bulletin papyrolo-
gique gibt die vollständigste Bibliographie (vgl. auch Marou-
zeau, L'année philologique; das Wichtigste auch bei Pack).
Es erscheint fortlaufend in der Revue des Études Grecques
(REG), zuletzt Bulletin pap. XXII (1947 et 1948) (REG 62,
360ff.) 1949; Bulletin pap. XXIII (1949) (REG 64, 217ff.),
1951; Bulletin pap. XXIV (1950) (REG 65, 383ff.), 1952;
Bulletin pap. XXV (1951) (REG 66, 295ff.), 1953; Bulletin
pap. XXVI (1952) (REG 67, 411ff.), 1954.

DIE LYRIK SAPPHOS

„Ein wunderbar Ding": so ist im Altertum die Dichterin Sappho gelegentlich genannt worden. In neuer Zeit ist man einen Schritt weitergegangen, hat von einem Rätsel gesprochen und von der großen Unbekannten, ja von der Überraschung, die der Leser ihrer Lieder erlebe[1]). Nichts Rätselhaftes jedoch liegt im Wesen dieser frühgriechischen Lyrikerin, und es gibt an ihr nichts zu entschlüsseln oder umzudeuten, nachdem sie vor mehr als hundert Jahren (1816) durch F. G. Welcker von einem Vorurteil und Makel befreit worden ist, der ihrem Namen seit der attischen Komödie anhaftete. Bekannte und vertraute Züge sind es vielmehr, die auch aus den jämmerlich zerfetzten neuen Stücken sapphischer Lyrik zu uns sprechen[2]), und mag manche philologische Einzelfrage eine unerwartete Lösung gefunden haben und noch mehr solcher Einzelfragen einer Klärung harren: nicht vor Überraschungen stellt uns diese Dichterin[3]). Ein wunderbar Ding ist es freilich um ihre Lyrik, und auch aus den neuesten Funden blinkt uns manches Wort entgegen, klar wie ein Kristall, zugleich so schlicht und so rückhaltlos wahr, wie wohl nur diese Dichterin zu sprechen vermag von sehr nahen und auch wieder weltweiten Dingen.

Ein beglückendes Wunder zu beschreiben oder gar zu erklären ist freilich ebenso schwer wie es andrerseits naheliegen mag, hymnisch es zu preisen. Dies aber wäre hier nicht am Platz; vor allem, weil Sappho selbst in einer geradezu erschütternden Schlichtheit alles aussagt. Diese Schlichtheit ihrer Rede mag mancher Leser erstaunlich finden, wenn er vom lyrischen Dichter „ein neues Sprechen"[4]) erwartet, das, statt abgegriffene und gewöhnliche, nur noch halbgültige Worte zu verwenden, fern dem Alltäglichen nach neuen und eindringlicheren Möglichkeiten der Aussage sucht. Mag in unserer Zeit diese Kluft zwischen der Dichtersprache der Lyrik und der Alltagssprache begreiflich, mag sie sogar un-

---

[1]) So z.B. Smyth, Bonnard, Schadewaldt.

[2]) Was Wilamowitz 1914 (226) schrieb, gilt von den neuen Sapphofragmenten leider noch viel mehr: daß „die Zertrümmerung das meiste höchstens für die Grammatik noch verwertbar sein läßt".

[3]) „Die Gedanken und Sachen sind nicht vieldeutig, zweifelhaft, nicht in gedichtete Einkleidungen absichtlich fein versteckt, sondern einfach und bestimmt" Welcker (83).

[4]) Vgl. M. Kommerell, Das Wesen des lyrischen Gedichts (in „Gedanken über Gedichte", 1943).

vermeidlich sein: die frühgriechische Lyrik, das Einzellied,
ist vielmehr durch Schlichtheit gekennzeichnet, namentlich
die Lyrik Sapphos, so viel auch sie der epischen Dichtersprache Homers und nachhomerischer Epen verdankt.
Spricht aber nicht auch das Volkslied in einer ganz einfachen
und doch unmittelbar ans Herz rührenden Weise? Mehr als
einmal wird jedenfalls noch im folgenden an volksliedhafte
Züge zu erinnern sein, und daß das Volkslied eine der Wurzeln
der frühgriechischen subjektiven Lyrik gewesen ist[5]), ist
gewiß nicht zuviel gesagt. Freilich, auch Neubildungen von
Wörtern finden sich bei unserer Dichterin, und an der
epischen Sprache Homers gemessen gibt es ganze Bereiche
neuer Aussagen: aber diese sind nicht etwa in kühnem Ent-
deckertum erobert, sondern durch eine spontane Entwicklung der Dichtersprache nach und nach erschlossen worden[6]),
und jene Neubildungen — wie etwa das uns so vertraute,
aber erstmals von Sappho (zur Kennzeichnung des Eros)
geprägte Wort „süß-bitter"[7]) —, die hat die Seelennot des
Augenblicks ihr abgerungen, nicht die Freude am Un-
gewöhnlichen geschaffen. In einer Zeit abgerungen, die
übrigens mehrfach und sehr nachdrücklich erfahren hatte,
wie nah beieinander die Gegensätze im Leben stehen[8]): in
einer Zeit, deren Größe in der frommen Bescheidung liegt,
mit der sie Leid und Glück hinnimmt, in der Tapferkeit,
mit der sie das Leben erträgt[9]) — und in der stillen, unbeirrbaren Sicherheit, mit der sie insgeheim das Unverlier-

---

[5]) Vgl. Snell, Entd. d. G. 58.

[6]) Über diesen kaum beachteten Gesichtspunkt ausführlich in „Von
Homer zur Lyrik" (Beck-Verlag, München, 1955).

[7]) fr. 137, 2 D.

[8]) Sappho sagt fr. 52 D. mit einem sprichwörtlichen Ausdruck (Honig
und Biene), was der platonische Sokrates (Phaidon 60 b) in Form einer Aesop-
Fabel von Leid und Freude ausspricht, die ἐκ μιᾶς κορυφῆς συνημμένω seien
(„in einem Haupt" — vermutlich eines Urwesens — „vereinigt"). Frei interpretiert ist die Platonstelle bei Gellius. n. Att. VII 1: alterum enim ex altero,
sicut Plato ait, verticibus inter se contrariis deligatum est.

[9]) Alkaios *28 b D.³ = POx. XXI add. p. 131 = Alc. 61 LP. würde ich
v. 11 die fehlende lange Silbe jetzt ergänzen: τλᾶ]τον τὸ νόημμα φῦσαι·
Von Homer, Il. 24, 49 („die Moiren gaben den Menschen einen standhaften
Sinn") ist dies, wie allein schon der Artikel zeigt, grundverschieden; vgl. aber
Tyrtaios 6/7 D. v. 17 („macht euren Sinn groß und stark", von Jacoby einst
athetiert), Solon 4, 7 D. („setzt eurem großen Sinn die Grenzen der Mäßigung",
viell. τρέφεσθε zu schreiben). Wenn man bisher meinte, „die sich selbst
gestaltende Persönlichkeit soll man hier nicht suchen" (sondern z.T. erst bei
Simonides: Pfeiffer, '29, 146. 148), so darf diese Ansicht in gewissen Grenzen
jetzt revidiert werden. In den genannten Fällen ist der menschliche Sinn
das Objekt einer Willenshandlung des Menschen, und zwar nicht einer ein-
maligen wie bei Homer, Il. 9, 496 („bezwing den großen Sinn", vgl. 5, 529;
Kallinos 1, 1 D.), sondern andauernden: also eine Art Selbsterziehung. Doch
gewiß kein Erkennen der Freiheit aufzubrechen, wohin man will.

bare im Leben aufspürt und zu bewahren weiß für sich
und andere.

Denn diese Lyrik ist nicht Flucht aus der Gegenwart [10]):
weder Flucht in eine idealisierte Vergangenheit noch in ein
unwirkliches Traumland, auch keine Flucht in die Stille der
Einsamkeit [11]). Nicht steht der frühgriechische Dichter als
ein Einsamer unter dem weiten Sternenzelt, dem All sein
Herz eröffnend, um „die Sprachen des Himmels zu deuten
und zu sagen": nicht weiß er sich wunschlos und selig, wenn
er so „mit den Himmlischen allein" ist: totunglücklich fühlt
er sich in der Einsamkeit. Nicht von seinem andächtigen
„Entzücken an der Stille" oder von der „heiligen Natur"
singt er, und nicht uneingeschränkt gilt von ihm Hölderlins
Dichterwort:

„Unschädlich, wie vom Lichte die Blume lebt,
so leben gern vom schönen Bilde
träumend und selig und arm die Dichter" [12]).

Die griechische Lyrik ist nicht Monolog, auch nicht Zwiesprache mit Wolken und Winden, Blumen oder Sternen.
Sondern Zwiesprache mit vertrauten Menschen oder Zwiesprache mit einem Gott. Zwiesprache mit vertrauten
Menschen: damit ist eigentlich schon gesagt, daß diese
Lyrik, anders als die moderne, nicht Stimmungslyrik allein
sein kann. Mehr als das muß der Dichter geben, denn ein
Gebender ist er, wo immer er zu einem andren spricht.
Dieses Mehr zeigt sich hier nun nicht etwa in der Weise,
daß gutgemeinte Mahnungen einer abgeklärten Welt-
anschauung dem anderen vorgehalten werden — von einem
Unbeteiligten. In jedem einzelnen Fall ist es ein sehr verschiedener, immer aber ein sehr persönlicher Weg. So schwer
dieser Weg der Gedankenführung, der Verlauf der inneren
Bewegung des Liedes, aufzuzeigen ist, wo nur eine einzige
Sappho-Ode uns vollständig erhalten blieb: eins scheint
allen persönlichen Liedern Sapphos gemeinsam. Die unmittelbare Not des Herzens, eines leidenden und mit-
leidenden Herzens, sucht Befreiung im Lied, — sucht sie,
wie nur je ein bis aufs Herzblut gepeinigter Mensch die
Befreiung suchen kann — und findet sie. Kein sapphisches
Lied endet in Verzweiflung, keines schließt mit einer Disso-

---

[10]) Als „arte di ignorare il presente" (della Corte, Saffo 17) hat man sie
unlängst m. E. verkannt.

[11]) „Dichtung wird einsames Sagen" im 4. Jh. v. Chr.: K. Latte, Erinna,
Nachr. d. Akad. d. Wiss. Göttingen, phil.-hist. Kl., 1953, nr. 3, S. 93.

[12]) Hölderlin, An eine Verlobte; vgl. Unter den Alpen gesungen u. a.
Dagegen vgl. A. p. 132.

nanz, und der scheinbar einleuchtende, von einem modernen
Interpreten bei andrer Gelegenheit geäußerte Satz: „der
Todesgedanke steht füglich am Schluß des Liedes", er gilt
gerade für Sappho ganz und gar nicht. Statt dessen begegnet
am Schluß ihrer Lieder immer wieder ein tröstender Gedanke:
ein Gedanke des Ausgleichs[13]), ein Erinnern daran, daß es
Menschenlos ist, vieles nicht haben zu können — aber beten
zu dürfen um ein Teilhaben. Auch aus der schlimmsten
Ausweglosigkeit hat sich dieser Dichterin noch allemal ein
Weg zum Weiterleben gezeigt. Nicht ein Weg der Tat oder
der empörten Entschlossenheit oder der inneren Auflehnung,
wie bei ihrem Zeitgenossen Alkaios, sondern ein mühsamerer
Weg zumeist, doch bisweilen ein Weg, nicht bar der Gnade
einer lächelnden Göttin.

Und ein Drittes würde der moderne Leser in dieser Lyrik
vergeblich suchen. So unvergeßlich Sapphos Natur-
schilderungen und Naturbilder sind: so sehr sie in ihrer ganz
unhomerischen Farbenfülle, mit der Schilderung von
Schatten und Duft, von rauschenden Bächen kühlen
Wassers, von Taufrische und blühenden Rosen, Mondlicht
und Sternenschein der Ausdruck sind eines mit allen Sinnen,
ja, allen Fibern den Schönheiten der Natur aufgeschlossenen
Gemütes: auch bei Sappho gibt es keine Naturschilderung
um ihrer selbst willen, so wenig wie in der ganzen frühgriechischen Poesie[14]). Aber daß wir hier kein romantisches
Naturgefühl antreffen, ist unschwer begreiflich. Wo immer
die Götter gegenwärtig sind — und Sapphos Leben gründet
sich ganz auf tiefe Frömmigkeit, — da kann nicht der Natur
die Rolle der Trösterin zufallen: sie braucht es nicht. Erst
eine im Grunde götterferne Zeit nennt die Natur heilig. Aber
mit der negativen Feststellung dessen, was wir hier bei
Sappho nicht erwarten dürfen, scheint doch noch zu wenig
gesagt. Zwei Generationen später, und wir finden bei einem
andren griechischen Lyriker, Ibykos, ein mit schmerzlicher
Deutlichkeit akzentuiertes kontrastierendes Naturgefühl:
das deutliche Empfinden, wie schneidend doch der Gegensatz
von Natur und Menschenleben ist[15]). Etwas von dem
Empfinden einer Sonderstellung des Menschen und seines
Gefühlslebens gegenüber der Natur deutet sich vielleicht,
wie wir noch sehen werden, schon hier und da bei Sappho

---

[13]) Vgl. Snell, Entd. d. G. 67 Anm. 2.
[14]) Pfeiffer (mündlich).
[15]) Ibykos fr. 6 D., dazu Bowra 272 f., auch Wil., S. u. S. 122 ff., Fränkel,
D. u. Ph. 369 f. — Allg. vgl. A. Biese, Die Entwicklung des Naturgefühls bei
den Griechen und Römern, Kiel 1882.

an, jedoch ohne alle schmerzliche Schärfe. — Andrerseits
pflegt die Volksdichtung Natur und Menschenleben in eine
mitunter nicht einmal ausgesprochene enge Beziehung zu
setzen, pflegt in beidem einen ähnlichen, dem gleichen
Gesetz hier wie da folgenden Ablauf zu ahnen. So lautet ein
lettisches Volkslied:

> „Drei Kiefern stehn im Walde, wehe mir, weh,
> alle von gleicher Schlankheit, wehe mir, weh.
> Die eine hieb ich um, die andre brach, wehe mir, weh,
> die dritte schwankte mit, wehe mir, weh,
> Drei Töchter hat die Mutter, wehe mir, weh,
> alle von gleichem Wuchse, wehe mir, weh.
> Die eine nahm ich, die andre kam, wehe mir, weh,
> die dritte machte sich mit auf den Weg, wehe mir, weh."

Nun beginnt ein Sappholied (4 D.) mit einer Naturschilderung:

> „Alle Sterne rings bei dem schönen Monde
> sie verbergen wieder ihr strahlend Antlitz,
> wenn der helle Vollmond sein Licht läßt scheinen
> über die Erde"

und wir wissen zugegebenermaßen nicht, wie es weiterging[16]).
Aber daß auch dieses Naturbild nicht allein um der Schönheit einer Mondnacht willen gewählt war, darf als sicher
gelten und irgendeine Beziehung auf das Menschenleben
kann man daher im folgenden verlorenen Teil vermuten,
mag nun diese Beziehung die der unmittelbaren Analogie gewesen sein oder nicht. So sehr durch den fragmentarischen
Überlieferungszustand präzise Folgerungen für Sappho er-
schwert sind: auf ein leises Spüren dessen, daß der Mensch
doch auch wieder dem Baume alles Lebendigen und Ge-
wachsenen[17]) nicht fern ist, deutet manche Einzelheit hin,
insgesamt aber das Achthaben auf die Vorgänge in der
Natur, die sich im Stillen vollenden, nicht im Toben der
entfesselten Elementarkräfte über den Menschen herein-
brechen. Doch weder als gütige Erbarmerin noch als grau-
same Zerstörerin spricht die Natur zu den Menschen jenes
Jahrhunderts, in das uns Sapphos Lyrik führt, und auch die
Zeit war für die Menschheit damals keine dunkle Gewalt, der
sie sich preisgegeben hätte fühlen müssen auf Gedeih und
Verderb. Menschen und Götter: durch sie, ausschließlich
durch sie hat man damals tiefste Qual und die seltenen
Augenblicke jubelnden Glückes erlebt, und während man
nach der Welt nicht fragte, nach Gott nicht zu fragen

---

[16]) Auch wenn noch in der nächsten Strophe der Mond „silbern" genannt war.
[17]) Vgl. die entgegengesetzte Folgerung bei Snell, Entd. d. G. 81.

brauchte, war es der Mensch, auch der Mensch ganz allgemein, über den man nachsann. Denn innerhalb der eigenen, geistesgeschichtlich zu begreifenden Grenzen ringt damals ein Menschentum um seine Bestimmung, indem es sich zu begreifen sucht. Ja, den bekannten Spruch „Erkenne dich selbst", der über dem Eingang eines griechischen Gotteshauses stand, hat vielleicht keine Zeit mit so allgemeiner, unforcierter Anteilnahme beherzigt wie das Zeitalter, das wir das lyrische nennen: eine Bezeichnung, die nicht etwa träumerische Versonnenheit meint, sondern der Tatsache Rechnung trägt, daß alle Not und alle Hoffnung, alles Suchen und alle Besinnung sich nun in den Kunstformen der Lyrik ausspricht, die damit von einem Urphänomen zu der Höhe der einzigen für diese Zeit wirklich gültigen Kunstform emporsteigt, wie es einst das Epos gewesen war, später die Tragödie werden sollte, bis auch die Tragödie erstarb, weil die Philosophie hinfort den Menschen auf seinem Lebensweg zu leiten übernommen hatte. Hier, im frühen und auch im klassischen Griechentum, ist ja die Poesie nicht schöne Literatur gewesen, nicht Dekoration oder Unterhaltung und Entspannung, sondern ist genau so ernst zu nehmen wie das Pulsieren des gesamten geistigen Lebens, dessen Spiegelbild sie ist. Nie wieder ist der Dichtung dieser Vorrang eigen gewesen. Einmal aber hat sie ihn besessen.

*　　　*
*

Was wir von dem Leben unserer Dichterin mit dem fremdartig klingenden Namen Psappho (so nennt sie sich selbst) oder Sappho (so redet sie ihr Zeitgenosse und Landsmann Alkaios an)[18]) wissen, ist bald erzählt. Nicht nur, weil wir so wenig wissen und das Wenige überdies, obwohl es sich letztlich ausnahmslos aus den Liedern unserer Dichterin herleitet, in der späteren biographischen Tradition mehr oder minder verfälscht erscheint: auch, weil nicht alles für Sapphos Dichtung gleichermaßen von Belang ist, was das Leben ihr brachte. Ihre Blütezeit wird von antiken Chronographen teils um 612/609 v. Chr., teils um 598 angesetzt; mehrere Zeugnisse besagen, daß ihr Leben in die Zeit fällt, als im benachbarten Lyderreich Alyattes, der Vater des Kroisos,

---

[18]) fr. 1, 20 D., 68, 5 D., 96 D., 144 b D. (überl. Σαπφω), Alk. 63 D. Zur Namensform ausführlich Zuntz, Mus. Helv. 1951, dessen These eine Stütze zu finden scheint in einer neugefundenen, griechisch-karischen Bilingue vom Ende des 6. Jh., wo im karischen Text ein „Psi" mit dem Lautwert „S" begegnet, wie sich zeigen läßt. Die Inschrift ist eben im Bulletin de Correspondance Hellénique 78, 1954, 108 Abb. 10, vgl. 106, veröffentlicht und wird in der Glotta 1955, 67 ff. behandelt und entziffert.

regierte (ca. 610 – 560)[19]). Wir haben keine Lieder aus
Sapphos Jugend- und Mädchenzeit. Rückblickend nur spricht
sie gelegentlich davon, etwa, daß sie als junges Mädchen
sich Blumen zu einem Kranz gewunden und was ihre Mutter
Kleïs ihr einst ans Herz gelegt hatte. So wird sie auch erzählt
haben, daß ihr Vater (dessen Namen und Sippe schon die
antike Biographie nicht kannte) starb, als sie selbst erst
sechs Jahre alt war[20]). Wir haben keine Lieder, die von
ihrem Liebesglück als Braut, als jungvermählte Frau und
junge Mutter[21]) sprechen, — auch das wird kaum durch den
fragmentarischen Erhaltungszustand ihrer Lieder allein zu
erklären sein. Wenn die antike Biographie erzählt, ein
reicher Mann von der Insel Andros namens Kerkylas sei ihr
Gatte gewesen, so scheint dieser Nachricht gegenüber bis
auf weiteres einige Skepsis geboten[22]). Schon vor ihrer Ehe
scheint Sappho aus ihrer Geburtsstadt Eresos an der Süd-
küste von Lesbos nach Mytilene gezogen zu sein, in die
Hauptstadt dieser lebens- und sangesfrohen Insel, die
manchen berühmten Sänger wie Terpandros, Arion u. a.
unter ihren Söhnen zählte[23]). Hier in Mytilene hat ihr
jüngerer Bruder Larichos zu Zeiten mit andren adligen
Epheben im Rathaus (Prytaneion) den Ehrengästen Wein
kredenzt; von Mytilene aus hat sich ihr älterer Bruder
Charaxos auf eine Handelsfahrt nach Ägypten begeben,
wie denn damals mancher Adlige sich auch dem kauf-
männischen Erwerb zugewandt hat, worauf die frühe Adels-
zeit noch mit offener Geringschätzung herabgeblickt hatte[24]).
In Naukratis hat der junge Edelmann aus Lesbos allerdings,
statt zu verdienen, ein ganzes Vermögen ausgegeben, um
eine schöne, rotwangige Hetäre, Doricha, freizukaufen und
heimzuführen. Doch dieser Überschwang, der das Herz des
jungen Menschen keineswegs entehrt, wohl aber die An-
fälligkeit dieser Jugend in einer üppig aufblühenden Zeit
erschreckend bloßstellt, stieß bei der Schwester auf ganz
entschiedene Ablehnung. In ihr war und blieb das Bewußtsein stets lebendig, was sie und ihresgleichen ihrer Stellung

---

[19]) Vgl. die Zeugnisse o. S. 110.
[20]) Ovid, Ep. Sapph. 61f.; Sappho fr. 101 D.; 98a, b D.; 34a D. Kind-
heitserinnerungen bei Alkaios: 46 D.
[21]) In fr. 152 D. ist die Tochter Kleïs gewiß kein Säugling mehr. — Liebe
zwischen Mann und Frau hat bei den Griechen nicht die Leier der Dichter
zum Klingen gebracht.
[22]) Suid., dazu Wil., S. u. S. 24; weniger skeptisch Zielinski (9).
[23]) Vgl. zu fr. 115 D.
[24]) Homer, Od. 8, 161 ff. — Vgl. zu fr. 25 D. — Die Zeugnisse über Larichos
(fr. 203 LP.) s. S. 116.

und ihrer adligen Herkunft schuldig waren. Vater- und
Freundesstelle hat Sappho dem Bruder gegenüber vertreten,
hat durch Rüge, Mahnung und Bitte ihn von diesem un-
überlegten Schritt zurückzuhalten gesucht. Was dabei
herauskam, wissen wir im einzelnen nicht [25]). Aber es bleibt
gleichgültig gegenüber der Beobachtung, die sich noch an
einem Liedfragment in diesem Zusammenhang machen läßt,
daß auch hier unmerklich an die Stelle des eigenen Kummers
das Leid des andren tritt, — das deutlichste Zeichen dafür,
wie nah auch ihrem Bruder sie mit dem Herzen war, als sie
ihm widersprach [26]).

In Mytilene sind die Stürme jahrzehntelanger inner-
politischer Fehden über Sapphos Haus hinweggebraust, wie
sie die Zeit der frühgriechischen Tyrannis, deren Entstehung
und Sturz, charakterisieren. Die Machtergreifung eines
Melanchros und seine Beseitigung durch Pittakos und die
Brüder des Alkaios, die wechselvollen Kämpfe gegen
Myrsilos, seine Vertreibung, Rückkehr und schließlich seinen
Tod, — all diese Etappen der erbitterten Machtkämpfe, von
denen uns die Kampflieder des Alkaios ein lebensvolles Bild
vermitteln, hat auch Sappho miterlebt. Aber angesichts
ihres im tiefsten Grunde unbeirrbaren Menschentums, angesichts der Tatsache, daß das Leben der Straße nie in ihre
dichterische Welt Einlaß gefunden hat, und da eine Frau
ja ohnehin weniger nach dem Lauf der Geschichte fragt als
nach dem Schicksal der Menschen und Herzen, — angesichts
all dessen mochte man wohl annehmen, von diesen politischen
Wirren sei nie ein Klang in ihre umfriedete Welt gedrungen.
Auch über eine etwaige Teilnahme ihrer drei Brüder [27]) an
diesen Kämpfen gibt es kein direktes Zeugnis. Aber als im
Jahre 1939 ein erstes „politisches" Gedicht Sapphos gefunden wurde, — richtiger eins, in dem sich ihr Leben vor
dem Hintergrund politisch bedingter Veränderungen ab-
hebt —, da mußte man zugeben, daß unsere Annahme eine
zu einseitige gewesen war. Neuerdings ist, wenn nicht alles
täuscht, ein Zeugnis dafür hinzugekommen, daß in einem
andern Sap!pholied auch der Tyrann Myrsilos erwähnt gewesen ist [28]). Stets wußte man überdies, daß Sappho, nicht

---

[25]) Der Name Doricha in fr. 26 D. und einem neuen fr. 7 LP. (s. S. 18);
weitere Zeugnisse s. S. 116 ff. und 235.

[26]) Vgl. zu fr. 25 D.

[27]) Vom dritten wissen wir nur den Namen: Erigyios (Suid.) oder Eurygyios
(P. Ox. 1800, s. S. 110).

[28]) Myrsilos: Schol. P. Ox. XXI nr. 2299 fr. 8a col. I (= Alc. fr. 259 LP.)
(s. S. 21). Pittakos: fr. 98a, b D. — Aus den gleichen Gründen, die Lobel
in der Erstausgabe den Pap. 2299 eher Sappho zuweisen ließen, halte ich
— trotz LP. — auch heute daran fest.

viel anders als Alkaios, als Verbannte ihre Heimatinsel (in den Jahren zwischen 603 und 595) hatte verlassen müssen und daß sie sich damals nach Syrakus begeben hatte[29]). Wohl kann das Verbannungsurteil nicht gegen sie persönlich gerichtet gewesen sein, sondern nur gegen das Haupt der Familie (Gatte oder Bruder) und dessen Angehörige: daß ein Flüchtlingsschicksal an einem Dichterleben spurlos und ohne Widerhall zu finden vorübergegangen wäre, war und ist nicht zu erwarten. Gewiß bleibt der Eindruck harmonischer Ausgeglichenheit an Sapphos Liedern das stärkste Erlebnis. Aber ihre Dichtung ist kein Spiel, auch kein Glasperlenspiel. Und wenn es darauf auch keine Antwort geben kann, wenigstens fragen sollten wir uns bisweilen, wieviel sie wohl hat kämpfen und leiden müssen, um Trost zu finden und Frieden.

Nach Jahren hat Sappho mit ihrer inniggeliebten Tochter Kleïs in die Heimat zurückkehren dürfen, vermutlich in der Zeit zwischen 590 und 580 v.Chr., als nach all den innerpolitischen Wirren der vom Volk zum Schlichter gewählte Pittakos die Mytilenäer allmählich ruhigeren Zeiten entgegenzuführen verstand: derselbe Pittakos, der einst zum Verräter geworden war an den jungen Adligen, die sich gegen Myrsilos verschworen hatten und der daher von Alkaios erbittert bekämpft worden war: derselbe Mann, den auch Sappho nicht ohne Bitterkeit erwähnt hatte[30]). Aber nicht nur die Heimkehr, eine wirkliche Lebensaufgabe ist unserer Dichterin bis in ihr Alter vergönnt gewesen. Junge Mädchen aus den vornehmen Kreisen der Insel, aber auch aus anderen Städten wie Milet, Kolophon, Salamis (auf der Insel Kypros?) hat sie in ihrem Hause aufgenommen, um ihnen all das zu vermitteln, was sich mit dem Ausdruck „musische Bildung" heute nur sehr unzureichend andeuten läßt. Man mag zwar aufzählen, was die jungen Mädchen da lernten: feine Sitte und Eleganz der Kleidung, Tanz und Saitenspiel und Gesang, Kränzewinden und Teilnahme an den Hochzeitsfeiern und Götterfesten der Stadt, wohl auch an den zu Ehren der Götter veranstalteten Schönheitswettkämpfen, die alljährlich zur Zeit der Sommersonnenwende[31]) im alten äolischen Stammesheiligtum am Strande der großen Meeresbucht nw. von Mytilene stattfanden: aber solche Aufzählung sagt nicht viel. Noch andre solche Bildungsstätten gab es in Mytilene,

---

[29]) Marmor Parium ep. 36 (s. S. 110 und 234).
[30]) fr. 98 a, b D.
[31]) Dieser Zeitansatz scheint sich mir auf Grund einer Hesychglosse zu ergeben (s. S. 236). Über Sappho als Hausfrau s. S. 112 und Add. zu P. Ox. 2506.

wo eine Andromeda, eine Gorgo, Sapphos Rivalinnen[32]),
die Mädchen ein Gleiches zu lehren erbötig waren. Wie
äußerst verfeinert die Hochkultur dieser Zeit gewesen ist,
läßt sich freilich schon hieraus ersehen, auch unschwer er-
messen, daß damals und dort die harmonische Ausbildung
junger Mädchen so hoch bewertet worden ist, wie nirgends
sonst in der Antike. Denn all diese jungen Mädchen sollten
im Hause einer „Musendienerin" ja nicht Sängerinnen werden
oder Tänzerinnen oder gar Priesterinnen[33]). Als Vorbereitung
für ihr künftiges, so ganz anders geartetes Frauenleben sollte
ihnen in ihrer Jugend alles „Schöne und Feine" vermittelt
werden wie im alltäglichen Zusammenleben, so im kultischen
Dienst zu Ehren der Göttin Aphrodite. Aber was Sappho
ihren Schülerinnen und Gefährtinnen, einer Atthis, Anaktoria, Gongyla und wie sie alle hießen[34]) schenkte, ist damit
noch lange nicht gesagt, sondern nur ihren Liedern zu entnehmen. Unwandelbare Freundschaft bis zum letzten Atem-
zug[35]), die den anderen nicht aufgibt, auch wo er treulos
vergißt, ja, Liebe mit all der Glut, deren ein Herz fähig ist,
fanden die Mädchen bei ihr: aber eine Liebe, die nicht blind
ist, sondern „prüft", wenn nötig auch tadelt und Unverträg-
lichkeit oder Hoffart verweist und Selbstbeherrschung
fordert, aber auch unendlich zart und behutsam im Kummer
zu trösten versteht, mag das eigene Herz noch so schwer
sein. Für andre da zu sein, auch wo Undank der einzige Lohn
bleibt, ist in ganz besonderer Weise, anders als für andre
Frauen, Sapphos Schicksal gewesen. Von ihrem Ringen um
jedes einzelne dieser jungen Menschenkinder zeugen noch
die Reste zahlreicher Lieder. In einem solchen heißt es:
„Ich lasse dich nicht"[36]), und das sagt alles. Wenn aber die
vom Leben gesetzte Abschiedsstunde schlug und eins der

---

[32]) Andromeda (vgl. Theander, A. et A.) war in fr. 61 D. und 150 D.
gemeint, ist in fr. 71 a D., 137 D., 144 a D., vermutlich auch in fr. 68 D. und
im Sapphokommentar 90 LP. fr. 1 a col. III genannt (s. S. 14 und 167).
Hatte man in Gorgo fr. 143 D. „naturally the Gorgon" gesehen (Page, Cl.
Quart. 1936, 13 Anm. 3, so auch Schadew. 150), so ist jetzt durch fr. 213 LP.
das Zeugnis (Maxim. Tyr. 18, 9) über Gorgo und Andromeda als ἀντίτεχνοι
Sapphos bestätigt (s. S. 112). Der Name viell. auch in 149 b. D (s. S. 21). An
eine Rivalin ist auch fr. 38 D. gerichtet. Andromeda entstammte dem Adelsgeschlecht der Polyanaktiden (vgl. zu fr. 150 D.), eine andre Rivalin, (nicht
die gleiche, wie Schadew. 148 meint), viell. Gorgo, dem alten, mittlerweile
entthronten Königsgeschlecht der Penthiliden (vgl. fr. 70 D.). Von Gorgos
Schülerinnen war eine aus dem Hause der Archeanaktiden.
[33]) Vgl. Bonnard (19 f.).
[34]) Weitere Namen bei Sappho: Archeanassa, Arignota, Dika, Eiranna,
Gyrinno, Hero, Megara, Mika, Mnasis, Pleistodika; Euneika, Telesippa (Suid.);
Kydro (Ovid).
[35]) Vgl. fr. 88 LP. (s. S. 8 und 164).   [36]) fr. 70, 2 D.

Mädchen aus Sapphos Obhut fortzog, um in den Ehestand zu treten, dann hat Sappho immer aufs neue den bitteren Schmerz des Verzichtes durchlebt, sich beugend der Bestimmung des Menschen und sie bejahend[37]). Bis in ihr Alter hat sie so den Musen gedient und ihrer Göttin Aphrodite gehuldigt. Die Lieder im Hause Sapphos zum Preis Aphrodites sind nicht verstummt, auch als das Alter das Haar der Dichterin gebleicht hatte. Eins der jungen Mädchen fordert sie da auf: „Nimm die Leier und sing uns von Aphrodite"[38]).

In der Heimat, in äolischer Erde, lag Sapphos Grab. Syrakus, das es sich zur Ehre anrechnete, der Verbannten einst Zuflucht gewährt zu haben, hat ihr eine Statue errichtet, Eresos und Mytilene haben ihr Bild auf die Stadtmünzen geprägt[39]). Den Zauber ihrer Dichtung und ihres Wesens hatten schon manche Zeitgenossen empfunden, wie die ehrerbietige Huldigung des Alkaios zeigt. Von mancher Dichterin hieß es später, sie sei „Schülerin" Sapphos gewesen, so von Erinna (die Jahrhunderte später lebte), und eine gewisse Damophyle, eine Pamphylierin, soll ihre Liebeslieder und Hymnen zu Ehren der Artemis in Anlehnung an Sappho gedichtet haben. Ein späterer, unbekannter Dichter bekennt offen: ich bringe dir Honig, den ich aus Sapphos Liedern geholt habe[40]). Schon früh mag manches Lied verfaßt worden sein, das als sapphisch gelten wollte oder wegen seiner Anmut für sapphisch gehalten werden konnte. Von dem Biographen Chamaileon, einem Schüler des Aristoteles, wissen wir, daß ihm die alexandrinischen Philologen nachweisen konnten, er berufe sich wohl auf ein sapphisches Lied, es sei aber „für jeden offensichtlich", daß diese Verse nicht von Sappho stammen könnten[41]). Mittlerweile hatten ja die alexandrinischen Gelehrten als pietätvolle und für die Dichtung nicht unempfängliche Erben einer großen Vergangenheit das überkommene, in Bibliotheken gesammelte literarische Gut geordnet und gesichtet und auch Sapphos Werke, deren Gesamtumfang etwa zwölf Homergesängen gleichgekommen sein mag, erst in einer, dann in

---

[37]) Vgl. Willi (365). — Von einer 'Anklage' gegen die Männer (Bickel) sehe ich bisher nichts, obwohl das Wort „Mann" mehr als einmal begegnet.
[38]) fr. 32 D., v. 12.
[39]) Grab: AP VII 14 und VII 17 (= test. 46 und 49 Gall.). — Münzen: Pollux IX 84 (= test. 91 Gall., daselbst l.it.). Statue des Silanion (4. Jh.) in Syrakus: Cicero, in Verr. act. sec. IV 57. Daß „die Mytilenaeer Sappho geehrt haben", sagt Aristoteles, Rhet. II 23, 1398 b 9. — Vasenbilder jetzt bei Schefold, Die Bildnisse der antiken Dichter etc., Basel 1943, 14, 54 ff.
[40]) fr. Alex. adesp. 2 D.   [41]) Athen. XIII 599 c (vgl. S. 108).

einer zweiten Buchausgabe (in acht bzw. neun Büchern)
herausgegeben[42]). Seither steht die Überlieferung fest: alle
Papyrusfunde bringen uns Stücke aus Abschriften von Abschriften dieser alexandrinischen Ausgabe, auf die auch die
literarischen Zitate — außer den früheren wie bei Aristoteles — zurückgehen. Nicht von vornherein ist die Möglichkeit auszuschließen, daß in der maßgeblich gewordenen
alexandrinischen Buchausgabe noch hier und da ein Stück
enthalten war, über dessen Authentizität man im Zweifel
war oder heute zweifeln kann. So scheint das kleine Liedchen
von dem Mädchen, das die Mitternacht vorüberziehen sieht
und sich allein und verlassen weiß (fr. 94 D.), eher ein Volkslied zu sein als eine Dichtung Sapphos, was unserer Liebe
zu diesen bekannten und in echt-lyrischer Weise zugleich
verhaltenen und doch vielsagenden Versen keinen Abbruch
tun kann. Zweifel an der „Echtheit" eines andren, epi-
sierenden Liedes, das am Schluß des zweiten Liederbuches
stand, sind von der Forschung der Neuzeit ebenfalls geäußert worden, unnötigerweise, wie mir scheint[43]). Aber
wenn Sappho nun auch — mit Alkman und Stesichoros,
Alkaios und Anakreon, Ibykos und Simonides, Pindar und
Bakchylides — zu den neun Klassikern der lyrischen Dichtung gehörte, in denen man Ursprung und Vollendung dieser
Dichtungsgattung erblickte, — die Biographie hat doch
wieder nach Legenden und Anekdoten, Zweideutigkeiten und
Pikanterien weitergesucht. Der Titel einer Abhandlung, die
im 1. Jhdt. v. Chr. der Vielschreiber Didymos verfaßte[44]),
wirft ein grelles Schlaglicht auf die seltsamen Irrwege einer
derartigen Forschung, die an Sapphos abfälligem Urteil
über die Hetäre Doricha und über die allzu-irdische Liebe es
sich hätte genügen lassen können. Diese späte Biographie
setzt freilich nur fort, was Leute wie Chamaileon, auch
Dichter wie Hermesianax in der Zeit Alexanders getan
hatten, die unbekümmert um chronologische Widersprüche
von Liebschaften Sapphos mit Archilochos, Hipponax oder
Anakreon zu erzählen wußten, — von Alkaios ganz zu
schweigen: daß er nicht nur seine Ehrerbietung, sondern
seine Liebe Sappho erklärt habe, hat Aristoteles selbst
geglaubt. Solche Liebschaften hatte aber schon die attische

---

[42]) ϑ (= 9 od. 8): Suid. 9 Bücher: AP VII 17 (Tullius Laurea, Freigelassener
Ciceros), dazu Pfeiffer, Gnomon '26, 320. Von Alkaios hatte Aristophanes
von Byzanz (257—180 v. Chr.) in Alexandrien eine erste, Aristarch (vor 145
v. Chr.) eine zweite kritische Ausgabe besorgt (Hephaestion, π. σημείων 3.
p. 74 Consbruch). Vgl. jetzt Page 112 ff.

[43]) Vgl. zu fr. 55 D.

[44]) „An Sappho publica fuerit" (Seneca, epist. 88, 37).

Komödie vorgeführt, namentlich seit ihr Interesse an politischen Gegenwartsfragen erlahmte und seit sie erotischsentimentale Themen bevorzugte [45]). Zuviel verlangt wäre es ja auch, wollte man von Athen, wo Frauen und Mädchen ein stilles und zurückgezogenes Leben führten, Verständnis erwarten für den Eros, der in Sapphos Liedern an ihre Mädchen sich verströmt.

Nimmt es wunder, daß einmal auch der Vorwurf einer „schandbaren Freundschaft" gegen Sappho erhoben worden ist? Horaz zwar läßt die Toten in der Unterwelt in andächtigem Schweigen den Liedern Sapphos lauschen, weil er erkannt hat, daß Sapphos Klagen um ihre Mädchen „des heiligen Schweigens würdig" sind. Ovid hatte seine Sappho ihre schuldlose Liebe beteuern lassen [46]): aber spätere Ovidleser konnten manches seiner Worte schon in einem andren Sinn auslegen: seit Martial gilt Sappho als impudica. Und so blieb es — über jene Jahrhunderte hinweg, in denen auch Sappho dem Abendlande ganz verloren war. — Bis in das 19. Jhdt. hat sich die Vorliebe der Menschheit für diese Dichterin — die Dichterin nannte man sie einst, wie Homer den Dichter — in jener abstrusen Weise geäußert, die Welcker mit Recht als empörend empfand. Wir brauchen den Irrwegen des Unverständnisses und Mißverstehens nicht nachzugehen, sondern uns nur etwa des Sokrates erinnern und jenes erzieherischen Eros, der ihn beseelte.

Eine andre Seite der Sappho-Legende verdiente unsere volle Aufmerksamkeit: die Legende, die sich an den Namen Phaon knüpft und an den angeblichen Sprung Sapphos vom leukadischen Felsen. Hatte Welcker noch geglaubt, die Phaongeschichte müsse wirklich in Sapphos Leben einen bedeutenden Platz eingenommen haben [47]), so hat sich doch bis heute nicht der geringste Hinweis darauf unter den Bruchstücken gefunden. Daß der Mythos von dem jungen, für seine Gutherzigkeit von Aphrodite mit Schönheit belohnten, aber für die Liebe unempfänglichen Fährmann in Sapphos Liedern gelegentlich als mythisches Beispiel genannt

[45]) Komödien mit dem Titel „Sappho" haben geschrieben: Ameipsias — noch in der Zeit der „alten" Komödie — (I 674 Kock), ferner Amphis (II 246 K.), Antiphanes (II 94 K.), Diphilos (II 564 K.), Ephippos (II 262 K.), Timokles (II 464 K.). — Komödien über das Thema Phaon und Leukas: (viell. schon Kratinos, vgl. fr. 339 I, p. 110 K.), Platon — aufgeführt 391 v. Chr. (I 646 K.), Antiphanes (II 104 K.), Alexis (II 344 K.), Amphis (II 243 K.), Diphilos (II 558 K.), Menander (III 88 K., fr. 255—262 Körte).

[46]) Ovid. Ep. Sapph. 19, vgl. ib. 201. — Horaz, Oden II 13, 24 ff. ... *Aeoliis fidibus querentem Sappho puellis de popularibus et te ..., Alcaee, ... utrumque sacro digna silentio mirantur umbrae dicere.*

[47]) Vgl. dagegen Wil., S. u S. 74 Anm. 1.

war, ist trotzdem nicht ausgeschlossen: und wenn Anakreon sagt, er wolle sich aus Liebe „auf leichten Flügeln" von einem Felsen ins Meer stürzen — ins Meer des Vergessens, dürfen wir hinzufügen —, warum sollte nicht auch Sappho einmal ähnlich gesprochen haben? Die Ausgestaltung dieser Legende zu einer Episode aus Sapphos Leben wird der Phantasie der Komödiendichter zuzuschreiben sein: nach den Titeln zu schließen, haben mindestens sechs uns verlorene Stücke das Thema „Phaon" oder „Leukas" behandelt [48]). Wer daher noch heute in einem unlängst (in Übersetzung) erschienenen Buch die Phaongeschichte als tragische Schluß-episode aus Sapphos Leben dargestellt findet, braucht das nicht wörtlich und nicht so ernst zu nehmen. Einen tieferen und ernsten Sinn hat der Mythos auch in seiner nachträglichen Beziehung auf Sappho gleichwohl, — ist er doch wie ein Symbol für ihr Leben und ihre Liebe, die in Sehnsucht brennt ohne Erfüllung. Unter ihren Liedfragmenten haben wir eins, das in seinem Inhalt darin einzigartig scheint, weil Sapphos Sehnsucht sich hier nicht dem Leben, sondern dem Tode zuwendet [49]). — Gott Hermes, der Totengeleiter, ist zu ihr getreten als ein willkommener Gast. Zu ihm spricht sie von ihrer Sehnsucht, die Ufer des Acheron zu schaun und hinab-zusteigen in des Hades Haus. Mit den Worten „damit nicht jemand . . ." bricht der erhaltene Text ab. Das ist wie ein Ruf nach Vergessen, und Vergessen schenkte der Sage zufolge auch der Sprung vom leukadischen Felsen den Liebenden.

*   *   *

Einen besonderen Platz unter Sapphos Liedern, auch einen besonderen Platz in der alexandrinischen Sappho-ausgabe, nahmen die Epithalamien ein, Hochzeitslieder im engeren Sinne des Wortes. Der griechische Name kommt daher, daß sie vor der Hochzeitskammer (Thalamos) ge-sungen wurden während dieses Festes, das die ganze Nacht gefeiert wurde. Vorgetragen wurden sie in den meisten Fällen von einem Mädchenchor (zu dem wir uns eine Chor-führerin denken dürfen), oder teils von Mädchen-, teils von Jünglingschören [50]) in fröhlichem Wettstreit. Aber solche Neckereien pflegen nicht zu einem regelrechten Agon zu führen mit Siegern und Unterlegenen: was sich liebt, das neckt sich und schließt mit eins ganz unvermittelt Frieden.

---

[48]) Vgl. oben S. 149 Anm. 45.
[49]) fr. 97 D.   [50]) Vgl. zu fr. 117 D.

Die einzelnen Begehungen einer frühgriechischen Hochzeitsfeier vermögen wir nicht mehr zu rekonstruieren: auch wenn
wir wissen, wie der Brautwerber genannt wurde und daß
es auf Lesbos ein besonderes Wort gab für die Verlobte und
ein andres für Brautgeschenke[51]. Im Neugriechischen mag
ein Kinderliedchen, ein neckischer Wechselgesang — „eine
schöne Braut gaben wir euch", „eine schlechte Braut gabt
ihr uns"[52] — noch eine Erinnerung bewahren an frühere
volkstümliche Festlieder. Das Einholen der Braut wird man
sich ähnlich vorstellen, wie es in der homerischen Schild-
beschreibung geschildert wird, — als fröhlichen Zug bei
Fackelschein unter neugierig-interessierter Teilnahme der
ganzen Stadt[53]. Von einem Winden des Jungfernkranzes
oder einem Aufsetzen der Frauenhaube, z.T. noch heute
lebendigen Hochzeitsbräuchen andrer europäischer Völker,
schweigen die griechischen Zeugnisse. Der Motivkreis der
Wünsche, die man den Jungvermählten in Liedern dar-
brachte, bleibt naturgemäß ein beschränkter. Vielleicht läßt
schon die homerische Odyssee auf alte Hochzeitslieder
schließen, die eine Seligpreisung (Makarismos) enthielten
und die Eintracht von Mann und Frau lobten. Als die
dichterische Schaffenskraft der Griechen erlahmte und man
sich daher mit Hochzeitsreden begnügte, gehört jener Homer-
vers[54] ebenso zum festen Repertoire der Festredner wie ein
später Verseschmied sich seiner erinnert hat, wenn er für
eine Hochzeit die Hexameter schrieb:

„Bräutigam, süße Chariten und Ruhm sind dir stete Begleiter.
Harmonia, die dir wohl will, vertraut dir des Ehestands Würde.
Braut, liebe, freue dich sehr! Du fandest den würdigen Gatten,
fandest den würdigen hier! Nun möge euch Eintracht bescheren
fürderhin gnädig ein Gott, und mögt ihr bald Kinder bekommen,
Kindeskinder sodann und ein hohes Alter erreichen!"[55]

Das ist sehr gut gemeint, und die echo-artige Wiederholung,
der Lyrik abgeguckt, soll den Hexametern etwas vom
lyrischen Klang geben. Die Schulvorschriften der Rhetorik

---

[51]) Brautgeschenke (der Verwandten): ἀθρήματα (Hesych). Verlobte:
τάλις (Schol. Soph. Ant. 629, vgl. Callim. 75, 3 Pf.). παιράνυμφον steht Schol.
P. Ox. 2076 col. I 9 f. als Erklärung eines nicht mehr im Text erhaltenen
sapphischen Wortes (aus Buch II) = app. fr. 44 LP.
[52]) Der genaue Wortlaut dieses Liedchens, dessen Kenntnis ich Prof.
J. Karayannopoulos, Athen, verdanke, ist u. S. 223 abgedruckt.
[53]) Il. 18, 491 ff., vgl. Hesiod, Sc. 272 ff., auch Sappho, fr. 55 D.
[54]) Od. 6, 154 ff. (Hinweis Prof. Pfeiffers), 182 f. — Ps.-Dion. Hal., ars
rhet. 4 (II p. 270 Usener-Radermacher); Menander, π. ἐπιθαλ. (Rhet. Gr. III
399 Spengel).
[55]) P. Ryl. 17 (= Pack, nr. 1456), s. S. 227.

sind getreulich beachtet — auch jene, daß man die Schönheit der Braut lieber nicht zu detailliert beschreiben solle, —
die Hörer könnten sonst allerhand munkeln⁵⁶). Das Ganze
bleibt sehr ungeschickt und poesielos. Einzelheiten mag man
den Fragmenten von Sapphos Epithalamien gegenüber-
stellen und wird ein blasses Weiterleben alter Motive sehen.
An Sapphos Lieder reicht nichts davon heran. Zwar ist für
uns nur noch annäherungsweise faßbar, was Sapphos
Epithalamien auszeichnete, — blieb uns doch kein einziges
davon ganz erhalten. Aber es ist äußerst reizvoll zu sehen,
wie sich hier bei ihr eine verfeinerte Urbanität eng mit
Volkstümlichem vereinigt. Gewiß nicht zufällig findet sich
unter ihren Fragmenten nichts von jenen Derbheiten und
Freiheiten, die der Volksmund sich bei Hochzeitsfesten ohne
weiteres gestattet. Man neckt einander, gewiß, macht sich
auch über die riesengroßen Füße des Torhüters lustig, der
vor der Kammer Wache hält, oder über den tölpelhaften,
„bäurischen" Bräutigam: aber man nimmt auch wieder ihn
vor seinen „bösen" Altersgenossen in Schutz⁵⁷). Etwas
Schwebend-Leichtes und Beschwingtes ist bei alledem, trotz
der Wiederkehr alter, schon damals traditioneller Motive
und trotz der Schlichtheit der Sprache. So wird jeder, für
den das Volkstümlich-Schlichte die reinste Offenbarung
lyrischer Poesie bedeutet, den Verlust von Sapphos Epithalamien besonders beklagen, und der Philologe wird bedauern,
daß das einzige, erst unlängst bekannt gewordene Papyrusfragment ihm mehr Fragen aufgibt, als er zu beantworten
imstande ist⁵⁸). Freuen aber wird sich jeder und willig sich
bezaubern lassen, wenn ein farbenfrohes Bild, das zugleich
eine kleine Geschichte ist, vor ihm ersteht wie jenes (fr. 116 D.),
in dem Sappho die Braut mit einem Süßäpfelchen vergleicht,
das sich rötet hoch oben am höchsten Zweig, die Apfel-
pflücker vergaßen es zu holen — nein doch, nicht vergaßen
sie es, sie konnten es nicht erreichen. Sappho verbessert sich
selbst: um nicht unhöflich zu sein? Nun, sie hätte der
Geschichte ja gleich diese Wendung geben können. Aber oft
in ihren Liedern ist es, als halte sie inne und besinne sich
eines Besseren. Gerade das verleiht ihrer Lyrik, auch bei den
am wenigsten „originellen" Liedern, den Epithalamien, eine
unnachahmliche schwebende Leichtigkeit. Das Volkslied
kennt zwar nachträgliche Steigerungen, — „hoch, am

---

⁵⁶) Zu dieser Vorschrift (Menanders) vgl. A. L. Wheeler, Tradition in the
Epithalamium, American Journal of Philology 51, 1930, 213.
⁵⁷) fr. 103 LP., 11 (s. S. 16 und 170). — fr. 124 D.
⁵⁸) Vgl. unten S. 167 zu fr. 103 LP.

höchsten Zweig" ist ganz im Ton des Volkslieds. Auch unerwartete Schlußwendungen sind alt und volkstümlich. Aber wo sonst gibt es einen Dichter, dem sich die Bilder so gestalten und prägen, der sich so tragen läßt von ihnen — und dabei doch die souveräne Freiheit behält, sie zu verwandeln?

Ja, die Grenzen zwischen Wirklichkeit und poetischen Bildern lassen sich in Sapphos Lyrik nicht immer genau bezeichnen. Wie sich ihr ein Bild unmerklich zur unmittelbaren Gegenwartsschilderung wandeln kann, zeigt das Lied an Arignota, eine ihrer ehemaligen Schülerinnen. Es ist dies eins von den Liedern, in denen die Dichterin selbst spricht, kein Chorlied also, sondern ein Einzellied wie die überwiegende Mehrzahl sapphischer Gesänge, die wir uns bei mannigfachen Gelegenheiten, mitunter auch bei einer Hochzeitsfeier vorgetragen denken können. Unter diesen ganz persönlichen Liedern ist das Arignota-Lied (fr. 98 D.) eins der persönlichsten. — In Sardeis, der Hauptstadt Lydiens, weilt Arignota jetzt als verheiratete Frau, unter den lydischen Frauen sich auszeichnend und sie übertreffend „wie der Mond alle Sterne überstrahlt". Das ist zunächst ein bildhafter Vergleich, eine genaue Proportion sogar. Aber wenn wir weiter hören, daß das Mondlicht sich über das salzige Meer breitet gleicherweise wie über die blumigen Felder, und der schöne Tau ist gefallen, es blühen Rosen, Anthrysken und Honiglotos, — dann sind wir mitten in einer unmittelbaren Naturschilderung. Das Bild wuchs und wuchs, gestaltete sich immer mehr, und nun ist es ganz nah, kein „so-wie-wenn", kein „irgendwo-einmal", sondern Gegenwart und allen sichtbare Wirklichkeit. Wohl haben auch die homerischen Gleichnisse ihr Eigenleben: aber eine solche stetig sich erneuernde, überquellende Bildhaftigkeit findet sich nur in der Lyrik Sapphos.

Das gleiche Arignota-Lied mag noch manches von dem Zauber sapphischer Lyrik uns verraten. Daß die ferne Freundin oft von Sardeis ihren Sinn „hierher richtet", lesen wir am Anfang des erhaltenen Stückes. Sappho sagt nicht, woher sie das weiß. Sie braucht es nicht zu sagen, denn ihr ist es etwas Selbstverständliches, daß es eine Gemeinsamkeit im Geiste gibt [59]) zwischen vertrauten Menschen trotz aller räumlichen Trennung. Während die epische Dichtung auch im Kleinen die äußere Glaubwürdigkeit wahrt, kann Sapphos Lied hiervon ganz absehen. Das Wissen, das bei ihr

---

[59]) Vgl. Snell, Entd. d. G. 83 f. und die Interpretation Schadewaldts im Hermes '36.

ein Wissen des Herzens ist, nicht ein „Gesehenhaben", genügt ihr vollkommen. Was sind schon einer solchen untrüglichen Gewißheit gegenüber äußere Realitäten wie Raum und Zeit? Nicht, daß sie diese Realitäten übersähe! — Nachdem jener Lichtvergleich als unmittelbare Naturschilderung, als Schilderung der nächsten Umgebung, geendet hat, tritt wiederum die ferne Freundin vor Sapphos geistiges Auge, — die Freundin, die ruhelos auf und ab wandert, deren Herz vor Kummer schwer wird, die schließlich in den lauten Ruf ausbricht: „Kommt hierher!"[60]). Aber — und das scheint der Sinn der halbwegs noch verständlichen Strophe in der Liedmitte zu sein — ungehört verhallt der Ruf. Das Meer nur rauscht zwischen hüben und drüben. — Kein Zweifel, das Trennende ist gesehen, ist genannt, und es erweist sich auch für Sappho keineswegs als machtlos: es vermag den lauten Ruf eines einsamen Menschen ungehört verhallen zu lassen. Falls das Lied hier enden würde (die Übersetzungen tun es notgedrungen), es wäre dies Lied das deutlichste Eingeständnis dessen, daß die Natur nicht fragt, was den Menschen bewegt, ja, daß der Natur die Macht gegeben ist zu erwürgen und zu ersticken, was immer der Mensch gegen ihre Gewalten unternimmt. Man hat auch, ehe die zweite, stark zerstörte Hälfte des Liedes bekannt war, gemeint, hier müsse unbedingt der Schluß des Liedes sein. Der Ring schließt sich ja in der Tat durch die Wiederaufnahme des Anfangsthemas, und für solche rondeauartige, nicht erst bei den Griechen, aber bei ihnen besonders häufig auftretende Komposition (Ringkomposition) gab es Beispiele genug auch bei Sappho. Ja, man meinte, eben hierin ein untrügliches Zeichen für Liedschluß sehen zu können, untrüglicher als jene Striche und Schnörkel, die in der Buchausgabe jeweils das Ende eines Liedes markierten. Man postulierte sogar, daß alle Lieder, in Buch I wenigstens, mit der Wiederaufnahme des Eingangsthemas enden sollten und beschnitt die, die es nicht taten, dementsprechend[61]). Und wie konnte denn unser Lied auch noch weitergehen? Etwas noch Traurigeres kann es kaum noch geben nach jener trostlosen Feststellung, es sei denn, das Geschehen würde im folgenden dramatisiert. Sappho dramatisiert jedoch nie, dichtet auch — im Unterschied zu Alkaios — u. W.

---

[60]) Sappho ist nicht allein. Atthis ist bei ihr, an sie ist dies Lied gerichtet. Was Sappho ihr sagen möchte, läßt sich aus den Liedresten nicht mehr ersehen.
[61]) So z. B. Thomas, Cl. Quart. 1935, 37 f., der fr. 2 D. am Schluß beschneidet. Zu unserem Stück vgl. die frühere Ansicht von Fränkel (73). Über Kompositionsfragen vgl. Milne, Hermes 1936, 126 ff.

keine Balladen, führt vielmehr alles, was der Mythos und
das Leben an Dramatik besitzt, auf etwas ganz Un-
pathetisches hinaus. Im vorliegenden Fall scheint etwas
Ähnliches vorzuliegen wie bei jenem Alkaioslied, das man
wegen des Stimmungswechsels in zwei Lieder teilen wollte[62]).
Nicht ein neues Lied, ein neues Anheben folgt auch hier, —
etwas Schönes, die Erinnerung an ein frohes, erst durch die
Anwesenheit der Göttin zu voller Freude erhöhtes Fest,
und wenn ich die äußerst dürftigen Reste der weiteren
Strophen nicht falsch deute, so war da jene trostlose Erkenntnis widerlegt und gesagt, daß niemandes Ruf ungehört
bleibt. So schließt auch hier, wie bei Alkaios 24 c D., ein
zweiter Ring sich an den ersten, unvermittelt wie etwas
ganz andres und doch nicht ohne Beziehung zu jenem:
auch dies wie ein Suchen der Seele, die bei der nieder-
schmetternden Erkenntnis nicht stehenbleibt, sondern nochmals ihre Flügel ausbreitet, nochmals sich auf den Weg
macht. Gern wüßte man, wohin sie flog, woher sie nun eine
helle und freudige Gewißheit heimbringt, stärker als jene
traurige Erkenntnis von der niederdrückenden Gewalt der
Natur. Nun, sie flüchtete sich nicht mit betender Gebärde
vor den blumengeschmückten Thron der Göttin, nicht mit
geschlossenen Augen in ein Traumland, nicht in eine weite
Ferne auf der Suche nach einem anderen Gesetz. Sie hielt
Einkehr bei sich selbst, sie erinnerte sich — und erkannte
hellsichtig das höhere Gesetz, die frohe Wahrheit von der
Freiheit des Menschenherzens, die kein Naturgesetz ihm
nehmen kann und das untertan bleibt nur seinem Gott.

Halten wir einen Augenblick ein, wohl bewußt, daß jede
Auslegung dieser Art vergröbert, was die Dichtung mit ihren
Mitteln, Wiederaufnahme, plötzlichen Übergängen, einigen
beziehungsvollen Umkehrungen etc., auf eigene Weise nur
andeutet; namentlich die Lyrik, die immer etwas unausgesprochen läßt und mehr als jede andre Dichtungsgattung vom Hörer ein Mitempfinden, Weiterlauschen und
Nachsinnen erwartet. Ein Wesenszug sapphischer Lyrik
darf nicht verschwiegen werden: hellsichtige Bewußtheit.
Nicht, daß ihre ganze Poesie davon bestimmt würde, keineswegs. An einzelnen Stellen nur, schlagartig zumeist, tritt
diese Bewußtheit in Erscheinung, dann aber bleibt ihr nichts
verborgen und dunkel, nicht der letzte Urgrund des eigenen
Lebens, nicht der eine, einzige Grund für die Vielfalt der

---

[62]) Vgl. A. p. 115 f. zu Alc. fr. 24 c D., das Manfred Hausmann und Latte
in zwei Lieder zerteilen wollten.

menschlichen Meinungen. Zum Ausdruck solcher ganz
eigener Erkenntnisse kann naturgemäß das alte Weistum
volkstümlicher Sprüche oft nicht mehr genügen, noch auch
vermögen sie in Bildern hinlänglich ausgesagt zu werden.
Von Bildern wird weitgehend abgesehen, wo es um etwas
Absolutes geht. So lautet die einfache Erklärung dafür,
warum die einen Menschen dies, die andren jenes für schön
halten, bei Sappho: das Schönste ist für jeden das, was er
liebt und begehrt. Sappho unternimmt es sogar, diese eigene
Erkenntnis jedem zu beweisen: als Beweis genügt dann ein
mythisches Beispiel. Man hat gemeint, dies Lied sei eine
Ausnahme⁶³). Aber an andrer Stelle hat Sappho gesagt, der
Tod sei ein Übel, und ob dem anschließenden rationalen
Beweis: „sonst würden auch die Götter sterben", den unser
Gewährsmann Aristoteles bringt, nicht auch bei Sappho
irgendeine Art von Beweis entsprach, wissen wir nicht⁶⁴).
Nicht nur einmal berührt sie die Frage nach dem Schönsten,
dem Größten, — Fragen, wie sie vor dem Beginn der wissen-
schaftlichen Philosophie immer wieder die Griechen sich
gestellt haben. Sappho erörtert allerdings meist nicht die
Frage, es ist ihr offenbar, sie weiß. Sie weiß und kann es
in dem beiläufigen Satz: „Denn was hatte ich Größeres?"
kurz streifen, was einst das Größte war in ihrem Leben (wir
müssen es erst durch Interpretation zu erschließen suchen⁶⁵).
Sie weiß von sich zu sagen: „Ich aber liebe die Fülle: die
Liebe zur Sonne hat auch mir dies schöne und leuchtende
Los zuteil werden lassen", und zieht damit in einem Alters-
gedicht⁶⁶) das Fazit ihres ganzen Lebens. Liebe war ihr Los,
nicht Liebe zu Atthis oder zu einem andren und wieder
andren Menschen, sondern viel allgemeiner, abstrakter (das
griechische Wort, ein Abstraktum, oben mit „Fülle" wiedergegeben, ist eigentlich unübersetzbar). Aber nicht genug mit
einem solchen: „Ich liebe nun einmal die Fülle". Auch nicht
genug damit, daß Sappho ein solches Los ein schönes und
helles nennt, — sie, deren Weg oft genug durch tiefes Leid
geführt hatte. Eine andre Liebe, ein andrer Eros, ist der
Quell jener Liebe zu Schönheit und Fülle: sie liebt die Sonne.
Antike Erklärer⁶⁷) haben das nicht verstanden. „Das
Sonnenlicht schaun" ist im Griechischen oft eine bloße

---

⁶³) Fränkel, D. u. Ph. 249 ff. zu fr. 27 D.
⁶⁴) fr. 201 LP (s. S. 104).
⁶⁵) 90 LP. fr. 1, col. III 18 (s. S. 14 und 167).
⁶⁶) fr. 65 a D., v. 25 f.
⁶⁷) Athen. XV 687 b. — Bei Xenophanes fr. 3 D. heißt dasselbe Wort
soviel wie „Luxus". Eine Gleichsetzung mit unserer Stelle (S. Mazzarino,
Fra oriente e occidente, 139) würde ich nicht vornehmen.

Umschreibung für „leben", und daher meinte man, Sappho sage hier: sie liebe das Wohlleben, weil sie das Leben liebe. Aber äußerer Luxus ist hier nicht gemeint, und die weitere Widerlegung bleibe dem Nachdenken des Lesers überlassen. Als etwas Einheitliches, als ein bestimmtes Schicksal und Los zeichnen sich vor Sapphos hellsichtigem Blick die Mannigfaltigkeiten ihres Lebens ab, und dahinter erkennt sie einen eigentlichen Urquell. Ganz wörtlich dürfen wir den Ausdruck „Liebe zur Sonne" nehmen und verstehen. So allerdings, wie Lyrik allgemein zu verstehen ist, sagt sie doch meist weniger als sie meint, geht aber einer daran, das Unausgesprochene in prosaischen Worten zu umschreiben, wird womöglich ein ganzes philosophisches System daraus. Die Grenze zu wahren ist für den Interpreten nicht leicht; eine ganze Philosophie in Sapphos Liedern erblicken, hieße ihr etwas zuschreiben, was die späteren Philosophen selbst nicht in ihr gesehen haben, mag es auch bezeichnend bleiben, daß Platon sie die „schöne Sappho" nennt[48]). Soviel aber steht außer Zweifel: immer wieder tauchen bei Sappho zwei Lebensinhalte auf, wo ihre Gedanken auf die letzten und höchsten und das heißt zugleich: allerpersönlichsten und allgemeinsten Dinge gehen: Liebe und Schönheit. Aber das Größere war für sie die Liebe. Im Grunde war ihr Leben, das hat sie selbst erkannt, lauter Liebe zu den hellen Seiten des Menschendaseins unter der Sonne.

Gewiß, die Maxime: „Den Feinden Feind, den Freunden Freund!" galt wie für das ganze vorchristliche Griechentum auch für sie. Manch ironisches und scharfes Wort hat sie über ihre Rivalinnen geäußert, aber doch auch wieder ihnen im Guten zugeredet. Daß sie nicht zu denen gehört, die Groll nur mit Groll vergelten, hat sie selbst gesagt[49]). Zu ihren Mädchen aber spricht Sappho, wenn sie bekümmert sind, mit unendlich zarter Behutsamkeit. Ein Beispiel (fr. 96 D.) statt mehrerer nun noch hierfür: es stellt sich in mancher Hinsicht neben das vorerwähnte Arignotalied. — Zu Tode betrübt ist Sappho selbst: eins ihrer Mädchen verließ sie. Bitter schluchzend nahm es Abschied; Sappho erinnert sich dessen, und nun hören wir nichts mehr vom eigenen Leid, nur vom Kummer des scheidenden Mädchens. Wir hören, wie es damals klagte über ihr hartes Los, hören, wie Sappho antwortete, und ebenso selbstverständlich, wie das Leid der andren ihr mehr noch zu Herzen ging als das

---

[48]) Platon, Phaidros 235 b. Ein Epigramm Platons (16 D.) nennt Sappho „die zehnte Muse".
[49]) fr. 108 D. — Vgl. zu fr. 25 D.

eigene, ebenso selbstverständlich war ihre Antwort eine
tröstende. An Früheres erinnerte sie das weinende Mädchen,
an alle Liebe und Fürsorge, mit der es umhegt worden war,
an alles Schöne, das sie gemeinsam erlebt hatten. Fast wie
eine leise Zurechtweisung ist das: aber Sappho sagt nicht:
„Zu Unrecht klagst du über unser hartes Los“, sie sagt nur:
„Du weißt es ja selbst“, — ein Wort, das oft wiederkehrt in
den Liedern an ihre Mädchen, — und sagt: „wie viel Schönes
und Feines wir erlebten.“ Die Hauptsache ist damit gesagt,
nicht alles. Mit einer ganz unaufdringlichen Wendung:
„Wenn Du's aber nicht weißt . . .“ fährt Sappho fort, und
nun folgt, Strophe um Strophe, Bild um Bild, Zug um Zug
die Schilderung all des Schönen, steigt empor aus der Erinnerung an gemeinsam erlebte festliche und frohe Stunden,
den eigenen Anteil immer mehr zurücktreten lassend, in
sich selbst reich, so überreich, daß außer ihm nichts mehr
ist und alles andre, die sogenannte Gegenwart, davor versinkt und verblaßt. Der erhaltene Text bricht ab, ohne uns
mehr zu sagen, doch besteht daran kein Zweifel, daß sich
das Lied dann wieder der Abschiedsstunde zuwandte und
schließlich dem gegenwärtigen Trennungsschmerz Sapphos;
dem, was Gegenwart hieß, als Sappho so tröstete, und dem,
was nun, wo sie dies Lied singt, Gegenwart ist. Nur für eine
Weile versinkt das alles, um wieder in sein Recht zu treten —
in verwandelter Gestalt.

Denn nicht darin, daß der Abglanz früheren Glücks einen
Augenblick lang das Leben vergolden kann, liegt für Sappho
die Zauberkraft der Erinnerungen. — Die Tränen des
weinenden Mädchens sind getrocknet; still und gefaßt ist
es fortgezogen, den Tränenlosen aber belohnen die Götter[70]).
Sein Leben ist auch hinfort nicht arm. Sapphos eigener
Trennungsschmerz — kein Zweifel, — ist nicht ausgelöscht,
aber doch stille geworden, so etwa, wie in dem Gebet an
Aphrodite (1 D.) ihr wehes Herz sich aufrichtet in der Erinnerung an einst erlebte Hilfe, so daß dem Leid die Hoffnung sich zugesellen kann. Wüßten wir, an wen unser Lied
gerichtet ist, bei welchem Anlaß es gesungen wurde, wir
sähen sicherlich, daß mit diesem zweimaligen Besänftigen
und Weiterhelfen die Kraft des Erinnerns nicht erschöpft ist.
Nicht unwirklich ist, was einst war: das Dunkle nur ist
vergangen. Wiedererwecken kann das Schöne jeder mit dem
Zauberwort: „Weißt du noch?“, und sein Leuchten und
seine beglückende Kraft, eine wirkliche Kraft, hat es —

---

[70]) fr. 156 b D.

gestern und heute und morgen und allezeit[71]). Um dies
Geheimnis des Menschenherzens, das freilich nur der kennt,
der die glücklichen Tage auch dem geliebten Menschen zu
danken weiß, — um diese schlichte Wahrheit hat Sappho
gewußt wie kein andrer Dichter. Davon legen ihre Lieder,
aus deren Reichtum hier nur ganz Weniges betrachtet
werden konnte, ein beredtes Zeugnis ab. Das vor allem
wußte sie ihre Mädchen zu lehren und ihre Mitwelt. In einer
Zeit, die — modern gesprochen — die existenzielle Angst
über die Vergänglichkeit des Menschen zu spüren begann[72]),
eine hohe und frohe Wahrheit, nie zuvor ausgesprochen und
durch ein Dichterleben besiegelt.

*   *   *

Und heute? — Wenn wir von denen absehen, die (mit
Cicero[73]) alle lyrischen Dichtungen für Bagatellen erklären
und daher für dergleichen keine Zeit zu haben behaupten,
so hat sich Sapphos Dichterwort voll und ganz bewahrheitet:
„Meiner wird man gedenken"[74]). Bei allem Dichterstolz hat
sie nicht gewähnt, ihr Ruhm würde einst bis zum Himmel
reichen. Das Wissen, daß man sich ihrer erinnern würde,
genügte ihr. Man hat es getan, und auch heute gehören
unserer Dichterin die Herzen ungezählter Freunde. Die Glut
ihrer Empfindungen[75]) oder wieder die Charis (Anmut) ihrer
Lieder, diese freilich nur im originalen Wortlaut und Vers-
bau unvermindert faßbar, nimmt immer wieder gefangen.
Bewußt oder unbewußt tragen auch im Lärm unserer Zeit
sehr viele von uns eine Sehnsucht in sich nach Stille, Heiter-
keit und Schönheit, und nicht mit dem Schlagwort „Roman-
tik" wollen wir abtun, was wie ein uraltes Heimweh der
Menschheit ist. Kein Dichter der Antike stillt diese Sehnsucht
so wie Sappho. Schon die Geschichte, die von Solon berichtet
wird, er habe sich im Alter gewünscht, ein Sappholied zu

---

[71]) Philosophen wie (Epikur und) Seneca haben später gelehrt, daß nur
die Vergangenheit ein ungefährdeter Besitz ist: *in tria tempora vita dividitur:
quod fuit, quod est, quod futurum est. ex iis, quod agimus, breve est: quod acturi
sumus, dubium: quod egimus, certum. hoc est enim, in quod fortuna ius perdidit,
quod in nullius arbitrium reduci potest . . . atqui haec est pars temporis nostri
sacra ac dedicata, omnes humanos casus supergressa . . . perpetua eius et intrepida
possessio est* (Sen. de brev. vit. 10, 2 und 4, vgl. H. Fuchs, Westöstl. Ab-
handlungen, Festschr. Tschudi, Wiesbaden 1954, 50). — Gefühlsmäßig hatte
das schon Sappho erfaßt.

[72]) Semonides fr. 1, 15 D. (Lit. dazu A. p. 101 Anm. 10).

[73]) *Negat Cicero, si duplicetur sibi aetas, habiturum se tempus, quo legat
lyricos* (Seneca, epist. 49, 5).

[74]) fr. 59 D. Vgl. fr. 47 D.

[75]) *Spirat adhuc amor vivuntque commissi calores Aeoliae fidibus puellae*
(Horaz, Oden IV 9, 10 ff.).

erlernen und dann zu sterben, sagt das [76]). Es ist die gleiche, im Moment der Erfüllung zur Selbstaufgabe bereite Sehnsucht, die Odysseus nach seiner fernen Heimat verspürt. So enthält diese Solonanekdote eine tiefsinnige Deutung von Sapphos Lyrik, eine Deutung, der unser stilles Heimweh wohl zuzustimmen bereit ist. Mir scheint aber, das wäre nicht oder nicht ganz nach dem Sinn unserer Dichterin. Wo allein die Anmut, Lieblichkeit und Schönheit dieser Lyrik nachempfunden wird, liegt die Gefahr eines neuen Mißverständnisses nicht fern: die Gefahr ästhetischer Verflüchtigung oder die Gefahr der Verniedlichung. Muß man nicht zudem heute auf die Frage gefaßt sein: ,,Schön, gewiß, — und was weiter?" Falls uns aber das, was heute als typisch lyrisch gilt, in Sapphos Liedern zu begegnen scheint, so wäre auch dies in der Hauptsache eine Täuschung. Gewiß, die schönsten Blüten lyrischer Poesie erblühen an Kreuzwegen, da, wo das Leben zwei Liebende trennt. Abschied und Trennung, das ,,partir c'est mourir un peu" [77]) hat Sappho immer wieder erlebt. Gewiß, Sehnsucht und Trauer bringen im Volkslied und in der Kunstdichtung die Saiten in besonderer Weise zum Klingen, in einer sanften, stillen und wehmutsvollen Weise. Sappho ist, aufs Ganze gesehen, eine der Stillen und hierdurch Großen, und die Tiefe ihrer Seele ist unergründlich. Aber immer, nicht erst in der Abschiedsstunde, spricht ihr Herz: fremd ist ihren Liedern die Wehmut, und die Stille keine ,,Grundstimmung", sondern immer erst errungen. So hat ihre ganz persönliche Lyrik im Grunde hiermit nichts gemein. Keinen Vorgänger und keinen Nachfolger hat sie darin gehabt, und bis heute gibt es nichts Vergleichbares. Ihre Dichtung ist das Lied ihres Lebens viel mehr als des Lebens ihrer Zeit. Aber über allen Wechselbeziehungen zwischen Dichtung uud Leben steht hier, daß das Lied helfen will, auf daß man zu leben vermöge. Daß unsere Zeit einer solchen Hilfe bedarf, — wer könnte das in Abrede stellen? Vielleicht haben wir auch allen Grund, uns nicht zu klug zu dünken für die schlichte Weisheit des Herzens. An Jahrhunderten gemessen erweist sie sich als Siegerin. Nicht völlig machtlos kann sie im Leben des Einzelnen sein.

---

[76]) Aelian bei Stob. III 29, 58 (= test. 3 Gall.), s. S. 126 und 237.
[77]) Beginn eines Liedes von Edmond d'Haraucourt (1856—1941).

ERLÄUTERUNGEN

Die neuen Stücke

Zu Alc. 304 LP.:

col. I: v. 2 — 4 suppl. edd. pr. — v. 5 ναὶ πάτρος κεφάλαν edd. pr., ἄϊ π. dist. LP.]λαν· pap. — v. 6 supplevi, cf. Callim. h. III 20 οὔρεσιν οἰκήσω. οἰοπό]λων ci. edd. pr. — v. 7 — 8 supplevi — v. 9 ἐκατάβολον sive ἐκάβολον edd. pr.; cf. ἐλαφήβολον .. ἀγροτέραν Ἄρτεμιν scol. an. 3, 3 D., πότνια θηρῶν et ἀγροτέρη Hom., Il. 21, 471 — v. 10 — 11 supplevi (cf. Hom., Od. 18, 272 γάμος ἀντιβολήσει). πίλναται = πλησιάζει (schol. marg.).

in marg. v. 2 — 3. schol. ωκαλλι(μαχος).

col. II: v. 6 supplevi — v. 8 sscr. ραδινους, cf. Hes. Th. 195, h. Cer. 183 ῥαδινοῖσι . . . ποσσίν (?).

In mehr als einer Hinsicht ist dieser Neufund aufsehenerregend: in ihm findet sich (col. I 5) der bisher aus einem Zitat bekannte Satz „immer werde ich Jungfrau sein", der zwar anonym zitiert, aber von den Herausgebern stets Sappho zugeschrieben wurde (= 102 D.) und teils als Aussage einer Braut (! zuletzt Schadew. 44) teils aber richtig als Ausspruch der Artemis (Reinach) gedeutet wurde. Im neuen Stück finden sich auch Verse, die sich eng mit der niedlichen Szene im Artemis-Hymnos des Kallimachos berühren (h. III 4 ff., cf. Pfeiffer II p. 125), wo Artemis, auf dem Schoß des Göttervaters sitzend, ihn bittet: δός μοι παρθενίην αἰώνιον, ἄππα, φυλάσσειν, δὸς δέ μοι οὔρεα πάντα . . . οὔρεσιν οἰκήσω, und lachend gewährt ihr Zeus die Bitte (πατὴρ δ᾽ ἐπένευσε γελάσσας). Ein Vorbild also, wenn auch nur für einige Verse, dieses hellenistischen Dichters, dessen Namen sogar der Scholiast am Rande vermerkt hatte. — Ähnlichkeiten bestehen aber auch zu dem homerischen Aphroditehymnos, der sicher älter ist als Sappho, in dem es v. 26 ff. von der Göttin Hestia heißt: ὤμοσε δὲ μέγαν ὅρκον, ὃ δὴ τετελεσμένος ἐστίν, ἀψαμένη κεφαλῆς πατρὸς Διὸς αἰγιόχοιο παρθένος ἔσσεσθαι πάντ᾽ ἤματα und v. 18 von Artemis καὶ γὰρ τῇ ἅδε τόξα καὶ οὔρεσι θῆρας ἐναίρειν. Da nun jene Worte im Munde der Hestia sicherlich bereits eine Übertragung des Artemis-Motivs auf diese Göttin darstellen, wird man für Sappho wie für den Aphrodite-Hymnos eine gemeinsame ältere Quelle — sagen wir: einen uns verlorenen

alten Artemis-Hymnos — annehmen, für Sappho zugleich
auch Einfluß der hesiodischen Katalogdichtung (Koios,
Vater der Leto: Hes., Th. 134. 404; h. Apoll. 62).

Nun haben die Herausgeber Lobel und Page in der Erstausgabe (Cl. Quart. 1952, 1ff.) und auch in der Neuausgabe
(Alc. 304 LP.) allerdings diesen Pap. dem Alkaios zuweisen
wollen (vgl. A. p. 184): aus dem alleinigen Grunde, weil hier
col. II 10 das *ν*- ephelcysticum Positionslänge bildet, was bei
Sappho (bei *κεν*) nur 65a, 17 D., bei Alkaios jedoch öfter
begegne (cf. *Σμ*. XXXVII, LXXII). Aber von den fünf
Alkaiosstellen stehen drei in einem fr. (54 D.): was dann,
wenn dieses nicht erhalten wäre (vgl. Gnomon 26, 1953,
172)? Bei den neuen Sapphostücken gibt der geniale Papyro-
loge Lobel zweimal (s. S. 170 zu 103 LP. und zu 39 D.) die
Möglichkeit einer Lesung und Ergänzung mit *ν*-ephelcysticum
und Positionslänge zu, um als Grammatiker zu bemerken:
"the available evidence is against crediting Sappho with
ν-ephelc. in such employment" (P. Ox. XXI p. 123, vgl.
p. 25). Wo ein Argument einer petitio principii so nahe rückt,
verliert es die Geltung.

Nicht nur die Tatsache, daß Sapphos 2. Liederbuch in
dem Versmaß dieses fr. verfaßt war (während daktyl. Pentameter bei Alkaios bisher nicht begegnen), bestimmt mich,
für Sappho als Verfasserin einzutreten. col. II enthält ein
Gebet; in diesem Gebet steht die Bitte um „glänzende
Gaben der Musen" und um „. . . (Chöre) der Chariten" (vgl.
Hom., Od. 6, 194 Χαρίτων χορὸν ἱμερόεντα): das entspricht
vollkommen der Art, wie Sappho von ihrem Dichtertum
spricht, u. W. nicht der Art des Alkaios. Man mag zunächst
sagen, dergleichen sei von alters her Rhapsodenart gewesen.
Sehen wir weiter. v. 8 steht eine augmentierte Form: viell.
(cf. Alcm. 1, 91) ἐπέβα[ν: nach den Gebetsbitten also ein
Nebensatz, am ehesten ein relativer: zum mutmaßlichen
Inhalt vgl. Alcm. 1, 55f. D. Χά]ριτες δὲ Διὸς δόμον [εἰσβαίνοι]-
σιν ἐρογλέφαροι, auch Hes., Th. 36ff., bes. 68 ἴσαν πρὸς
Ὄλυμπον, wenn hier nicht der Helikon genannt war (s. u.).
Danach aber folgt als eine weitere Gebetsbitte etwas, was
keineswegs traditionell, sondern sehr ungewöhnlich klingt:
„Laß (mich) den Zorn nicht vergessen . . .", zu dem
gleichen Gott gesagt, der Musengaben verleihen kann: zu
Apollon (eher als Zeus.) Kein Mensch betet darum, sein
eigener Zorn oder der eines andern Menschen möge ihm
stets vor Augen stehen. Zudem rührt diese Bitte an etwas,
das paradeigmatisch ist „für die Sterblichen", für alle. Das
Paradeigmatische enthält der Mythos. Ein Mythos vom

Götterzorn, wahrscheinlich vom Zorn Apollons, wird hier als bekannt vorausgesetzt — oder es wird nochmals an ihn erinnert, nachdem das gleiche Lied davon bereits vorher gesprochen hatte. — Da nun col. I ein Stück Mythenerzählung enthält und Apollon und Artemis dort begegnen, halte ich die Zugehörigkeit von col. II zu diesem Liede für wahrscheinlich, wenngleich col. I uns nichts über Apollons Zorn sagt. (Die Niobegeschichte, von Sappho mehrfach — 119 D., 205 LP. — behandelt, könnte auch in diesen Zusammenhang gehören). Genug, daß col. II die Verbindung eines ganz persönlichen und zugleich auch allgemein-menschlichen Anliegens mit einem mythischen Exempel zeigt, wie es der an Sappho gerühmten εὐβουλία περὶ τῶν θεῶν entspricht und ihrer Art zu dichten, im Unterschied zu den in sich geschlossenen mythischen 'Balladen' des Alkaios.

Auf die Argumente, die sich aus Sappho 208 LP. für Sapphos Verfasserschaft dieses daktylischen Stückes ergeben könnten, lege ich wenig Gewicht: „goldhaarig" — Alc. 8 D. von Zephyros — ist ein traditionelles Beiwort des Apollon in der späteren Epik. Überdies bleibt ungewiß, wieviel bei Himerios auf Sappho zurückgeht.

col. I ist in den ersten Versen der Dativ zu beachten, dgl. die Genealogie: nicht Apollon ist das Subjekt, andrerseits dürfte er hier zum erstenmal erwähnt sein. Dafür ist die Artemis-Szene fast vollständig kenntlich: ohne daß die Situation ausgemalt würde oder auch nur eine Gebärde erwähnt wäre, beginnt Artemis mit ihrem Anliegen. Da v. 3 im Unterschied zu 7, 8, 10, 11, 12 am Versschluß keine Interpunktion hat, dafür aber v. 4 in der Versmitte, scheint mir die direkte Rede mit ἀϊπάρθενος zu beginnen (anders LP.). Zwei Wünsche hören wir, dann des Zeus Gewährung (ein „sprachs" halte ich nicht für unbedingt nötig) und die Erzählung, wie die Bitten in Erfüllung gehen, mit der letzten beginnend, in v. 11, wo]ερος mit LP. als ἔρος zu verstehen ist, chiastisch zur ersten Bitte zurückkehrend.

Von der Lebenswahl handeln col. I und II, — dort von der Lebenswahl der Kinder Letos, hier von der Lebenswahl der Dichterin: *spiritum Phoebus mihi, Phoebus artem carminis nomenque dedit poetae* Horaz, Oden IV 6, 29 (v. 33 f. Artemis). — Der Name Artemis begegnet noch im Sapphofr. 82 D. (s. S. 69). Sie ist gemeint, wo von „Geschossen" gesprochen wird (88 LP., s. S. 8); und wenn Philostrat (s. S. 126) von einer Damophyle berichtet, die ihre Lieder und Artemishymnen nach dem Vorbilde Sapphos gedichtet

haben soll, so ist auch das bezeichnend: selbst wenn alles
an dieser Geschichte Erfindung ist, ist es ein Zeugnis dafür,
daß das Altertum Artemis-Hymnen Sapphos kannte.

Zu 88 LP.

v. 4]ι,]ν possis — v. 8 pro ια fort. α possis (L) — "after
σ the start of a stroke rising to the right" (L.) — v. 23] "κ
not suggested" L. γ[, π[possis. supplevi.

Vermutlich aus Buch 4 (Versmaß: große Asklepiadeen).
Ein Stück, bei dem jeden Interpreten der Jammer über die
Zerstörung ergreifen wird. So wird nur ganz Weniges kenntlich: das Thema des Vergessens v. 11 (vgl. 75 D., 137 D.,
146 D. u. ö.). Über diesen Kummer sucht Sappho das
Mädchen, zu dem sie spricht, hinwegzutrösten. Die Versicherung (v. 15 und ähnlich v. 24): „ich werde dich lieben,
solange (noch Odem, viell. ἀύτμα, vgl. Hom. Il. 9, 609
= 10,89 εἰς ὅκ' ἀυτμὴ ἐν στήθεσσι μένῃ) in mir ist"; vgl. ἔως
ζῶ 9, 6 LP. (s. S. 172) und 24, 5 D]ᾱς κεν ἤ‹ι› μοι — v. 17
die Versicherung ihrer Freundestreue, schlicht und aufrichtig wie nur Sappho spricht. Zu den letzten Worten vgl.
„sterben ... denn besser ist ..." im Sapphokommentar
90 LP. fr. 3 Z. 5ff.:]οντι.[,] ποιη..τ.[,] ηθειαν.[,] ειν:φ[,]
..ηβ.[,] σλον [(Zitat),]δ.[.]ε[μον][,] ωθσα.[,] .ωμ[,] .σουαν[,]
απαξτουτ[,] ουπαντα[,]πρωτον[,]οις προα[,]θανειν[,]κρεσσον
γα[ρ (Zitat). 30,11 D.]τόδ' εἴπη[ließe sich mit v. 13 vergleichen; für den Appell an das eigene Wissen (v. 10 und 22)
gibt es unzählige Parallelen aus andren Sappholiedern.

Soweit wir sehen können, ist dies Lied nur Trost und
Zuspruch.

Zu 99 LP. col. I.

v. 2 Πολ sscr. ω pap. [σφ]οῖ Π. Gall. — v. 5 αλις ζαδοκοις
tempt. Gall. — v. 8 ᾿βράσμ]ος δὲ δι' ὀ[στί]ων Gall. — v. 10
—13 suppl. Snell (επιβοργιαν pap.) — v. 17 supplevi e. g.
(cf. λέχος πορσύνειν). οργιαν hic non legi potest.

Die Schrift auf diesem fr. ist so stark zerstört, daß auch
die Meisterschaft Lobels ihm nicht allzu viel hat abgewinnen
können. Sehr vieles an Einzelworten schon, vom Zusammenhang ganz zu schweigen, bleibt dunkel. Doch scheinen es
zwei Lieder: das erste in zweizeiligen Strophen (Telesilleion
und Teles. plus iamb. Metrum) — vgl. Lobel P. OX. XXI p. 13
(daselbst über Schwierigkeiten in v. 8), das zweite, mit v. 10
beginnend, in dreizeiligen Strophen (iamb. Dimeter, Glyko-
neus, iamb. Dimeter). In beiden Liedern kehrt der gleiche
Personenname, ein (männlicher) Polyanaktide, wieder (150 D.

ist eine Rivalin Sapphos aus diesem Geschlecht genannt). —
Das zweite Stück ist durch Snells Ergänzungen (Hermes 81,
1953, 118f.) etwas kenntlicher geworden: es beginnt mit der
Anrufung des Apollon (so auch Gall. '53, 162 Anm. 1), nach
Snell: des Gryneischen Apollon, nach einer äolischen Kult-
stätte an der kl.-asiatischen Küste so benannt: vgl. Jessen,
RE VII 1900ff., und die Stellen im App. zu Parthenios 4 D.
(= ALG² II 6, 95). Jedoch hat es auch auf der Insel Lesbos
eine alte Orakelstätte Apollons in Nape gegeben; auch schon
im Mythos spielt sie eine Rolle (Schol. Aristoph., Nub. 144;
Voigt RE 16, 1687f.; Mantzouranis, Frühgesch. 37); daß sie
„waldreich" war, besagt der Name Nape. — Nach Art der
„Ringkomposition" schließt der hymnische Teil mit einer
nochmaligen Erwähnung Apollons, nun aber zusammen mit
seiner Schwester (Artemis) genannt, v. 21, wo jedoch nicht
Liedschluß vorliegt (keine Koronis). Im gleichen Versmaß
geht es weiter: nun nach dem feierlichen Anfang aber mit
einemmal recht übermütig und spottlustig ($\mu\acute{a}\varrho\gamma o\varsigma$ ein
neckisches Wort, vom Eros bei Alkman, vom Wein Hes.
fr. 121, 2 Rz.³ gebraucht), weswegen Snell diesen Pap. dem
Alkaios zuweisen wollte. — „Aeolic verses in stanzas of
three lines are naturally attributed to Sappho", Lobel. —
Ich sehe nichts, was gegen Sappho spräche (vgl. u. S. 233),
könnte das unvermittelte Auftreten skoptischer Züge mir
am ehesten erklären, wenn das Lied zu einer Hochzeit gesungen wurde, wozu ja auch das (eigtl. noch unerklärte)
Wort $\acute{o}\varrho\gamma\acute{\iota}a$ passen könnte.
Als Ordnungsprinzip der Buchausgabe kommt viell. eine
Anordnung nach den Adressaten in Frage.
Die Übersetzung ist in diesem Fall eine reine Fahrt ins
Blaue.

Zum Sappho-Kommentar 213 LP.

1. 2]$\sigma\varepsilon$' $\H{\varepsilon}\mu a$ ci. Gall. ('53).
Das Zitat, durch Vorrücken der Zeile (Ekthesis) gekennzeichnet, braucht nicht genz wörtlich zu sein, wie der Hiat
zeigt. Daß die drei letzten Worte des Zitates sich einer
sapphischen Strophe einfügen ließen, hebt Lobel hervor:
dann wäre es ein Lied aus Buch 1. Er konstatiert auch die
inhaltliche Schwierigkeit (POx. XXI p. 15): in der Paraphrase ist Pleistodike neben Gongyla als Gefährtin Gorgos
genannt, aber im Zitat selbst "appears to be no mention
of Pleistodike and the mate of Gorgo to be Archeanassa".
Nur eine Lösungsmöglichkeit sehe ich, um so mehr, als der
Kommentar selbst von „Appellativum" und „Eigennamen"

gesprochen hat: Pleistodike ist identisch mit Archeanassa, letzteres dann als Bezeichnung der Sippe gebraucht (über die Archeanaktiden A. p. 105). (Bildungen mit -anaktis gibt es bei den Arche-, Age-, Kleanaktiden nicht. Die Ortschaft Hermonassa konnte auch Ἑρμώνακτος κώμη genannt werden und Hermoneia, so daß Hermonassa 'adjektivische' Bedeutung haben kann). Ob in 150 D. der acc. von „Polyanaktis" vorliegt, bleibt zumindest zweifelhaft (s. z. St.).

Etwas anders, im wesentlichen aber ähnlich ist die Erklärung, die Gallavotti ('53, 164f.) versucht; den Hiat beseitigt er, indem er Elision der Verbalendung annimmt und einen Apostroph setzt. „Archeanassa" hält auch er für ein Appellativum, bezieht es jedoch auf Gorgo (um den Preis, daß er zwei Worten die Dativendung hinzufügen muß), und paraphrasiert: „Sarai la compagna per la mia Gongila e per Gorgo Archeanassa." Verwischt wird aber, daß es eine Hauptperson, Sapphos Rivalin, gab, wenn man mit Gall. rekonstruierte: [Γογγύλαι δὲ ... σὺ κεκλή]σε' ἔμα(ι) κὰρ-χεανάσσα(ι) Γόργω(ι) σύνδυγος.

Über Namensformen mit -dike vgl. V. Ehrenberg, Die Rechtsidee im frühen Griechentum, Leipzig 1921, 1ff. — Gorgo, eine von Sapphos Rivalinnen, ist 143 D. genannt und 149b D³., dgl. Max. Tyr. 18,9 (oben S. 112). — Wenn die Sappho-Biographen immer wieder drei verschiedene Mädchennamen nennen, so finden wir eine Namenstrias nun schon bei Sappho selbst.

Zum Sappho-Kommentar 90 LP. fr. 1 col. II.

ll. 6—7 suppl. LP., L. — l. 9 εαυτησπρ pap., supplevi. — l. 10 γορευε· ὑμ[pap. — l. 11 spatium ante χ. — l. 12—13 supplevi e. g. — l. 19 ονδεκ sscr. τ pap. — l. 23—25 suppl. L.

Viell. Kommentar zu Liedern aus Buch 4 (Lobel, POx. XXI p. 16). "The commentator seems to have had the unpleasant trick ... of sometimes or partially Attizising his quotations, so that the gain even in the way of isolated words or phrases is less than it might have been."

Beide Lieder, die hier kommentiert werden, handeln von Himmelsbotschaften: im ersten Fall ist es Peitho, die erscheint, und der Kommentator hat das Wort τρόφος im Sapphotext gründlich mißverstanden (vgl. Hesych s. v. = θρέμματα), so daß er unter Berufung auf eine andre Sapphostelle der Dichterin einen genealogischen Widerspruch in die Schuhe schiebt, der gar nicht vorlag. Peithos Epiphanie scheint im Praeteritum berichtet zu sein, dgl. ihre Worte (an „ihre" Dienerin?). — Dann scheint Sappho selbst (verm.

im Praesens) zu ihren Mädchen zu sprechen. Vielleicht teilt
sie den Inhalt der Himmelsbotschaft erst jetzt mit. Was das
Wort „Hände" gegen Schluß des Liedes soll, bleibt dunkel.
Im zweiten Stück mag Aphrodite selbst erschienen sein,
von flügelstreckenden Eroten (so Lobel) gezogen. — Solcher
Epiphanien gab es in Sappholiedern offenbar viel mehr, als
man bisher (Schadew. 153) meinte.

Zum Kommentar 90 LP. fr. 1 col. III.

17 επιτ sscr. ε pap. — 18 μεζον defendit L., μεσδον 29, 6 D.,
μεσδ[Alc. *287 (b) LP. — 21 spatium ante ευ — 25 de vocativo
dubitat L. — sine accent. pap.

Ein kurzes oder auch so allgemeinverständliches Lied (aus
Buch 4), daß der Erklärer wenig zu erklären fand: das Wort
ἀγέρωχος z. B. (mit negativer Bedeutung wie Alc. 402 LP.),
das als Zusammensetzung von ἄγαν, γέρας, ἔχω etymologisch
erklärt wird. Dann rätselt er über Sapphos Ausspruch
herum, sie selbst hätte nichts Größeres gehabt als κάλλος.
Das wird zunächst ethisch interpretiert, mit "but perhaps
she means" dann aber auch eine andre Möglichkeit zugegeben. — Wie Sappho es wirklich gemeint hatte? Sie
spricht von vergangenen Zeiten (ἦν) und ohne sich erst
bedenken zu müssen — war's dies? war's jenes? — von
dem, was für sie das Höchste war (s. S. 156). — Zwischen
diesem Satz und dem zwiefachen Wunsch (für sich selbst
Gutes, für ihre Rivalin Andromeda etwas Schlimmes), der
in ein Propemptikon (s. zu 25 D.) gehören könnte, wird im
Lied noch einiges gestanden haben. Über Andromeda
o. S. 146 Anm. 32, über Gyrinno s. zu 63 D.

Zu den „Bibliographischen Angaben" 103 LP.

Zwei Rätsel gibt dieses Fragment uns auf (s. Lobel,
P. Ox. XXI p. 23, die Rez. von Pieraccioni, Maia 5, 1952,
132 und Gall. '53, 165), das erstmals auf Papyrus etwas
aus Sapphos Epithalamienbuch bringt, und zwar die Anfangsverse von 9 Epithalamien, denen der Anfangsvers
eines Sappho-Liedes aus einem andren Buch (m. E. dem
zweiten) voraufgeht: Das eine Rätsel ist die ausnehmend
geringe Verszahl, die am Schluß angegeben wird: 130 oder
höchstens 139 Verse, wo doch das 1. Buch allein 1320 Verse
umfaßte. Das zweite Rätsel ist das, daß unter diesen
Stücken keines jener Epithalamien begegnet, die sonst ausdrücklich als Epithalamien zitiert sind (128, 6 D.; 130 D.)
oder wegen ihres Inhaltes zweifellos Epithalamien im

eigentlichen Sinn des Wortes sind. Eine Vermutung, die
diese Schwierigkeiten mindert, scheint mir jedoch möglich.
Für Einzelheiten sei auf Lobel verwiesen. Für sicher
halte auch ich, daß Z. 3 (nicht von Büchern und Oden, denn
Bücher gab es 8, resp. 9, sondern) von Oden und Versen,
zehn Oden und deren ersten Versen, handelt. Z. 14 paßt der
Balken, wie Lobel gesehen hat, besser zu dem Zahlzeichen
für 10 ($\bar{\iota}$) als zu dem für 8 ($\bar{\eta}$). Die gleiche Zahl wie in Z. 3
stand also hier: wiederum war von den 10 Oden die Rede.
Deren Verszahl wird mit 130 (höchstens 139) angegeben,
danach gesagt, daß diese Lieder — außer dem ersten --
unter dem Titel „Epithalamia" bekannt sind. Nach einem
freien Raum (wie es ihn auch bei der stichometrischen
Angabe gibt) folgt die Erwähnung „des Buches" (im
Genitiv) und die Worte: „und besser-", letzteres verschrieben und korrigiert, wobei die Verschreibung -ει statt -ι
sich noch leichter erklärt, wenn das -ι betont war. "To what
lines 18—20 refer, I do not see any hope of determining",
meint Lobel. Ich würde auch diese Angabe am ehesten auf
das Buch der Epithalamien beziehen, den Gen. dabei als
partitiven auffassen. Man darf mit Sicherheit behaupten:
die stichometrische Angabe nannte nicht die Verszahl des
Epithalamienbuches, sondern die von 9 Epithalamien plus
einem zehnten Liede (das ergäbe etwa 6 mal 12 und 4 mal 16
Verse). Es sind also streng genommen gar nicht biblio-
graphische Angaben, von der Erwähnung des Buchtitels
„Epithalamien" abgesehen. Da nun die Liedanfänge vielleicht als Ordnungsprinzip den Verlauf eines Hochzeitsfestes
anzunehmen gestatten, jedenfalls ein „Morgenlied" als
allerletztes genannt ist, so vermute ich: es ist eine Lieder-
auswahl zusammengestellt, die für die Feier eines Hochzeitsfestes geeignet sein könnte: für eine Feier, die es sich nicht
mit Prosareden genügen ließ, sondern „die schönsten Lieder
des klassischen Altertums" nicht missen wollte. Zu einem
solchen Zweck mochte es genügen, die Anfangsverse auszu-
schreiben und die Verszahl — eine nicht zu hohe! — anzugeben. Das bleibt eine Hypothese, die dazu noch in
mancher Hinsicht modifiziert werden kann, doch sehe ich
keinen andren Weg, der aus den Schwierigkeiten herausführt.
Erwähnt werden darf in diesem Zusammenhang, daß eine
Sappho-Auswahl („Ekloge"), und zwar gerade aus dem
achten Buch, bezeugt ist, wenn auch in viel späterer Zeit
(Photios Bibl. 161 = test. 85 Gall.). — An eine Auswahl der
„ode più belle" denkt auch Gall. ('53, 165), aber auch an
ein Verzeichnis „di poesie . . . spurie". Daß sich in diesen

zehn Liedanfängen kaum ein neues Bild oder eine neue, nicht schon anderwärts aus Sappho bekannte Phrase findet, ist jedoch kein Grund, Sapphos Autorschaft anzuzweifeln. Die Epithalamien sind in hohem Maße traditionell, in ihnen mögen die Anfangsverse mit ihren Götteranrufungen und mit der Nennung des Liedthemas besonders viele typische Züge aufgewiesen haben. Daß Sappho „ohne Unterlaß, wie in einem Proömium, die Göttin Aphrodite anruft", wird uns bezeugt (test. 95 Gall., o. S. 108). Diese Liedanfänge sind solche Proömien. Antike Erklärer haben in traditionellen Wendungen nichts Anfechtbares gefunden. — Proömienhaft beginnt auch der Hymenaios in Euripides Phaeton (Wil., S. u. S. 38 Anm. 1; Suppl. Eurip. p. 75 Arnim) ἀείδομεν . . . Ἀφροδίταν.

Die Übersetzung deutet an, wie ich mir die Verse etwa ergänzt denken könnte.

a) nr. 1: Der daktylische Liedanfang, am ehesten zu 14-Silblern (also Buch 2) zu ergänzen, scheint ein dramatisches Spiel mit Frage und Antwort einzuleiten: ob die Frage sich nun an Bräutigam, Braut oder an die Jungfernschaft (vgl. 131 D.) richtet? Etwa: ᾄδωμεν· τὸ γὰρ ἔννεπε δὴ προβίβαισά μοι.

b) nr. 2: Aufforderung zum Preisen der Braut (εὔποδα wie inc. a. 26 LP. v. 2, s. S. 18 und 172) und vielleicht auch des Bräutigams. Etwa: Νῦν ἀείσατε τὰν εὔποδα νύμφαν βράδινόν τε γάμβρον. Trotz Lobel ist hier nicht an eine Göttin zu denken.

c) nr. 3: Daß am Anfang -ο]τα und ein Temporaladverb zu ergänzen ist, hat L. erkannt. An einem Liedanfang würde man eigentlich erwarten: „zuerst", aber kein Wort paßt in den Vers. Wenn nicht eine praeteritio gebraucht war (und das Lied etwa von Hera handeln sollte), so könnte am Anfang etwa αἴπερ ἄλλοτα, am Schluß „ich singe" ergänzt werden.

d) nr. 4: wie 2 und 3 in großen Asklepiadeen, richtet sich wohl an die Braut. Daß am Schluß „Hebe" zu ergänzen wäre (Lobel), glaube ich in keinem Fall. Der Name Aphrodite kann im nächsten Vers (oder eine Kurzform davon in diesem Vers) gestanden haben. Viell. . . . ἐκ φρέν]ος . . . θεμένα?

e) nr. 5: ähnlich 90 D., ja, wenn man auch hier am Anfang δεῦτέ ν]υν ergänzt, bis auf ein Wort identisch. — Choriambischer Tetrameter.

f) nr. 6: In der Lücke ist nur Platz für 2 Bst. = 1 kurze Silbe (L.). War das Wort „Lieder" Subjekt, „die Sinne" Objekt? Oder letzteres Subjekt und „durch das Lied" Dativobjekt? Die Frage, die Lobel offen läßt, würde ich eher im Sinn der ersten Frage beantworten: weil φρένες, im Unterschied zu θῦμος, uns bisher nirgends bei den äolischen Lyrikern als Subjekt, stets nur als Objekt begegnet.

g) nr. 7: Die Akzentuierung vor dem Adj. bleibt fraglich: der Pap. hat]σαῖοισα, gegen]αίοισα (L.) spricht, daß das letzte α lang sein müßte (dat.?): 3 Kürzen gibt es nebeneinander in der äolischen Lyrik nie. Gemeint sein mag auch hier die Braut: wenn sie vor der Hochzeitskammer das helle Lied hört, wird es ihr eine Freude sein (od. dgl.).

h) nr. 8: Inhaltlich vermutlich ein Gegenstück zu 130a D.; wird hier der Bräutigam dem Schutz der jungen Mädchen, so wird dort die Braut dem Schutz der jungen Männer anbefohlen. Am Anfang dann viell. εὖ φυλάσσετε τὸν].

i) nr. 9: φοβαισιθεμε, das der Pap. hat, kann wegen der 3 Kürzen nicht richtig sein: entweder ist -σι‹ν› zu schreiben: das hält Lobel für "contrary to Sappho's practice (as far as we know)": s. S. 162. Oder ist das ι versehentlich geschrieben und zu streichen. Dann ergäbe der Sinn etwa "she put down her lyre and (tend)ed her hair". Nun wiegen aber beide zur Diskussion gestellten Schreibversehen keineswegs gleich schwer: Auslassung eines ν-ephelcysticum ist viel leichter möglich als Schreibung der Dativ- statt der Akkusativform. Zweitens ist es ein Liedanfang: da kann es nicht gut heißen „leg die Leier nieder", soll doch das Lied erst beginnen. Drittens aber ergibt -σι‹ν› hier das gleiche Versmaß wie in den vorhergehenden Stücken, ja, einerlei, ob dort choriambische Tetrameter oder gr. Asklepiadeen vorkamen, den gleichen Versausgang wie bei sämtlichen neun hier ausgeschriebenen Epithalamien. Drei Argumente, die recht entschieden für -σιν mit Positionslänge an unserer Sapphostelle sprechen. (Inhaltlich vgl. 80 D. στεφάνοις ... πάρθεσθ᾽ ... φόβαισιν).

k) nr. 10: λη od. δη, davor Reste von zwei aufrechten und einem von links nach rechts herabführenden Strich, zus. 2−3 Bst. Die Schlußworte hier = 15 D., doch ist die Identität ausgeschlossen. Ein Morgenlied jedenfalls am Schluß der Feier.

Zu inc. a. 27 LP. (= fr. mel. adesp. 1a D.).

v. 1 γᾶ νυν αὐτον] e. g. suppleverim — v. 2 ϑη · ϑη[ν, ϑη[ς Gall. — v. 3 τελεεοι sive .λεεοι. legit Oellacher, τελεσϑη[ν Gall. fort. πλε[[ε]]οι LP. — v. 7 ss. cadunt in]ιχω,]ων,].σο· Mit neuen Lesungen Oellachers von Gall. unter die Sappho-Lieder von Buch 1 aufgenommen; vgl. schon Körte, A. f. P. 11, 1935, nr. 797. Den Schluß der Strophe möchte man sich sinngemäß nach Hom., Il. 9, 613 (Phoinix) Ἀτρείδη ἥρωι φέρων χάριν oder Od. 5, 307 χάριν Ἀτρείδηισι φέροντες ergänzt vorstellen (auch wenn der Name im nom. pl. steht). — Trotz der Verstümmelung zeigt das kleine fr. eins sehr deutlich: nicht so sehr Bewunderung als Mitgefühl für die Heldengestalten des Mythos, ein Zug, der sich später auch in der Chorlyrik und Elegie findet und ohne den die mythischen Helden nicht später zu tragischen Gestalten hätten werden können. Die Beziehung auf Achill scheint mir die wahrscheinlichste.

Zu 6 LP.

v. 3 in marg. ⌐ — pro τρ etiam π possis — v. 6 fort. ά (L.) — v. 9 ἐτι[, ἐτη[possis, non ἐτα[ιρ (L.) — v. 10 α[, δ[, λ[, vix ν[legit L. fr. 16 D. (πότνια Αὔως, „num hiatus admitti potest propter πότνια Ἥρη, Ἥβη?" D.) mihi agnovisse videor .πότνια δ[scripsi .. "I cannot deny the possibility" L. (per litt.) — v. 11 π veri similius quam ν vel τ (L.). supplevi ex Bacch. 5, 40 χρυσόπαχυς Ἀώς — v. 13 γ, τ possis (L.) — v. 14 vel α[.]α[.

Zu v. 7/8 bietet das letzte Lied des ersten Buches, 39 D., Parallelen: auch unser Lied aus der Mitte des Buches — das Zahlzeichen für (Vers) 500 steht am Rande — war ein Morgenlied. Das könnte evtl. für alphabetische Anordnung innerhalb des Buches sprechen (vgl. Lobel, Σμ. XV), wobei nur die Aphroditeode am Anfang eine Ausnahme machen würde. — In v. 10 steht nun ein Beiwort einer Göttin; da wir andrerseits in Sapphos Morgenliedern (anders Theocr. 18, 50ff.), soweit unsere sehr dürftigen Reste zeigen, keine Anrufung der olympischen Götter finden, das nächste Wort „golden-" aber auf ein Beiwort der Eos führt (wenn auch χρυσοπέδιλλος hier ausgeschlossen ist), so liegt es nahe, hier eine Erwähnung der Göttin der Morgenröte zu sehen. Das in einen Adonius passende Sapphofr. πότνια ⟨δ'⟩ Αὔως 16 D. stützt diese Annahme: ich meine, dieses Zitat in unserem Liede wiederzufinden. Und wenn Bacchylides 5, 40 gerade Eos χρυσόπαχυς nennt, so wird man auch bei Sappho das gleiche Wort im nächsten Vers ergänzen können (mit

Strophen-Enjambement, daher wohl ⟨δ'⟩ notwendig). — Die Pannychis ist zu Ende. Da grüßen die Sängerinnen die Morgenröte.

Zu 7 LP.

v. 1 suppl. L. — v. 5 *δανέοισι*, sscr. *ν* pap. — v. 7 schol.]*το.*[. Lobel hat scharfsichtig am Anfang unseres fr. den Namen der Doricha erkannt („possibly"). Der gleiche Versschluß wie v. 5 begegnet in einem andren Lied auf diese Hetäre, die Geliebte ihres Bruders: in 25, 7 D. Hier wie dort scheint Doricha als Gefahr „für junge Leute" gekennzeichnet worden zu sein. Hier wird ihr auch Hoffart vorgeworfen. Das Wort *δαν* allerdings "brings new darkness". Dem Sinn nach scheint es = *οἶαν*, vgl. Hamm, Gramm. § 55.

Zu 9 LP.

v. 1 *λ*[, minus prob. *ν*[(L.) — v. 4 e. g. supplevi — v. 6 schol. inter lin. *ἔως ζῶ*. (*ἆς = ἔως*). pro *μ*[fort. *ν*[— v. 8]*γ* sive]*τ* — v. 9 *α*[, *δ*[(L.). Auch die Verbalform *π*]*αρχαλειοι* "brings new darkness" (L. p. 2, cf. p. 6) Gall. '53, 163 Anm. 1 verbessert zu -*ει Fοι*. Das Versmaß (sapphische Str., Buch 1) zeigt, daß dann am Anfang nur der erste Buchstabe fehlt. Über die Versicherung „solange ich lebe" o. S. 146 und S. 164 zu 88 LP.

Zu inc. a. 26 LP.

v. 1 *ἀ*]*ρηον*? — v. 2 supplevi — v. 5 .["the top lefthand arc of an circle" L.

Lobel veröffentlichte dieses fr. unter der Überschrift "Aeolic Verses?". Weder an der Tatsache, daß es Verse (Ioniker? gr. Asklepiadeen?) sind, noch an der Verfasserschaft Sapphos würde ich zweifeln: vgl. *εὔποδα νύμφαν* im Epithalamion 103 LP. (s. S. 14) und *25 LP., wo bes. v. 7]*νυνθαλα*[und v. 4]*βρα·* zu vergleichen sind: dann wird man dort *θαλα*[*μ*-, in unsrem fr. aber *ἄβ*[*ραν* ergänzen dürfen.

Zu 64a D.³ (= 86 LP.)

v. 2 *ἀπ' ὄχω*[D.³, *αἰγιόχω* LP. — v. 3 suppl. D.³ (LGred. 8) *ἔχοισα* LP. — v. 5 *κλῦθι* et *κἀτέρωτα* iam Ed. Fraenkel, Cl. Quart. 36, 1942, 56, qui v. 4 *πρόφρ*]*ον'* coniecerat — v. 8 adiungere voluit D.³ fr. *87,8 LP. *μ*]*εριμνα*[etc.

Das Überraschende an diesem Stück ist die inhaltliche Berührung mit der berühmten Aphrodite-Ode 1 D. Auch hier werden noch die typischen Elemente kletischer Hymnen kenntlich, so die Beschwörung „wenn du mir je halfst";

auch hier die Aufforderung, den derzeitigen Aufenthaltsort
zu verlassen. Die Besonderheit jener berühmten Aphrodite-
Ode, das eindringliche Vergegenwärtigen der früheren Hilfe-
leistung, scheint hier zu fehlen.

Zu Alc. 255 LP.

v. 3 *κιβισεν* sscr. *ι* pap., *ἐς κίβισιν* . . . *ἐϑήκατο* suppl. L. –
v. 5 *]γδέλε* sscr. *κ* pap., *ἐ]κ δ' ἔλε μ' ὄστια* L. — v. 7 *δέ]ρμα*
βόο[ς possis L. — cf. Hesych. *κίβισις· ἡ πήρα· Κύπριοι.*
„Praeter Callimachum poetae et scriptores hoc vocabulo
uti non videntur nisi de Persei pera", Pfeiffer zu Callim.
fr. 531 (cf. Hes., Sc. 224; Pherekydes 3 F 11 Jacoby *ἐνϑεὶς*
εἰς τὴν κίβισιν). Wegen der Selbstaussage und wegen der
Anrede v. 4 scheint es hier nun allerdings unmöglich, den
Perseus-Mythos wiederzufinden (Perseus nimmt den Graien,
den alten Hexen, das einzige, abwechselnd benutzte Auge
und den einzigen Zahn weg, bis er erfährt, wo er Tarnkappe,
Flügelschuhe und Schnappsack erhalten kann. In letzteren
wird er das Haupt der Medusa stecken). — Es bleibt eine
sehr drastische, an Archilochos (104 D.) erinnernde Aus-
drucksweise. Der gleiche Pap. bringt aber auch den Namen
der „Abanthis", spricht vom Leben der Frauen und scheint
Atthis zu erwähnen. Der von LP. neuerdings vorgenommenen
Zuweisung dieser Stücke (= P. Ox. 2299) an Alkaios kann
ich nicht zustimmen. Lobel selbst hielt anfangs (P. Ox. XXI
p. 61 s.) Sapphos Autorschaft für wahrscheinlicher.

Zu Alc. 256 LP.

vv. 2. 3. 5 suppl. L. — v. 7 *ωδεφ* sscr. *δο* pap. — v. 14
e. g. *οιρωφ* L.
Oft spricht Sappho von „ihrem Sinn", vgl. bes. den Komm.
*90 LP. fr. 4,4 *]νοημμαα[*; vgl. 23 D., 108 D. u. ö. Das Subst.
νόημμα mag sehr wohl auch als geistiges Organ, das den
Schmerz empfindet, genannt sein. Der Wortgebrauch ist
nicht mehr in allem der alte, 'homerische' (vgl. Snell, Entd.
d. G. 75). — Den Anlaß wüßten wir, wenn das Subst. zu
τόνδε v. 6 erhalten wäre (*γάμον?*). Der Name von Sapphos
Lieblingsschülerin Atthis begegnet noch in manchen neuen
Stücken: *8 LP. *].ν.ο.[*, *]αμφ.[*, *Ἄ]τϑι· σο.[*, *].νέφ[* und im
Kommentar *90 LP. fr. 10a, 15 *]Ατϑιδος*, vgl. *10b, 2
]ϑιγλυ[.

Zu Alc. 257 LP.

v. 2 *πρόσσδε* sscr. *ϑ* pap. — v. 5 *ῶς* pap. — Schol. sub
v. 6 *πρόσϑενεμενδα[*.

Warum v. 7 ff. eingerückt ('in Eisthesis geschrieben') sind, bleibt unerklärt. v. 1 scheint ein Gleichnis — ein Glanz-vergleich, viell. des Mondes? — zu beginnen mit dem „Wie-wenn-Satz“, v. 5 mit einem „So-Satz“ zu schließen: es wäre das erste Gleichnis homerischer Art bei den äolischen Lyrikern (vgl. Dietel). Zu v. 4 vgl. 82,5 D.]ἄβροις ἐπιχημ[(o. S. 69).

Zu Alc. 263 LP.

v. 2 fort. β — v. 4]λι,]απ possis. alterum σ del. (L.) — v. 5 fort.]κ — v. 7 α[, λ[, δ[? — v. 8] δε possis, α[veri sim. — v. 9 fort.]χ — v. 11]γ,]τ? — v. 12 νονν sscr. [.]ε pap.

Von etwas Staunenswertem spricht auch Alc. *262 LP.].υμμ[,]νυν[,]θαυμα[, (m. E. Sappho), vgl. Alc. *259(b) LP.]θάμβ[. Bestaunt wird, so scheint es, die Schönheit eines Mannes. Viell. ist es ein Hochzeitslied (vgl. 49 D.). Alc. *268 LP., m. E. ebenfalls ein Sapphofr., (v. 2]όλβιο[, v. 4]παιδ.[) enthält eine Seligpreisung, vgl. ὅ]λβον S. *85 LP.(a), wie sie in Hochzeitsliedern üblich waren. v. 5 unseres Liedes könnte in scherzhafter Übertreibung die Größe des Bräutigams meinen.

Zu Alc. 259 LP. col. II.

v. 9 in. fort.]ει — v. 10 fort. μενποτ, tum "an upright with foot turning out to left" L. — v. 13 ηχες sscr. et del. κ pap., suppl. L. — v. 17 α[.'], d[.'], λ[.'] possis et post hanc lacunam ρ veri sim.(L.).

Links neben v. 8—10 steht das zur verlorenen col. I gehörende Myrsilosscholion (s. S. 21). Ein Ausspruch wie κόσμω(ι) κῦδος ἔχην fügt sich aufs beste in ein Gesamtbild einer adligen, auch auf äußeren Putz bedachten Frauenwelt. Aber was soll der Satz: „du hattest Pferde“ in diesem Zu-sammenhang? Trotz der „rossenährenden Trift“ (5/6 D.), trotz eines Mädchennamens wie Telesippa (vgl.*87 (17) LP.,5]εσιππ[), trotz der Aufforderung des Alkaios πόσιν ἱππο[ισί τε . . .] ἀνέλθετε (*34 (b) LP., 9 ff.) bleibt das unerklärlich.

Zu Alc. 261 LP. col. I.

v. 7 schol. marg. σαν αντιστροφος (pro τὸ ἀντίγραφον? L.)

v. 3 vermute ich φιλ]α κεφάλα, eine emphatische Anrede, die es schon in der Ilias dreimal gibt; vgl. allg. Van Hook, On the idiomatic use of κάρα, κεφαλή and caput, Hesperia Suppl. 8, 1949, 415f. Vor dem Mädchen mit Apfelwangen ist Aphrodite angeredet. Solche Art von Doppelanreden (Gott und Mensch) scheint dann möglich. Die im letzten

Vers noch mit „Abanthis" Angeredete scheint Gongyla zu
sein: vgl. 36 D. Nun soll Gongyla aus Phokaea stammen
(Suid.). Vielleicht gelingt es einmal, dort ein Adelsgeschlecht
der Abanthen (mit -th-!) nachzuweisen. — Tanzen soll die
liebliche Gongyla. Das Dasein als Frau (vgl. v. 6) wird
anders sein. — Daß ich diese Stücke — trotz LP. — nicht
dem Alkaios zuweisen kann, wird man begreifen.

Zu Alc. 261 LP. col. II.

Jeder Versanfang enthält ein Farbwort oder Glanzwort!
An eine "description of some work of art in a temple"
dachte Lobel. Aber Altäre stehen im Freien. Kyanos (dklbl.
Glasfluß), aus den 'homerischen Palästen' bekannt, kann
nicht bei einer Statue Verwendung finden. Es wird doch
wohl eher ein Stück Naturschilderung sein (*κυάνεος* viell.
dann vom Wasser gesagt, vgl. *splendidior vitro* Horaz,
Oden III 13, 1).

Zum Myrsilos-Scholion Alc. 259 LP. col. I.

s. S. 144. Die Zuweisung dieses Pap. an Sappho ist nicht
völlig sicher, doch aber m. E. wahrscheinlich.

Zu 25a D.³ und 149a,b D.³.

Kenntlich ist im ersten Stück nur der Name der Gyrinno
(vgl. 90 LP. col. III, o. S. 14 und zu 63 D.). In 149b D³
scheint Sapphos Rivalin Gorgo genannt zu sein: s. zu 213 LP.
(o. S. 165) und zu 63 D. Diesen Mailänder Papyros dem
Alkaios zuzuweisen erwog Vogliano; vgl. Snell, Gnomon
1939, 531; LP. sehen keinen Grund, ihn überhaupt einem
äolischen Dichter zuzuweisen. Daß v. 7 die Worte nicht „o
Volk" heißen können, auch wenn das fr. dem Alkaios gehören
sollte, sei für alle Fälle gesagt. Vgl. Wackernagel, Über einige
antike Anredeformen, Göttingen 1912, 14.

DAS ERSTE BUCH

Das Versmaß: sapphische Strophen (vgl. Schol. metr.
Pind. Pyth. 1 p. 5, 20 u. a.)

Zu 1 D.

]ιχιλοθρο[,].[']..δ.λ[,]αϱαισι[,]ιαθῦ[,]ατύιδέλ[,]σέμασάν[,
[λυες· πατϱο[,]ϱυσιον· ηλθ[,]μυπασδε[,]χεεϲστϱοῦ[,]χναδίγ[,
]ϲδιαμεσσο[,]γαδεξίχο[,]μειδιαι[,]ϱεοττ[,]υτεχ[..]η[,]ωττί[,
]αιγόλαι[,]..άγη.[,]πγ[,]ιγ[pap., v. 19 ante *άγη*: "the first
visible sign seems necessarily to be the top of *ψ* or *φ* and

there is no room between this and the next, which seems to represent σ'. The missing letter — there could scarcely have been more than one — ... must ... have been a vowel. I can suggest nothing within the conditions but ἄψ σ'. τίνα δηὖτε πείθω ἄψ σ' ἄγην ἐς Ϝὰν φιλότατα is not unacceptable in itself but it necessitates a change ... (Ϝὰν for σὰν) and the neglect of the stop which seems to be recorded in this manuscript after σ" L. v. 19 μαισαγηνεσσαν et καὶ σαγην codd., μαῖς Bergk, μαισ(αι) Buecheler; locus, ut nunc apparet, nondum explicatus. .].σ et πείθω LP. — v. 24 κωυκεθέλουσα, κ' ὠυκ' ἐλέλοις· codd., κωὔκι θέλοισα L., κωὔκ ἐθέλοισα LP.

Das neue Papyrusbruchstück bringt außer dem noch ungelösten Rätsel v. 19 dank der Interpunktion einen Beweis dafür, daß im Altertum das Wort „golden" v. 8 auf „Haus" (vgl. 154 D.) bezogen worden ist, was Reinach u.a. angenommen, Wil. aber sehr energisch bestritten hatte (S. u. S. 45 Anm. 1: wer das tue, „hat kein Gefühl für griechische Wortstellung").

Als schönstes Sappholied war diese Ode an Aphrodite, das einzige vollständige Lied unserer Dichterin, das wir besitzen, an den Anfang der alexandrinischen Buchausgabe gestellt. Die Form knüpft an die traditionellen kletischen Hymnen an: Prädikation der Gottheit: vgl. die reichen Beiwörter, von denen ποικιλόθρονος auf einen bunten Stuhl eines Kultbildes (Wil., S. u. S. 44, Schadew.), aber auch auf Blumen (Aly, RE I A 2375f.) bezogen worden ist; vgl. aber auch Risch, Glotta 33, 1954, 193 zu θρόνα = Stickereien), Aretalogie mit dem beschwörenden „so wahr du mir einst geholfen hast" (vgl. 64a D.³ [s. S. 18 und 172], Hom., Il. I, 39; 10, 284ff.; Soph., O. T. 162) und Gebetsbitte; zu dieser Form der kletischen Hymnen vgl. Norden, Agnostos theos. Aber aus der alten Form wird bei Sappho etwas ganz Besonderes. Die Gebetsbitte nennt zunächst, was nicht geschehen möge, dann — als positiven Wunsch — nur das Eine, Dringendste: „Komm!", um danach sich ganz tragen zu lassen von der Erinnerung an einst erfahrene Gnade. Wie die Göttin Aphrodite Sappho einst erschienen ist, das vor allem wird wieder lebendig und gegenwärtig: in detaillierter Schilderung am Anfang, während mit dem Moment des plötzlichen Erscheinens der Göttin (vgl. Grassi, St. it. 1949) nur mehr das lächelnde Antlitz der Göttin sichtbar wird, dafür aber ihre tröstenden Worte, eines um das andere, vernehmbar werden. Und die Göttin spricht, wie nur Götter sprechen können, denen es ein Leichtes ist, alles in sein

Gegenteil zu verwandeln. Wenn dann die Schlußstrophe die
Wiederaufnahme und den Schluß der Gebetsbitte bringt,
ist die Not des Herzens wohl immer noch schwer, aber doch
nicht so peinigend wie am Anfang (die Übersetzung vergröbert, um das kenntlich zu machen). Ein Atem durch-
zieht das ganze Lied. Nirgends in den sieben Strophen ein
Absatz, der einer Interpunktion bedürfte. Aber bei dieser
großen Geschlossenheit vollzieht sich fast unmerklich doch
eine innere Bewegung im Liede, und die 'Grundstimmung'
ist nicht ganz die gleiche am Schluß wie sie am Anfang war.
(Vgl. Fränkel 71 ff.; Pfeiffer '29, 144 f. u. a.).

Zu 2 D.

v. 3 ἀδύφων· σαῖς cod. P, corr. Neue — v. 5 μὴ ἐμὰν cod.
P, em. Lobel — v. 7 ὡς γὰρ ἴδω cod. P, εἰσίδω Herm., corr.
L. βρόχεώς cod. P, distinxit Tollius. φώναισ' (inf.) Danielsson,
L., LP. — v. 8 ἴκει possis — v. 9 ἀλλάκἀν cod. P, ἀλλὰ κἀμ
apogg. ἀλλ' ἀκὰν μὲν Lobel-Page (LP.). πέπαγε ci. Cobet —
v. 13 ἔκαδε μ' ἰδρ ὡς ψυχρός cod. P, ἀ δέ μ' ἰδρὼς (fem.) κακός,
An. Ox., ἐκ δέ μ' Gall., Chantraine, κὰδ δὲ Ahrens — v. 15
πιδεύσην cod. P, em. Hermann — v. 16 φαίνομ' ἔμ' αὔται
P. Flor.

Das Thema dieses, vor allem durch Catulls Nachdichtung
(51) bekannten Liedes hat Sappho mehr als einmal behandelt: vgl. 3 D. φαίνεταί Ϝοι, 24 D. und 29 D.

24 D.]θε θῦμον   29 D. [Π]άν κε δ[
      ]μι πάμπαν   [ἐ]ννέπην [
      ]δύναμαι·   γλῶσσα μ[
      ]   μυθολογη[
      ]ᾶς κεν ἦι μοι 5
      ]ἀντιλάμπην   κἀνδρι.[5
      ]λον πρόσωπον   μέσδον [
      ]
      ἐ]γχροΐσθεις·
      ].[..]ρος

Von den neuen Stücken vgl. 74 (c) LP. (aus der Nachbar-
schaft von 74 D.)]αςϊδρω[,].vζάδ.[,] εν[und den Liedanfang
99 LP. col. II, falls dieser Papyrus nicht mit Snell eher dem
Alkaios zuzuweisen ist: ωνηρ[, και φαι.[, ταιςπα.[, ακρωδ[,
φοιται.[, ..ταισε[,].·], ξῦσα[, αντανε[, αγκωνα[, εκπᾱισ'ο[,
ουτο[, ταν[, ωσδ[, αιμ'ο[, πίκ.[, ...[, ...[, ενο[.]δα.[, αναδεσ[,
καχ πτ.[, ωπαιδ[, ημαν[.

Catull (zuletzt darüber D. Braga, Catullo e i poeti Greci,
Messina-Florenz, 1950, 45 ff., Lit. bis 1947 auch bei

H. Fuchs, Mus. Helv. 4, 1947, 181 Anm. 91) hat, auch wenn wir von seiner selbstkritischen Schlußstrophe absehen, manches anders wiedergegeben:

> *Ille mi par esse deo videtur,*
> *ille, si fas est, superare divos,*
> *qui adversus sedens identidem te*
> *spectat et audit*
>
> *dulce ridentem, misero quod omnis*   5
> *eripit sensus mihi, nam simul te,*
> *Lesbia, aspexi, nihil est super mi*
> *‹vocis in ore›*
>
> *lingua sed torpet, tenuis sub artus*
> *flamma demanat .sonitu suopte*   10
> *tintinnant aures, gemina teguntur*
> *lumina nocte.*
>
> *Otium, Catulle, tibi molestum est:*
> *otio exultas nimiumque gestis.*
> *Otium et reges prius et beatas*   15
> *perdidit urbes.*

„Alle Sinne" steht als Zusammenfassung bei ihm am Anfang, ἱδρώς ist durch ein andres Motiv ersetzt, *sonitu suopte* erklärt, *gemina . . . nocte* steigert (vgl. Snell '31), um nur einiges hervorzuheben. Die Annahme von Cobet, Sappho hätte πέπαγε geschrieben, weil Catull *lingua . . . torpet* hat, ist allein schon deshalb nicht ohne weiteres überzeugend, überdies aber durch das in tmesi stehende κἀμ (= κἀτ) ausgeschlossen („probabiliter, si abesset κἀμ" L. ad l., cf. Σμ. intr. XXXII), während andrerseits die Überlieferung mit ἔαγε — vgl. den Hiat ὑπὰ ἔργον Alc. 54,7 D., der nicht ganz leicht zu beseitigen ist — durch Lucrez 3, 154ff. gestützt wird: *sudoresque ita palloresque existere toto | corpore et infringi linguam vocemque aboriri |, caligare oculos, sonere aures, succidere artus* (vgl. Ferrari, St. it. 14, 1937, 139ff.: singuläre Bedeutung von *infringere vocem*; Bailey im Komm. z. St., anders Heinze, Lucr. III. Buch, S. 71).

Von Versuchen, in v. 7 einen Mädchennamen zu ergänzen oder den letzten Vers zu streichen, will ich schweigen. Geheilt ist dieser Vers bisher nicht, auch durch Wil. nicht, der v. 16 den Mädchennamen „Agallis" ergänzt und den Schluß in ἐπεὶ καὶ ἦι τά emendieren wollte (s. u. S. 57f.; ἐπεὶ πεδήῃσθα Stanford, Hermathena 1942). Für v. 16 brachte i.J. 1965 der von Manfredi edierte P. Flor. (Komm.?) mit schlichtem φαίνομ' ἔμ' αὔται die Lösung (s. Add.).

Das Lied ist aller Wahrscheinlichkeit nach ein Hochzeitslied, enthält doch der erste Vers eine Seligpreisung (Makarismos) des Mannes, wie sie in Hochzeitsliedern üblich war,

auch in Form von Göttervergleichen (vgl. Snell '31). Der
Annahme, am Schluß sei dann noch eine Begrüßung des
Brautpaares enthalten gewesen und schließlich herzliche
Abschiedsworte, vermag ich mich nicht anzuschließen. Ein
ganz persönliches Hochzeitslied braucht nicht in allem den
traditionellen Epithalamien zu folgen. Ob die ungemein ein-
gehende Pathos-Beschreibung, als solche das Muster für
alle Folgezeit, namentlich für die Rhetorik (vgl. Turyn,
Studia Sapphica u.a.), Sapphos Eifersucht ausdrücken soll
oder indirekt den Preis der Schönheit des Mädchens, ist
unendlich oft diskutiert worden. Da uns der Schluß nicht
erhalten ist, wissen wir das Wichtigste nicht. Gott Eros
aber hat vielerlei Gestalt, er ist γλυκύπικρος und ἀλγεσίδωρος
(172 LP.). Dankbar müssen wir dem anonymen Autor der
„Schrift vom Erhabenen" sein, daß er vom Text mehr aus-
schrieb, als für sein Vorhaben nötig war (bei dem es auf die
σύνοδος παθῶν ankam, woran sich die richtige Beobachtung
anknüpft über die Objektivierung dieser Beschreibung:
πάνθ᾽ ὡς ἀλλότρια διοιχόμενα ἐπιζητεῖ, Kap. 10,3). Die letzten
Worte nämlich lassen gerade noch erkennen, daß das Lied
von todesnaher Hilflosigkeit den Weg zur Bescheidung und
Fassung fand und damit auch zeigte (ἔναντ[α und τ]όλμᾶν[
auch 34 b D.; τόλμ[*87 (11) LP. ist kein Aufruf zu einem
„Wagnis", sondern zur τλημοσύνη). Zuletzt ist dies Lied
interpretiert worden von Fränkel (D. u. Ph. 238f.): „Die
Lieblichkeit der Braut setzt sich in Liebe um: in die Realität
von Sapphos heißer Liebe zu ihr ... In den Erscheinungen
wird die Sache selbst gefunden ... Die Erschütterungen ...
sind für sie nicht 'Symptome' ..., sondern sie sind Liebe ...
Sappho meint nicht mehr, als was sie sagt."

Zu 3 D.

Die Versuche (Gall., Riv. 1942, 113ff. u.a.), diesen wegen
des Pron. d. 3. pers. Ϝοι zitierten Vers in 2 D. einzusetzen,
scheitern m.E. daran, daß dort Catull μοι las. Ähnliche aber
doch nicht identische Verse sind ja auch 25, 5 D. ~ 26,5 D.;
32, 6 D. ~ 65 a 3 D.

Zu 4 D.

v. 1 σελάναν (corr. B.) — v. 2 ἀποκρύπτουσι (corr. Ahrens),
φαεινόν (corr. Scaliger) cod. — v. 3 ὁπότ᾽ ἄν Eust., Anecd.
πλήθησι et λάμπει Anecd. — v. 4 suppl. Neue (cf. Hom., Il.
7, 1, Aristid. or. 13,105) — v. 5 Iulian., epist. 19 Σαπφώ ...
τὴν σελήνην ἀργυρέαν φησὶ καὶ διὰ τοῦτο τῶν ἄλλων ἀστέρων
ἀποκρύπτειν τὴν ὄψιν (ἀργυρίαν Bergk).

Daß dieses ganz unhomerische Naturbild ein para-taktischer Vergleich ist (s. S. 141), nimmt auch Fränkel an (D. u. Ph. 244 Anm. 21; ders., Homerische Gleichnisse 34).

Zu 5/6 D.

v. 2 κατιουσα ostr. — v. 3 δεῦρυ Pf., ναυγον ostr., em. L. — v. 5 μαλίαν Schubart, -ίδων et ἔνι Pf., δεμι ostr. — v. 6 em. Pf. — v. 7 corr. Norsa — v. 8 μαλίνων Hermog. — v. 9 κισκιασταιϑ ostr., ἐσκίαστ᾽ edd. ad unum fere omnes, correxi — v. 10 κατιρρον ostr., καταγριον leg. LP., κατάορει Hermog., κατέρρει Pf., κατέορον Rehm (ap. Pf.), κὰτ ἷρον Norsa — v. 12 πϕρ legit Norsa PSI, ἠοίνοισι Schubart, Siegmann. τωτ ... υριννοις LP. ἄηται LP. — v. 15 ενϑα ostr., ἐλϑέ Athen. — v. 16 ακρωσεμμει ostr., συμ — Athen. — v. 18 οινοχοεισα ostr., οἰνοχοοῦσα Athen., οἰνοχόαισον Theiler, LP. — Augmentlose Formen bei Sappho sind z. B. ἀμειβόμαν, ἐκ δ᾽ ἔλε, ὀλόλυσδον, γέννατο, nicht bisher bei iterativen Verben belegt, wo Latte sie für „allein zulässig" hält (Mus. Helv. 1947, 144 Anm. 9).

Durch Schriftstellerzitate waren mit einigen Auslassungen Str. 2 (b. Hermogenes) und Str. 5 (b. Athen.) bekannt, als Medea Norsa i. J. 1937 den Text auf einer Tonscherbe (= Ostrakon) ptolemaeischer Zeit (2. Jh. v. Chr.) entdeckte. Seither hat das rasch berühmt gewordene Florentiner Sapphoostrakon die Interpreten immer wieder beschäftigt (Lit. und Photographie b. Medea Norsa, PSI XIII nr. 1300). und wenigstens ahnen können auch wir, warum dies Sappho-lied im Altertum offensichtlich sehr beliebt gewesen ist. Leider bleibt einzelnes in dem fehlerhaft — viell. nach Diktat — geschriebenen, schwer lesbaren Text immer noch unklar; nicht weniges ist durch Lobel, Pfeiffer u. a. emendiert. Zum schlichten Stil der Beschreibung (mit ἔνι) kann man sogar die Beschreibung des Artemis-Heiligtums in Xeno-phons Anabasis vergleichen (V 3, 11 f.): ἔνι δ᾽ ἐν τῷ ἱερῷ χώρῳ καὶ λειμὼν καὶ ὄρη δένδρων μεστά, ἱκανὰ σῦς καὶ αἶγας καὶ βοῦς τρέφειν καὶ ἵππους ... περὶ δὲ αὐτὸν τὸν ναὸν ἄλσος ἡμέρων δένδρων ἐφυτεύθη ... Fraglich bleibt vor allem (und von Schubart, Phil. '48, 312 wird in Abrede gestellt) die Er-wähnung der Kreter (ΚΡΗΤΕΣ oder ΚΡΗΤΑΣ) und in der letzten Strophe steht ἔνθα (ostr., Pfeiffer, LP.), das sich mit homerischen Parallelen stützen läßt, gegen ἔλθε zur Wahl (Athen., M. Norsa). Im erstgenannten Fall muß irgendwo ein Imperativ folgen; v. d. Mühll ändert das letzte Wort in einen solchen, aber da ist das Part. überliefert (anders LP.). Eine Nachprüfung und Erweiterung verdienen Riviers Beobachtungen (Mus. Helv. 1948, 227 ff.) über elidierte und unelidierte Pronominalformen in Abhängigkeit von der Stellung zum Verb.

v. 12 hat Schubart (Herm. '38, 300 f.), da κατιρρον (ostr.) und καταρρεῖ (Hermog., äol. müßte es καρρέει lauten) nicht richtig sein können, nach Pfeiffers Vorgang in κατέρρει bzw. (mit Rehm) in κατέρρον geändert, nun aber diesen Ausdruck verstehen wollen: „der Schlaf geht weg" („man wird frei von der Schläfrigkeit des Mittags"). Aber Erinna fr. 1, 2 D. τὸ δὲ σκότος ὄσσε κατέρρει = „kam herab auf", für hom. κάλυψεν (vgl. Bowra, Greek Poetry and Life, Oxf. 1936, 336) bietet eine gute, für Schubart allerdings unbrauchbare Parallele. Zudem ist κῶμα nicht κάματος (dies in 44 D.). Eine weniger sichere, von Cataudella entdeckte Parallele aus Gregor v. Nazianz XIII 6 καλὸν ἀπ᾽ ἀκρεμόνων κῶμα χαριζόμεναι für „facendo scendere sopore" ist dann auch hinfällig. — Zu den rein philologischen Argumenten seien einige stilistische oder ästhetische gestellt, deren Tragfähigkeit man prüfen möge. — Was verschwindet, pflegt sonst in der Lyrik um des Neuen willen erwähnt zu werden, das eingetreten ist: z. B. „Der Winter ist vergangen, schon lacht des Maien Schein" (vgl. Alc. P. Ox. XXI 2301 fr. 1 a). Hier folgte nichts dergleichen. Daß aber auch nur ein Ausdruck bei Sappho den gegenteiligen Sinn impliziert und e contrario zu verstehen ist, stelle ich strikt in Abrede. Ungekünstelte Lyrik erwähnt auch nichts Belangloses. Indem sie etwas erwähnt, führt sie es uns vor Augen, ja, stellt es in die Welt, nicht aber schafft sie es aus der Welt. Was dann weiter aus all diesen poetischen Geschöpfen oder Motiven wird, kümmert sie wenig. Nur einiges greift sie nochmals auf, das übrige hat ein Dasein gleicher Art wie das lyrische Lied selbst. Es ist da und hat eine Weile Dauer; eine Weile nur, aber doch auch dann noch, wenn das Wort·schon verklang und nur der Nachhall blieb.

Zu 7 D.

καὶ Πάφος ci. Bergk, L., LP. ἀ πάνορμος Casaubonus (ex Alcm. 35 D. καὶ Πάφον περίρρυτον).

Von Strabo als Beispiel für das sog. σχῆμα καθ᾽ ὅλον καὶ κατὰ μέρος genannt, was nur für die zwei ersten Namen zutreffen kann (Paphos = Stadt auf Kypros). Ob mit Panormos das sizilische (= Palermo) gemeint ist, bleibt unsicher (vgl. Ziegler, RE 18, 2, 661 Anm. 1). Immerhin war das die bedeutendste Stadt dieses Namens. Der Vers stammt aus einem kletischen Hymnos: vgl. Horaz, Oden I 30, 1 f. *O Venus regina Cnidi Paphique, sperne dilectam Cypron.*

Zu 8 D.

επιδωμον cod. A, em. Bekker et Bergk. — v. 2 non recepit L. Bergk vergleicht Philostrat, imag. 2, 1 und schließt auf ein Opfer für Aphrodite (ohnehin wahrscheinlich).

Zu 9 D.

v. 1 χρυσοστέφαν' cod. A, alii codd. alia (χρυσὸς αἴθ' οὕτως, γενοίμην χρυσός αἴθ') — v. 2 λαχοίην codd., corr. Bergk, -οι- LP. πάλον ‹ ͜ ͜ ͜ › Bekker.

Über Lebenslos und losen vgl. A. p. 118 und Maia 2, 1949, 232 ff.

Zu 10 D. und 193 LP.

v. 1 εμετιμιαν cod. A, em. Bergk — v. 1 — 2 ερτατα cod. A, em. I. Voss.

Wie 58 D., 59 D., 68 D., 109 D. ein Zeugnis über Sapphos Auffassung ihrer Dichtkunst (vgl. allg. Snell, Entd. d. G. 284. 288). Für Sappho ist die Kunst ausschließlich göttliches Geschenk, nicht eigenes Können.

Zu 11 D.

ἐμαῖς cod. A, ἔμαισι Seidler, displicet dat. ἑταίραις, unde ταῖς . . . τέρποντα Hoffmann, τέρποισα Sitzler, τέρπνα cod., est fragmentum incerti libri secundum L.

Daß mit der Annahme „kurzer" Dativformen sämtliche ungelösten Schwierigkeiten sich lösen würden, sei vermerkt. Vgl. zu dieser grammatischen Frage Page, Cl. Quart. 1936, 12, der keineswegs apodiktisch urteilt, wie es viele andre tun.

Zu 12 D.

v. 1 κάλαις ὔμμιν νόημα cod., corr. L. Oft spricht Sappho (nicht Alkaios u. W.) davon, wie ihre Sinnesart beschaffen, was für ein Mensch sie ist, gelegentlich auch über den Charakter andrer Menschen (z. B. 70, 4 D. κακότροπ', 71a, 7 D. τρόπον). — Allg. vgl. W. Marg, Der Charakter i. d. frühgr. Dichtung, Würzburg 1938.

Zu 13 D.

ἐγένετο cod., corr. Boeckh. ἔγεντ' ὁ L. ‹δὲ› Neue, ‹δὴ› D. Von sterbenden Tauben gesagt, wobei „sterbend" sich aus der Textverbesserung W. Schulzes ergibt, der in den Pindarscholien ἐπὶ τοῦ ἐναντίου in ἐπὶ θανάτου ändert: aber auch das nachempfundene Wort vom Erkalten führt darauf. Bei welcher Gelegenheit Sappho hiervon gesprochen hat, können wir nicht ahnen.

Zu 14 D.

ἐπιπλάζω = *ἐπιπλήσσω.* v. 1 *ἐπιπλάζοντες ἄνεμοι ἀντὶ τοῦ ἐπιπλήσσοντες* Herodian. Der sonst so zuverlässige Grammatiker hat das Part. als nom. aufgefaßt, also wohl die Dualform *-ζοντ(ε)* angenommen (zum Dual bei den Äoliern vgl. A. p. 125 f.). Demgegenüber wird doch wohl der acc. *-ζοντ(α)* zu verstehen sein: „den Draufschlagenden", „den, der mir zusetzt". Daß die Winde ihrer Gegnerin etwas Böses bringen mögen, wünscht Sappho in dem neuen fr. 90 LP. col. III 21 f. „Winde und Sorgen" sagt das homerische Epos niemals; für die Zeit der Lyrik ist 'Konkretes' und 'Abstraktes' gleichwertig, und was der Mensch in seinem Inneren empfindet, ist gleich mächtig wie das, was von außen ihn überfällt.

Zu 15 D.

Ähnlich lautete, wie wir jetzt wissen, der Anfang eines sapphischen Epithalamions 103 LP., 13 (s. S. 16 und 170).

Zu 17 D.

v. 2 *ἐκάλυπτε* om. Pollux. — Zu *μάσλης* „(gefärbtes) Leder", hier „Schuh", und zwar lt. Hesych purpurroter Schuh, vgl. E.-M. Hamm, Glotta '52, 43, wo jetzt Alc. P. Ox. XXI 2295 fr. 4, 12 = 143 LP. *μάσλητ[* nachzutragen ist.

Zu 18 D.

v. 1 *τινα* cod., corr. Ahrens — v. 2 ‹*μᾶλλον*› B.; *φίλησθα* L., sed *πόησθα* in pap. Bouriant 8, 4, 23 (Lobel, Archiv f. Papyrusf. 10, 1932, 1) contulit D.

Zu 19 D.

ὄπταισ' ? L. — Wohl von der Liebe gesagt, die einen „schmort". Drastisch sind auch die an Archilochos gemahnenden Ausdrücke Alc. 255 LP. (s. S. 19 und 173): „nahm mir die Knochen heraus".

Zu 21 D.

Vgl. 132 b D. und 107 D. m. Erkl. Für den Adoniskult bei den Griechen sind diese Sapphofr. die ältesten Zeugnisse; vgl. auch Hesiod, fr. 32 Rz.³.

Zu 23 D.

v. 2 μέν τ(οι) Maas, KZ 56, 1928, 137; μέντ' L., D., μέντ'
pap., τ fort. alt. man. επ[L., ἐπτ[D. — v. 3 suppl. Blass.
etiam ε[, ϑ[possis — v. 4 ᾿λοις· pap.; λύπηις L., λύπη;τέ
pap. — v. 5]μ' όν pap., εἰς ἔμ' suppl. D. — v. 7 s. suppl.
Blaß, qui pergit μ[αλάκως πρὸς ὄργαν σὰν].]᾿αν pap. —
v. 8 κ' όν pap. I (fort. recte οὔ κ' οὔτω significans, cf. coniunc-
tivum διάκηται), ουκ pap. II — v. 10 [ἀλλὰ] μὴ D. — v. 16
extr. καλεσσ-] D. δοιάσαι = διστάσαι, βουλευσασθαι Hesych.
Diehls Vermutung (add.), auch dies Lied sei wie 25 D., 26 D.
an den Bruder gerichtet, hat wegen der Wiederkehr ähnlicher
Motive viel für sich (vgl. Schadew. 156); nur steht in v. 14
ein fem. pl. ἀτέραις. Zur Selbstaussage v. 8f. vgl. zu 12 D.

Mahnung und Überlegung spricht hier aus jeder Zeile:
nichts, soweit wir sehen können, was den modernen Leser
als „poetisch" berühren würde. Vgl. aber auch das neue
fr. 88 LP. (s. S. 8 und 164). Es geht um einen Menschen
und seinen Lebensweg.

Zu 25 D.

v. 1—2 suppl. Diels, Wil., v. 3 edd. pr. — v. 4 πάντα
Jurenka, κῆνα D. θην· pap. — v. 5 ~ 26, 5 D. — v. 7 κώνίαν
Blaß, παμόναν Jurenka — v. 8 εις· pap., suppl. Blaß (μήποτα
edd. pr.), in dubium vocavit Schubart — v. 10 suppl.Wil. —
v. 12 μ incert. secundum L., fort., ν, η, π. — v. 13 τοκεγχρω,
post ω vestigia atramenti pap., κ' ἐγ χρῶ edd. pr., κέγχρωι
Bolling ap. L. — v. 14 ᾿]αι pap., [λαϊ] edd. pr., „vix sufficit
spatium" L., qui γ[ορί] proposuit — v. 15 δ' αυτ' pap. —
v. 16 ἄ]κρω[ι] ?ego, μά]κρω[D. — v. 17 extr.]οι,]ει,]σι,]θι
possis L. — v. 18].ψ[.]ν· legit Milne — v. 19 adv. ἔκτος]
sim. proposuerim.

Ein Propemptikon (= Gebet um glückliche Reise) für
den leichtsinnigen Bruder Charaxos: so, mit z. T. wörtlichen
Übereinstimmungen, auch 26 D. (das seinerseits in v. 6
~ 31, 4 D. ist). Weitere Propemptika sind: Archilochos 79
D. (in Gestalt eines Fluchgedichtes wie Horaz, Epod. 10),
Solon 7 D: Alc. P. Ox. 2301 fr. 1a = 286 LP.; Theocr. 7,
52ff.; Callim. 400 Pf.; Cinna, Propempticon Pollionis
(1 Morel); Horaz, Oden I 3; Ovid, am. II 11; Statius Silv.
III 2, — eine alte, nicht erst von Sappho geschaffene
Gattung! Von Anfang an beschränkt sich im Unterschied zu
kletischen Hymnen die Götteranrufung dabei auf eine Anrede, evtl. mit Apposition (vgl. Hom., Od. 3, 60f.), ohne die

beschwörende Formel „so wahr du mir einst halfst" und ohne ausführliche Aretalogie: 28 D. gehört (trotz Theander, Eranos 41, 1943, 144ff.) schon deshalb m.E. nicht hierher. Später (Callim., Horaz) genügt sogar eine Anrede an das Schiff. Um so ausführlicher ist der Gebetswunsch ausgesprochen. Vgl. allg. Bowra 229f., Schadew. 134ff., zu unsrem Stück noch Schubart, Phil. '48, 313. —

Sappho wünscht etwas für den Bruder, für seine Freunde, für seine Feinde (vgl. Hom., Od. 6, 185 πόλλ' ἄλγεα δυσμενέεσσιν χάρματα δ' εὐμενέτῃσιν. Theognis 871f.; Eurip. (?), Peirithoos P. Ox. 2078 fr. 2/3, 37 ἐχθροῖσι δ' ἐχθρά[ν καὶ φίλοισι]ν εὐμενῆ; Callim. 194, 98f. Pf., s. S. 157), etwas auch für sich selbst: aber dies beschränkt sich auf das θέλοι: alles, was sie sich wünscht, ist, daß der Bruder gewillt sein möge, ihr zu helfen (anders Schubart a. O.: „Daß Charaxos der Schwester Ehre schaffen solle, hat keinen Sinn, und der heimkehrende 'verlorene Sohn' wäre der letzte, der es vermöchte." — Jedem dieser Sätze müßte ich widersprechen). Kein Vorwurf: „Du bist schuld!" sondern: „Dein Leiden ist mein Kummer." Noch ein weiteres Part. masc. folgt: auch da versetzt sich die Schwester in seine Lage (s. S. 144). Das Einzelne bleibt unkenntlich. Am Schluß kehrt das Lied („Ringkomposition") zum Ausgangspunkt zurück mit der Anrede an Kypris und der Bitte für den Bruder.

Zu 26 D.

v. 2 supra lin. μ vel ν (L.) — v. 5 λῦσαι D. (= 25, 5 D.), ἔλυσεν Theander — v. 6 κλ[ύτοιο] D., cf. Hom., Od. 10, 87; τ]ύχαι σὺν ἔσλαι, [λί]μενος κρέτησαι Sappho dicit 31, 4 s. D. — v. 9 s. suppl. L. χᾶσ et τόδ' pap. parvam frustulam huc pertinere agnovit H. Fraenkel, GGA 1928, 267 s.; secundum LP. tamen v. 5 [αμ] spatio nequaquam sufficit.

Eine Propemptikon für den Bruder Charaxos wie 25 D., doch kann die Situation eine etwas andre sein: die Reste verraten nichts davon, daß auch hier Sappho eine innere Wandlung des Bruders erst noch wünschen muß. Die Schlußstrophe bringt wieder eine Anrede an die Göttin, jedoch nicht ein bloßes Wiederaufnehmen des Eingangsmotivs, sondern eine Verwünschung der Hetäre Doricha, an die der junge Charaxos sein Herz verloren hatte (s. die Zeugnisse S. 116ff. und 235.) Aber diese Verwünschung ist doch wieder ein mittelbarer Wunsch für den Bruder. Ein neues Dorichafr. 7 LP. (o. S. 18) scheint dieser Halbweltdame einiges mehr zu sagen.

Zu 27a D.

v. 6 περσκέθοισα iam ci. Powell, „fort. recte" L., cf. nunc σκέθοντες Alc. 24a 10 D. — v. 7 Ϝὸν potius quam τὸν — v. 8 supplevi e. g., cetera L. — v. 10 κοὐδὲ et v. 11 πάμπαν iam coniecerat Theander, Eranos 1934, 57 — v. 12 Κύπρις ἔραισαν edd. pr., vetat accentus (οὐκ ἀέκοισαν? Gall.). „Veneris latet mentio" LP. — v. 13 cf. Hom., Il. 24, 40 νόημα γναμπτόν, Hesych. γναμπτόν· εὔπειστον. — v. 17 τε βολλ. pap., corr. edd. pr. — v. 19 καιπανοπλοις? ci. LP.

Die neuen, schon A. p. 127 erwähnten Stücke zu diesem fr. entscheiden die alte Streitfrage (vgl. zuletzt Hampe, Mus. Helv. 8, 1951, 144ff.), ob v. 6 Paris gemeint ist (Hunt, Wil., Haines, Diehl) oder Menelaos (Fraccaroli, Lobel, Pesenti, Snell, Pfeiffer, Schubart, Fränkel, Schadewaldt, Hampe): es ist Menelaos. Vgl. die Persiflage b. Eurip., Cycl. 185f. (Hampe a. O. 145). Bei v. 9 muß jetzt von allen Interpreten zugegeben werden, daß sie sich sehr arg geirrt hatten, indem sie (bis auf Fränkel, D. u. Ph. 250) σέβας Τροίας für möglich hielten. So ist hier der Fortschritt dank der Neufunde ein beachtlicher. Nur die Mittelstrophe bleibt noch sehr lückenhaft.

Dies Lied beginnt mit einer sog. 'Priamel': „die einen... die andren... ich aber", wie sie aus Horaz, Oden I 1 oder I 7 uns am bekanntesten ist, aber schon in der alten griechischen Spruchdichtung sehr beliebt war: einer Form, die den fremden Meinungen sehr nachdrücklich die eigene entgegengestellt (vgl. zur Priamel F. Dornseiff, Pindars Stil, 1921, 97ff.; ders., D. archaische Mythenerzählung, 1933, 3f.; W. Kröhling, D. Priamel als Stilmittel i. d. gr.-röm. Dichtung, Greifsw. Beitr. 10, 1935, 32ff.). Sappho hält den Ansichten andrer — zunächst — nicht ihr eigenes Wahlurteil als Widerlegung entgegen, sondern einen allgemeingültigen Gedanken, der alle verschiedenen Meinungen erklärt (s. S. 156): schön ist, was man liebt. Dieser Satz wird bewiesen, und daß dafür ein mythisches Paradeigma herangezogen wird, zeugt von der exemplarischen Bedeutung des Mythos auch für diese Zeit, da das 'abstrakte' Denken die Erscheinungen zu ergründen beginnt. Der gleiche Mythos, der in einer 'Ballade' des Alkaios (P. Ox. XXI 2300 fr. 1) — außer am Schluß? — keinen Platz hat für ein Eingreifen der Götter, ist für Sappho ein Beispiel dafür, wie sehr das Menschenherz nur Wachs ist in eines Gottes Hand („Die allgemeine Sentenz, die von der Bestimmbarkeit des menschlichen Herzens handelte, fehlt leider" Wil. 227. Daß nur das Herz der Frauen genannt war, bezweifle ich in Anbetracht

des ganz allgemeinen Charakters der übrigen Sentenzen).
Jene abstrakte, allgemeine Erklärung führt also nicht auf
das Letzte, sondern nur auf das Vorletzte, doch ist das kein
Subjektivismus und Relativismus protagoreischer Art. Das
Letzte ist menschlicher Voraussicht entzogen, ist gott-
gesandt, — ist paradox: nach der fernen Anaktoria sehnt
sich Sappho. Gerade diesen Wunsch hat ein Gott in ihr
geweckt. Es schließt dieser Teil mit einer Wiederaufnahme
der Priamel des Eingangs, nun aber mit dem eigenen Wahlurteil, das den andren Meinungen entgegengestellt wird. Ein
weiterer allgemeiner Satz, eine dritte Sentenz, leitet das
letzte Drittel des Liedes ein, das uns verloren ist. Es wird
den Weg gefunden haben von der Not des unerfüllbaren
Wunsches zu dem, was dem Menschen unbenommen bleibt.
Es scheint, daß gerade das Paradoxe göttlichen Waltens
einen Trost bot.

In diesem Lied hat H. Fränkel (D. u. Ph. 251) zahlreiche
Elemente der Chorlyrik gefunden.

Zu 28 D.

v. 1 [εὐχομέναι φανείη] Milne, Fränkel; μ[οι κατ᾽ ὄδον
παρέστω] Theander — v. 2 χ[αρίεσσ᾽ ἀρώγα] ci. Theander,
Fränkel; χαρίεσσα μόρφα edd. pr. — v. 9 Ἀντ[ίαον κίκλησκον]
Latte, Mus. Helv. 4, 1947, 144; ἀντ[όμενοι κάλεσσαν] Wil.

Hatte man sich allmählich bereits von der früheren
Deutung dieser fr. freigemacht (die in v. 1 den Bericht über
eine Traumerscheinung Heras sah: Wil.), so genügt jetzt der
Zuwachs von nur drei Buchstaben am Schlußvers, um auch
die übrigen neueren Deutungen über den Haufen zu werfen.
Es ist ein ganz persönliches Gebet zu Hera, der Hauptgöttin
im alten, äolischen Stammesheiligtum auf Lesbos (nicht,
wie Schadew. 25 annahm, „ein Lied, das völlig in der öffent-
lichen Verehrung aufgeht"). Am nächsten scheint Theander
(Eranos 41, 1943, 147) der Wahrheit gekommen zu sein, der
ein Gebet anläßlich einer Reise annahm (Fränkel, D. u. Ph.
245 läßt Sappho „um Huld und Gnade" Heras beten; der
Anlaß bleibt unkenntlich). Klar ist jetzt: im Schlußvers
stand das Wort „(laß mich) gelangen". Aber während
Theander an eine Reise in die Fremde dachte, halte ich
dies für unwahrscheinlich, weil erstens nichts auf eine Bitte
um Schutz vor den Gefahren einer langen Seefahrt hindeutet,
sondern nach dem Gründungsmythos (vgl. Alc. 24a D.) die
Gegenwart in einer breiten Schilderung als etwas Schönes
dargestellt gewesen zu sein scheint, zweitens, weil ἀπίκεσθαι
auf das Erreichen eines bestimmten und ersehnten, nicht

aber verhaßten oder unbestimmten Zieles deutet. Auch der
Mythos, eine lokale Weiterbildung alter Heimkehrersagen
(vgl. Hom., Od. 3, 169), wird bei Sappho darin eine genaue
Parallele abgegeben haben, daß die Atriden nicht heim-
gelangen konnten, ehe sie nicht die Göttertrias Zeus —
Hera — Dionysos „gerufen" hatten. (Die vorhergehenden
Verse sind zwar jetzt auch um einige Buchstaben länger
geworden, doch vermag ich v. 6 nicht zufriedenstellend zu
ergänzen.) Ich meine, Sappho betet um eine glückliche
Heimkehr nach Mytilene (auch das noch eine kleine Seereise).
Die Situation scheint ganz die gleiche wie bei Alc. 24c D.
Sappho ist auf der Heimatinsel, ist tatsächlich ($\delta\acute{\eta}$ = „in-
deed", „actually", vgl. Denniston, Greek Particles, Oxford
1934, 203ff.: $\grave{\varepsilon}\gamma\gamma\grave{\upsilon}\varsigma$ $\delta\acute{\eta}$ Hom., Il. 22, 453; Od. 24, 495) der
Göttin bzw. ihrem Kultbild nah, zu der sie betet, aber
noch nicht daheim. Wie Alkaios scheint auch sie an einem
Fest in diesem Heiligtum teilzunehmen (oder sich daran
zu erinnern?). Vgl. u. S. 235 über die lesbischen Kallisteia.

Zu 30 D.

v. 6 $o\grave{\upsilon}$ vel $\varepsilon\check{\upsilon}$ edd. pr. — v. 10 suppl. D., $a\pi\iota\varkappa\upsilon\delta$ pap. —
v. 11 $\tau a\delta$ sscr. o pap.

Der Inhalt läßt sich nicht wiedergewinnen. Auf „Göttererwartung beim Opfer" deutet es Schadew. (29). Aber
von Späterem ($\upsilon\pi\acute{\iota}\sigma\sigma\omega$), von — guter oder schlechter?—
Nachrede scheinen v. 9—11 zu sprechen, lauter Dinge, die
nur sterbliche Menschen angehen können und auch sie kaum
im Moment der Göttererwartung.

Zu 31 D.

v. 1 suppl. Schubart, cett. D. — v. 5 . $\varepsilon\nu o\varsigma\varkappa o\varepsilon\tau\eta\sigma a\iota$ P. Ox·
XXI Add. p. 122, suppl. L., coniecerat Schadew.

Als Propemptikon für den Bruder deutet Schadew. (137)
dies fr. Die Anrede an die Göttin, der Wunsch, das Schiff
möchte den Hafen erreichen (vgl. 26 D. u. Erkl.), könnten
für diese Deutung sprechen. Aber eine ausführliche Aretalogie — „mit deiner Hilfe pflegen ja die Schiffer" etc.
(Schadew.) — gehört zwar in kletische Hymnen, nicht u. W.
in Propemptika. Diese begnügen sich mit einer kurzen
Götteranrufung (in späterer Zeit entfällt auch das, vgl. Hor.,
Oden I 3, 5 *navis*), haben dafür eine ausführliche Gebets-
bitte. ϑ]$\acute{\varepsilon}\lambda o\iota\sigma\iota$ als „pflegen" zu deuten und Sappho den
Wunsch um unversehrte Schiffsladungen zuzutraun vermag
ich nicht. Wo immer Alkaios (P. Ox. 2297 fr. 5 und 46 D.)
von der „Fracht" spricht, da ist sie über Bord. Wohl kennt

die homerische Sprache εἶκε als einen an Götter und Menschen
gerichteten Imperativ (kein Impf.), aber Od. 18, 374 auch
ein unbelebtes Ding (die Scholle) als Subjekt zu diesem Verb:
bei Sappho 1 D. (viell.) „die Stimme". — Glaubhafter, wenn
auch nicht in allem, scheint Schubarts Deutung (315):
„Bitte an die Göttin, ihr Glück und Glanz zu verleihen ...
Sie steht im Begriff, das Land zu verlassen ... Die Schiffer
wollen abfahren" (bei starkem Sturm wollen Schiffer das
meist nicht, vgl. das Gleichnis Hom., Il. 15,626 f. ἀνέμοιο
δὲ δεινὸς ἀήτης ἱστίῳ ἐμβρέμεται τρομέουσιν δέ τε φρένα ναῦται
δειδιότες und οὐκ ἐθέλουσι Theognis 673 von Schiffern, die
nicht schöpfen wollen). „Auf politische Verhältnisse weist
ἄτιμ' v. 14 ... Ich denke, das Gedicht handelt von der Seefahrt der Verbannten, die drüben, wohl in Sizilien, freund-
lich aufgenommen zu werden hofft." — Diehl dachte bei
v. 8 ff. an ein Gleichnis. — Das Wort γάνος auch 196 LP.
(o. S. 104).

Zu 32 D.

v. 2]λ' ἐπάβολ' ἠσ[D., χαλεπὰ (ἀ)βόλησε Wil. — v. 3
]ερ D.]ει edd. pr., [ἐγέρρ]ει et]ὸν W. Schulze, Kl. Schr. 398 —
v. 4 π[ρὸς] D. ἄλλα fort. ἠλεά — v. 6 cf. 65, 13 D. πά]ντα
χρόα γῆρας ἤδη — v. 10 τᾶς D. — v. 12 suppl. Wil. — v. 13
ex Apollon. Dysc. de pron. 348 b suppl. edd. pr. — v. 15
ἐπὶ γ]ᾶς D.

v. 8 mag Eros oder Himeros, der das Alter verläßt,
jungen Menschen nachfliegt (nicht „die Freude", wie
Schadew. 158 modernisiert deutet), genannt gewesen sein:
Wil. 228 Anm. 2. Das alte Ruhmesadjektiv ἀγαυός, in der
äol. Lyrik bisher nur hier belegt, ist bei Homer „plerumque
epitheton deorum" (Ebeling) im Fem., da jedoch ausschließlich von Persephone gebraucht: Hom., Od. 11, 213, 226, 635;
hymn. Cer. 348. Sappho aber wird wohl die v. 13 gemeinte
Aphrodite so genannt haben. Sie fehlt auch im Liede ᵈer
Gealterten nicht. Über den feinen Zug, daß jetzt nicht sie
selbst, sondern ein junges Mädchen diese Göttin besingen
soll, vgl. o. S. 147. Das Subj. zu „irrt umher" v. 15 kennen
wir leider nicht.

Zu 33 D.

v. 2 γον· pap. — v. 6]εμή· pap., suppl. Wil. — v. 7]τ vel]γ
— P. Ox. XXI Add. p. 125, nr. 11 bringt "from the left-hand
side of the same column as 1231 fr. 12 and 15?" (d. h. 33 D.
und 36 D.) einen kleinen Fetzen, jetzt = 29 (29) LP.:

· · · · · ·
]ϱ[
]νδημεν.[
].αβαςχο.[
]κ[.]ναλ[

Er hilft leider nicht weiter. — ἀνάδης = ἀηδής ist jetzt noch
bei Sappho 99 LP. col. II 22 αναδες[und Alc. 259 LP.
col. II 11]ουχὰνάδεες[belegt. Im Pap. schließt an 33 D.
36 D. an (von L. zu dem gleichen Liede gerechnet). Die
Übersetzung nimmt v. 5 und 6 sinnverwandte Objekte
(„unangenehme Winterzeit" bzw. „Winter") an. Ließe sich
diese unsichere Voraussetzung erweisen, so ergäbe sich für
den Inhalt, daß die Dichterin sich von äußerer Unbill un-
abhängig weiß und trotz des Fernseins das Antlitz eines
geliebten Mädchens zu sehen meint. Über äol. ῥέθος vgl.
Snell, Entd. d. G. 24f., zuletzt Ernst Fraenkel, Glotta 32,
1952, 31ff.

Zu 34a D.

v. 2 suppl. D. — v. 3, 4 edd. pr. — v. 5 suppl. D. — v. 6
πολί[τιδες D., sed]μεν· πόλι[pap. [siehe Addenda]
    An die Anrede „Bürgerfrauen" (so noch Schadew. 158)
zu denken, verbietet der Akzent im Pap. Statt dessen scheint
die „Stadt" (ein städtisches Fest?) genannt gewesen zu sein
in diesem Lied voll dankbarer Jugenderinnerungen. „Ex
eadem parte papyri" 34b D.:]νθα[,]ωομ[,]ω·ν[,]εναντ[
(α ex ο corr.),]αππάπ[, τ]όλμαν[,]ανθρω[,]ονεχ[,]παισα[
und 34c D.:]αι, λ]επτοφών[,]εα[.

Zu 35 D.

v. 1 ἤλπ vel ἤλγ L. — vv. 2—7 suppl. edd. pr., Wil. —
v. 8 suppl. D. — v. 9]λᾶισ' pap., „fort.]λαι σ' scribend."
L. — v. 10 in margine vestigia schol. τ[..]αϱε — v. 11
suppl. L. (ex 97, 12 D.).
    Zwar nicht mit Helenas Tochter Hermione, wohl aber
mit Helena wird die Angeredete verglichen — *si fas est*
(vgl. Catull 51, 2, was jedoch keine Sapphoreminiszenz zu
sein braucht): die Heroenwelt ist für Sappho in die Nähe
der Götterwelt gerückt, daher diese Kautel. Angeredet ist
wohl die Braut (vgl. v. 13 die Pannychis = die Nachtfeier),
in diesem Fall verm. eine reife Schönheit (Schadew. 46). Das
Lied ist dann ein zur Hochzeit vorgetragenes Einzellied wie
2 D. — v. 12 ist die Dualform (vgl. A. p. 126) nicht leicht
zu erklären. — Zu Ovid, ars am. 2, 699 *scilicet Hermionen*

Helenae praeponere posses vgl. Wil. (223): „Hoffentlich wird niemand an Abhängigkeit von Sappho denken.“

Zu 36 D.

v. 2]ϱγυλα vel]'γυλα potius quam]γγυλα scriptum fuisse credidit L., qui nunc Ἄβανϑι (cf. Alc. 261 LP.) fort. supplendum esse censet — v. 3 aς vel a[.] L. [γλα]κτίναν Wil. — v. 8 δήπο legit L., δητ edd. pr. — vv. 8 — 11 suppl. edd. pr. — v. 9 ἆϱα pap.

Wil. (227) paraphrasiert: „sie selbst hätte ihre neidlose Freude daran, denn Aphrodite selber würde sich daran ärgern“ (ähnlich Schadew. 65). Als ob Sappho zu ihrer Göttin stünde wie die modebeflissenen Damen unserer Zeit zueinander stehn! Und als ob man erst eine Göttin ärgern, dann zu ihr beten könnte! In v. 7 scheint eine Negation notwendig. Und wenn man statt „milchig“ v. 3 „Leier“ ergänzt, ist das Ganze eine Aufforderung zum Gesang: dabei kann das „aufregende Jäckchen“ (καταγωγίς· ἱμάτιον ποιὸν περὶ πῆχυν Hesych.) sogar besser zur Geltung kommen als beim Reigen. Ein Unterton von der Vergänglichkeit der Jugendschönheit klingt leise mit. Worauf Gebet und Entscheidung (βύλλομαι) gehen, wissen wir nicht.

Zu 37 D.

v. 2 — 4 ex E. M. 449, 36, ubi πάντων omissum, suppl. edd. pr., addito insuper ⟨δηῦτε⟩ — v. 6]·γονωμ[pap. — v. 7]μ,]λ,]a possis (L.) — v. 9 σέ· pap. — v. 10 suppl. D. — vv. 11 — 12 suppl. edd. pr. ex Apollon. Dysc. de pron. 324 b — v. 13 „βϱοτοις legere possis si velis“ L. (est autem haec epica vox a poetis nostris aliena). — ad ἀλέματος = ἠλέματος cf. Alc. 43, 4 D., Bechtel p. 44.

Auf wen immer die bittren Worte über den Undank sich beziehen — auf den Bruder Charaxos? — es bleibt nicht bei dieser Bitterkeit: von der Angeredeten (Atthis oder einen andren Vocativ vermutete P. Maas in v. 4 nach Horaz, Oden I 22, 4) läßt Sappho nicht.

Zu 38 D.

v. 4 supplevi — v. 5 adi. latere puto, nullum inveni, cf. Buck-Petersen, Reverse Index of Gr. Nouns and Adj., p. 718 — v. 6 supplevi, cf. Aesch. Ag. 1643 ἀπὸ ψυχῆς κακῆς sim.; cf. Ed. Fraenkel, Aesch. Ag. III p. 606 (Oxford 1950).

v. 6 ist ζάλεξαι jetzt fraglos und erwiesenermaßen für *tecum delibera* gebraucht, wie Alc. 24a D. (A. p. 133). Die Ergänzung am Schluß geht von der Voraussetzung aus,

daß [ἄ]δρα v. 5 richtig ergänzt war. Dann muß das vorhergehende Wort (Subst. m. oder n. zu τῶδε) konsonantisch
enden im Gen., da am Schluß des dritten Elfsilblers kein Hiat
sein darf. Mithin ein Wort der 3. Deklin. Für diesen Gen.
stehn zwei Silben zur Verfügung: also war es im Nom.
einsilbig. Kein andres als κῆρ kommt in Betracht. Mag der
Zusammenhang etwa „aus diesem Bewußtsein heraus"
postulieren, bei Sappho ist das Wissen eine Herzens-
angelegenheit (vgl. 35, 8 D.).

   Widerlegt ist durch die neuen Lesungen die Inter-
pretation von Snell, Phil. '44, 286 und Schadew. (58). Nicht
„wir gehn nun heim", sondern im Gegenteil: „wir gehn zur
Hochzeit" heißt es; nicht dem jungen Ehemann soll die
Angeredete einen Gefallen tun, sondern der Dichterin Sappho.
Richtig hatten Diehl (add.) und Theander (Eranos '46, 65)
vermutet, dies Lied richte sich an eine von Sapphos
Rivalinnen, etwa an Andromeda.

   Die Ergänzungen, die Gall. ('53, 163) kürzlich „in via
provvisoria" versucht hat, sind oben nicht aufgeführt.
ἄγι ταῦτα [κάμμιν αὖ] ζάλεξαι, ein Beispiel, bleibt mir unverständlich. Sappho spricht zu Andromeda oder wie die
Frau hieß von deren Jugendzeit: doch nicht, um sich nun
auch von ihr darüber erzählen zu lassen! Was Sappho sagt,
bedarf keiner Vervollständigung. Außerdem drängt die Zeit.
Sich entscheiden und handeln soll die Angeredete, nicht eine
Unterhaltung beginnen mit Sappho.

Zu 39 D.

   suppl. Lobel, qui v. 4. tamen οιεν praefert — v. 6 s.
ἠϊθέας ἀπ' ἄμμας (ἠϊθέοις „veri sim." LP.) et ἆς κ' ἄμεινον
Gall.

   Auch dieses fr. hat durch die Neufunde — in v. 4, 5, 6, 8 —
Zuwachs erhalten: einige Konjekturen (von Wil. und Diehl)
haben sich bestätigt. Aber nicht weniges bleibt unklar: v. 6
(αλλεγερθεις, ηιϑ[pap.) scheint am Schluß ein Voc. zu stehn:
aber vom Wort, das den unverheirateten jungen Mann bezeichnet. Ist es der Tag vor der Hochzeit? (cf. L. a. O.) Der
acc. pl. (LP.) würde diese Schwierigkeit beheben. v. 8 erwartet man das Subst. „Nachtigall", vgl. Hes. fr. 203 Rz.[3]
über die Nachtigall, die nie schläft, aber ἀήδων ist um eine
Silbe zu lang, ὄρνις zu farblos, Ἄτϑις — bei Sappho — nicht
wie bei Martial 1, 53, 9 multisona Atthis, auf die Nachtigall
(die in eine Nachtigall verwandelte attische Königstochter
Prokne) zu beziehen. Den Erklärungsversuch von Gall. '53
162f. finde ich nicht glücklich. Er meint, die Nachtigall käme

gar nicht hier vor, sondern Atthis als Braut, die möglichst
lange singen will, „per protrarre quanto più è possibile il
momento in cui dovrà ... diventare la donna del suo ...
sposo". Auch an der Konstruktion von στείχω mit Acc.
(ohne Praep.) nimmt er unnötigerweise Anstoß.
    v. 4 ist im Pap. — laut L. — οισ[ι]ν nicht ausgeschlossen,
aber hier wie 103 LP., vgl. 41 LP. app., hindert ihn das
ν-ephelcysticum mit Positionslänge, die nächstliegende Ergänzung anzunehmen (vgl. o. S. 162). Ein weiteres „Morgenlied", 6 LP., stand im 1. Buch bei Vers 500. Die Gesamtzahl
der Verse dieses Buches hat der Schreiber mit 1320 angegeben. Das wären 330 vierzeilige Strophen, etwa 60 Einzel-
lieder.

DAS ZWEITE BUCH

Das Versmaß im ganzen zweiten Buch waren daktylische
Pentameter (= sapphische Vierzehnsilbler), wie Hephaestion
in seinem metrischen Handbuch (Encheiridion) 7 (p. 23,14
Consbruch) bezeugt.

Zu 40 D.

ἄτοι vel ἄτε codd., em. Bentley. πόκα codd., corr. Blomfield. Über Atthis, Sapphos Lieblingsschülerin (bei deren
Namen man sich gefragt hat, ob sie etwa aus Attika stamme?
Page, Cl. Quart. 1936, 13, Anm. 3; Wil., S. u. S. 54f. Anm. 1)
vgl. Theander, A. et A. Nicht wenige neue Zeugnisse sind
hinzugekommen. Alle Stellen aufzuzählen würde zu weit
führen.

Zu 41 D.

ἔμμεναι sive ἔτι et φαίνεο sive φαίνεαι codd., em. B. Von
L. dem gleichen Lied an Atthis zugewiesen wie 40 D.
ἄχαρις ist bei Plutarch mit οὔπω γάμων ἔχουσα ὥραν allzu
nüchtern erklärt.

Zu 42 D.

v. 1 μαλθ. cod., corr. L. — v. 2 σπολέω codd., κασπ.
Hermann, κασπελέω L., cf. Hesych. κασπολέω· καταστέλλω
et κασπέλη· στορνύη. in fine vs. corruptelam a litteris repetitis
ortam esse arbitratur L., sed οὐ γὰρ ὁ τε σύνδεσμος dicit
Herodian. αἴ κε κάμηι τέα ci. Wil., μέλε' αἰ iam Hermann,
alii alia.
    Bezeugt ist, daß dies fr. aus Buch 2 stammt. An die
collocatio bei einer Hochzeit würde man bei einem Epitha-

lamion denken: das ist es nicht. Hochzeitslieder im weiteren
Sinn des Wortes gab es freilich auch in Buch 2 (vgl. zu 55 D.).

Zu 44 D.

ᾱς = ἕως.

Zu 45 D.

(τὸ) δ᾽ ἀλλ᾽ ἄν μοι cod., ἄλλα μή B., ἄλλᾱ (= ἠλεά) conieci.
Unser fr. 45 D., 140 D. und 141 D. führt Herodian als
Belege für η ⟩ a an. ἄλλος = ἠλεός ist jetzt mehrfach in
neuen fr. belegt (z. B. Alc. *229 LP. und *Schol. Alc. 5, 6 LP.).

Zu 46 D.

δίχα (cf. Pind. fr. 213 Schr.) ci. L.; Semon. 7, 27 D. δύ᾽
ἐν φρεσὶ νοεῖ contulit Sitzler, PhW. 1927, 1001. — τίθημι
oft im Äol. = ποιῶ.

Ein noch ganz archaischer Ausdruck für die innere Zer-
rissenheit (vgl. allg. Snell. Entd. d. G. 76). Daß aber nicht
das ganze Lied nur von Ratlosigkeit und Hilflosigkeit
sprach, steht für mich fest.

Zu 47 D.

ψαύειν δὲ οὐ δοκῶ μοι ὠρανῶ codd., em. Hermann, Lehrs,
Ahrens. δοκίμοιμι B., Maas, -ωμ- L., D., LP. δυσπαχέα codd.,
δύσι πάχεσι Bergk, δυσεπαύχεα Ahrens, D.

Für Bergk (und Gall.) spricht, daß die äolischen Dichter
u. W. noch keine Komposita mit δυσεπ- oder andre Doppel-
komposita mit δυσ- haben. Dagegen ist πῆχυς für „Arm"
von altersher gebraucht. „Den Himmel (bzw. die Götter)
berühren" scheint eine sprichwörtliche Wendung: einige
Beispiele b. Mesk, Phil. 92, 1937, 470. Auch Sappho verwendet, wenngleich seltener als Alkaios, gelegentlich Sprich-
wörter (52 D.; Schol. *P. Ox. 2076 col. I = 44 LP., app. ὡς
παροιμίαν). — Ganz anders spricht Horaz, Oden I 1, 36
sublimi feriam sidera vertice. Sappho ist bei allem — keineswegs exclusiven — Dichterstolz bescheiden, faßt ihr Amt
als Musendienst, ihre Kunst als Musengabe und als ein
Teilhaben an den Rosen des Musengartens auf (vgl. Maia 2,
1949, 232ff.). — Die Behauptung der Biographen, Sappho
sei von kleinem Wuchs gewesen, könnte auf eine rationalistische Fehlinterpretation eines solchen Selbstzeugnisses
der Dichterin zurückgehen.

Zu 48 D.

Versus restituit Wil., S. u. S. 50 s. — v. 1 καὶ cod. κά⟨λ⟩᾽
B., εὖ δ᾽ ci. L., κ(αὶ) εὖ μ᾽ D. ἐμαόμαν codd., D., -μαι- L.
(cf. μᾱ- 20 D.) — v. 2 ἄν δὲ φύλαξας codd., ἔφλυξας Wil.,

ἔφλεξας Blaß, ἔψυξας Thomas (ap. Bidez-Cumont), Maas, L.,
alii — v. 3 omisit L.; insequentem versum ὄσσον ἄμμ'
ἀπελίππανες sim. incipere putabat D.

Lobels Vorschlag (εὖ δ') wurde von Pfeiffer, Gnomon '26,
317 gebilligt. Die Voraussetzung, daß „für kein Wort
metrisch wechselnde Formen mit Sicherheit nachweisbar"
sind, trifft nicht mehr zu; Πωλ- und πολ- gibt es bei Sappho
etc. Warum sollten nicht auch gelegentlich die äolischen
Lyriker nach homerischem Vorbild καλός mit langem α
gebraucht haben? (κᾱλ[88 LP., 16.) Auch die Elegie kennt
ja beides. Lobels Vorschlag verändert den Sinn. — Daß v. 2
die Konjektur von Wil. immer noch die beste ist, halte ich
für unanfechtbar (vgl. Pfeiffer a.O.). Auch das in tmesi
stehende ἀν(ά) (vgl. etwa ein emphatisches „auf sprang er")
deutet m.E. nicht auf „Kühlung des Seelenbrandes"
(Schadew.).

Zur Topik des emphatisch vorangestellten „du kamst"
bringt Schadew. (146) weitere Nachweise: Hom., Od. 16, 23;
carm. pop. 32 D.; Aristoph., Vögel 680ff.; Theocr. 12, 1f. —
Dies eine Mal hören wir von einer überwältigenden Freude,
die Sappho beschieden war.

Zu 49 D.

v. 1 ‹κάλος› addidit Hermann, alii alia — v. 2 ἔσται cod.,
corr. Hermann.

Der philosophisch hochgebildete Arzt Galen (2. Jh.
n. Chr.) zitiert hier in seinem Protreptikos Sapphos Verse
als einen lobenswerten Ausspruch. Auch Solon müsse man
folgen, da er „dieselbe Meinung andeutet, (aus der Er-
fahrung heraus,) daß am Lebensende das Alter wie ein
schwerer Windsturm droht und nicht nur der Kleider und
Schuhe, sondern auch einer geeigneten Wohnung und
tausend andrer Dinge bedarf, sich dagegen zu rüsten, wie
ein guter Steuermann lange im voraus gegen den Sturm".
So spricht Galen für die τέχνης ἄσκησις (und gegen das
ἀνάσκητον κάλλος). Das ist seine Interpretation von ἀγαθός.
Sappho selbst wendet sich m.E. fraglos hier gegen die
jungen Leute, die nichts außer ihrer Schönheit für sich
anzuführen haben. In dem positiven Gegenbild des ἀγαθός
muß dann eine charakterliche (nicht eine soziale) Kennzeichnung vermutet werden. Daß Sappho hier „merkwürdig dem Platon vorgefühlt hat", sagt Schadew. (145).
Daß das fr. zu einem Hochzeitslied gehörte, nimmt man
meist an.

Zu 50 D.

τῇ δὲ (Σαπφοῖ) Ἔρως ἐτίναξεν τὰς φρένας, ὡς ἄνεμος κατ᾽ ὄρος δρυσὶν ἐμπεσών Max. Tyr., unde ἐτίν.‹ἔμαις›φρ. D., ‹ἔμοι› B. ἐτίν. μοι / φρ. et ἐμπέτων L.

Das Bild klingt an Hesiod, Erga 509 ff. an. Über Hesiodreminiszenzen bei den äolischen Lyrikern vgl. A. p. 108 Anm. 36. Direkten Hesiodeinfluß zu bestreiten und dafür eine gemeinsame 'orpheische' Quelle zu erweisen unternimmt R. Böhme, Orpheus, 1953, 92 ff. — Cras credam. Mit der Bezeichnung „Bauerndichter" wird man dem Hesiod noch lange nicht gerecht.

Zu 51 D.

„metri incerti" L. — πάϊς et πεπτέρυγμαι cod., -γωμαι Ahrens, B., L., D., LP. -γωται Neue, -γωμένα Gall.

Zitiert wegen der äolischen Besonderheit der (auch hier konsonantisch anlautenden) Reduplikation. Sollte das Verb in der 1. p. sg. gebraucht und Sappho die Sprecherin sein — ersteres scheint wahrscheinlich, letzteres allenfalls möglich —, dann mag man weiter fragen: zu wem wohl flüchtete sie sich wie ein Kind zu seiner Mutter, wenn nicht zu ihrer Göttin? — Die Frage selbst gründet sich jedoch auf zu viele unsichere Voraussetzungen. Vielleicht spricht eine von Sapphos Schülerinnen.

Zu 52 D.

Das Sprichwort wird von denen gebraucht, die nicht Angenehmes und zugleich Unangenehmes erleben wollen. — Alc. 257 LP. (s. S. 19) scheint in einem Vergleich von Honig als von etwas besonders Schönem die Rede zu sein.

Zu 53 D.

παρθενίης codd., παρθενικάς schol. Dion. — Libro octavo dedit L.

131 D zeigt, daß bei Hochzeitsfeiern „die Jungfernschaft" in Person auftrat und mit der Braut im Liede Worte wechselte. Leider haben wir von solchen mimetischen Liedern sehr wenig. Von einer wirklich mimischen „Vorführung" dürfte solch alter Volksbrauch noch recht weit entfernt gewesen sein. Das dramatische Moment in sapphischen Hochzeitsliedern überschätzt m. E. sehr stark Wheeler, Am. Journ. of Phil. 1930, 218 ff.

Zu 54 D.

v. 2 × del. pap. — v. 4 extr. ς del. pap. — Hesych. ἄκαλα = ἄψοφα, ἥσυχα. κλονεῖ = ταράσσει, φθείρει, φοβεῖ.

ἄκαλα προρέων Hesiod fr. 218 Rz.³, vom träge dahin-
fließenden Fluß Parthenios gebraucht (ein ähnlicher Ausdruck b. Homer vom Okeanos) scheint Schadew. (58) bestimmt zu haben, v. 3 mit „wälzt still (der Strom die
Fluten)" wiederzugeben. Nicht nur ungewiß, sondern sehr
fraglich bleibt das. Das Subj. zu κλονεῖν ist in der Ilias
zweimal (20, 490; 23, 213), bei Hesiod, Erga 553 und auch
später öfter (z. B. Soph., Trach. 146) der Wind. Vielleicht
also „leise bewegt (der Wind die Blätter)": vgl. 5/6 D. —
Zum Aufbruch mahnt Sappho, denn der Tag ist nahe, die
Pannychis zu Ende.

Zu 55 D.

a: v. 1 extr.]αι· minus veri sim. quam]ας· L. — v. 2
ἔλεγε στάθεις ci. Jurenka — v. 3 suppl. D. — linea in marg.,
schol. ἄνω ad fin. posit. aliquid omissum et supra quaeren-
dum demonstrant. — v. 6 a.[..]ναω pap., suppl. L. "nescio
an ἐννάω praestet" — v. 9 αὔτ pap., κὰτ ἀὔτμ. L., καταὔτμ.
scripsi et hic et 99 D. — v. 15 suppl. Pfeiffer („spatium ut
vid. excedit" LP.), τανυσφ. edd. pr. — v. 19 in. suppl. D.

b: v. 4 μάγαδις sive κίθαρις ci. L. — v. 7 ~ Alc. 24c, 19 D.
— v. 11]λελυσδ sscr. ξα pap. 1, ολολυζ[pap. 2 — v. 14 corr.
edd. pr., θεοικελ. defendit Leumann, Hom. Wörter, Basel
1950, 306 Anm. 76, cf. Risch, Wortbildg., § 39a.

Durch zwei Papyri, durch Schriftstellerzitate (a 10 =
Athen.; b 10 = Lexicographen), durch die Wiederkehr von
ποφφύρα καταὔτμενα (a 9) in Sappho fr. 99 (s. das.) ist
dies Stück sicher genug für Sappho bezeugt. Die epischen
Wortformen jedoch — gen. auf -οιο; Vokalkürzung a 5;
kurze Dative pl. a 12 und b 1; unaugmentierte Verbalform
b 11 — haben schon Wil. (230) dazu geführt, an Sapphos
Verfasserschaft zu zweifeln: er hielt das Stück für „ein sehr
merkwürdiges lesbisches Lied", glaubte jedoch, nachdem
ihm die äußeren Momente aufgefallen waren, „auch in der
breiten Ausführung einen Ton zu spüren, der (Sappho)
fremd ist". Besonders energisch hat neuerdings Schadew.
(49: „das hätte Sappho bestimmt nicht so gemacht") dies
Lied Sappho abgesprochen. Vgl. jedoch Page, Cl. Quart.
1936, 10 ff. und H. Fränkel, D. u. Ph. 235 f. Wir dürfen doch
wohl nicht überall bei Sappho eine Selbstaussage erwarten,
auch wenn das neue Stück mit der Artemis-Szene (im
gleichen daktylischen Versmaß) zu einer solchen führt,
während unser Stück (wie 135/6 D.) mit seinem rein mythischen Inhalt „den Widerschein der herrlichen Feier aus der

Heldenzeit über den lesbischen Hochzeitstag" ausbreitet,
an dem es gesungen wurde.

Das unmittelbare Vorbild ist die Iliasszene (24, 265ff.,
321ff.) von der Ausfahrt des Priamos; manch andre Homer-
Reminiszenz kommt dazu (zu a 6 vgl. Ilias 6, 396f., dazu
A. Heubeck, Historia 2, 1953, 478, zu a 16 vgl. Ilias 6, 267:
„für sich gesondert" wohnen die Kinder des Priamos). Die
Darstellung jedoch ist völlig unepisch; vgl. Fränkel (64):
„Es fehlen bei Sappho die homerischen Umblicke und Rück-
blicke . . . es fehlen die kleinen Nebenzüge . . . („Die Maul-
tiere, die dem Priamos die Myser geschenkt hatten") . . .
die technischen Schilderungen . . . und die langen Ketten
von Beiwörtern." Demgegenüber habe Sappho nur ein Mehr
entgegenzusetzen: „Homer konnte nie von Priamos als dem
lieben Vater sprechen, ohne daß eine grammatische Beziehung den Ausdruck rechtfertigte. Sappho tut das mit der
für sie völlig ausreichenden Begründung, daß des Königs
Aufspringen vom Sitz den unausgesprochenen Sinn hat: nun
will ich eilen meiner lieben Kinder Hochzeit zu begehen." —
Unepisch ist schon der partikellose Beginn der Erzählung in
dem Abschnitt, wo der Herold erwähnt wird; unepisch,
daß der etwas berichtet, was er so in allen Einzelheiten gar
nicht von fern hat sehen können; unepisch, wie in v. 8—10
das Gegenständliche immer stärker in den Vordergrund tritt
und sogar die grammatische Konstruktion sprengt („Elfenbein" ist Nominativ, nicht mehr von „sie bringen" ab-
hängiges Objekt); unepisch, wie ein Symptom — das Aufspringen des Priamos — herausgestellt wird, ohne daß
weiter berichtet würde, was Priamos tut (die Wendung:
„die Kunde geht" gibt es in der jüngeren Epik, vgl. Hom.,
Od. 23, 362). So wird alles Gegenwart, — eine ungemein
reiche, frohe und festliche Gegenwart. Der Bezug auf die
konkrete Situation — irgendein Hochzeitsfest in Mytilene —
bleibt unausgesprochen, ist aber für jeden Hörer deutlich
spürbar, dem auch das Unausgesprochene etwas zu sagen
vermag.

KATAYTMENA, hier und 99 D. von Purpurgefärbtem
gebraucht, halte ich für ein Wort. Homer, Od. 3, 289
ἀνέμων ἐπ' ἀντμένα χεῦεν konnte (im Sinn von Leumanns
These) den Anlaß zu andrer Worttrennung geben, um so
mehr als der pl. „Winde" nicht gerade unbedingt auf den
acc. sing. von ἀϋτμήν als nächstliegende Deutung führt
(Il. 23, 765 χέ' ἀϋτμένα ist unmißverständlicher). Mit „Wind",
„Hauch" hängt das Wort zweifellos zusammen: „Im Winde
flatternd" kann beim Kopfputz einer Götterstatue (99 D.)

überhaupt nicht und bei schweren, purpurgefärbten Stoffen
an sich kaum in Frage kommen; überdies spricht die Dichtung dieser frühen Zeit niemals von sich bauschenden oder
im Winde flatternden oder dem Körper anliegenden Ge-
wändern. Das zu „entdecken" blieb in der Dichtung wie in
der bildenden Kunst einer späteren Zeit vorbehalten. —
Es bleibt also die zweite Deutungsmöglichkeit: „duft-
atmende" (Fränkel), wohinter man sicherheitshalber aber
ein Fragezeichen setzte. Das fehlende, nicht linguistische,
sondern antiquarische Mittelglied zur Erklärung dieses
Wortes verdanke ich einem frdl.. Hinweis von Herrn Dr.
Roosen-Rumpe vom Zentralinstitut für Kunstgeschichte,
München. Auf Grund eigener experimenteller Tätigkeit
berichtete er von dem fast unerträglichen Geruch, den die
verwesenden Weichteile von Purpurschnecken bei der Her-
stellung der Farbe verbreiten: vgl. Plin. n. h. IX 36, 127
virus grave in fuco. Wie lange ein solcher Geruch dem ge-
färbten Wollstoff anhaftet, kann ich nicht sagen. Daß die
Damenwelt um 600 v.Chr. Stoffe mit einem penetranten
Farbgeruch gern getragen hätte, wird man ihr nicht zu-
trauen: damals so wenig wie heute. — Ich nehme an, daß die
findigen Textilfabrikanten gefärbte Purpurstoffe mit einem
starken Parfüm tränkten, um den Farbgeruch zu neutrali-
sieren.

DAS DRITTE BUCH

Auch das Buch 3 enthielt lauter metrisch gleichartige
Lieder, wie Hephaestion 10, 6 p. 34 Consbruch bezeugt: und
zwar Lieder in sapphischen Sechzehnsilblern (später „große
Asklepiadeen" genannt).

Zu 56 D.

πορφυρίαν ἔχοντα cod., ἔχ. del. Bentley. προιέμενον cod.,
em. Seidler. Pollux zitiert hier Sappho, weil sie als erste die
Chlamys erwähne (= kurzer Rock, wie ihn Epheben und
bes. Reiter trugen). Von Himmelsboten spricht unsere
Dichterin mehrfach (s. S. 167).

Zu 57 D.

Zitiert als Beispiel für den sapphischen 16-Silbler. ἄγναι
Χάριτες in einem neuen Epithalamienfr. 103 LP. (s. S. 16)
zeigt, daß solche hymnische Anrufung der Chariten in
Hochzeitsliedern ihren festen, schon traditionellen Platz
gehabt hat. Zudem zeigt sich auch hier, daß Sappho ähnlich

lautende Verse mehr als einmal gedichtet hat. Originalität in jeder Einzelheit darf der Leser in der archaischen Dichtung so wenig wie in der archaischen bildenden Kunst erwarten. „Zu den allbekannten und doch so schwer verständlichen Eigenheiten der antiken Kunst gehört ihre Kontinuität, besser gesagt jene Dankbarkeit, die nichts, was einmal schön geschaffen worden ist, verlorengehen läßt, sondern es fort- und umbildet" (P. Friedländer, Antike 1932, 226).

Zu 58 D.

v. 1 κείσεαι codd., corr. Lobel. οὐδέ ποτε Stob., οὐδέ τις Plut. codd., οὐδ᾿ ἔτι τις Spengel, Schneidewin, Ahrens, Gall. — v. 2 ἔσσετ᾿ et ἔσεται codd.; οὐδέποx (Stob.) codd., οὐδὲ πόθα εἰς Bucherer, cf. Hom., Il. 14, 368 κείνου οὔ τι λίην ποθὴ ἔσσεται (Wil., S. u. S. 88, adn. 2). μετέχεις et πεδέχῃς codd., -ηις Lobel, -εις D., Gall. — v. 3 δομοις (δομο Voss.) codd., corr. Fick — v. 4 φοιτάσεις codd., Diehl, -ηις Lobel, Gall.

πρός τινα πλουσίαν hat Sappho diese Worte ebenso wie 10 D. gesprochen. Dem Reichtum jener amusischen Frau, vielleicht Andromeda (Schadew. 153), setzt sie ihren Dichterstolz entgegen. Vom Ruhmesgedanken des heroischen Menschen (W. F. Otto, Tyrtaios u. d. Unsterblichkeit des Ruhmes, Geistige Überlieferung II, 1942, 93) ist aber der Dichterstolz Sapphos wohl zu unterscheiden. Nie spricht sie selbst von ihrem Ruhm (68 D. spricht die Göttin), wohl aber von der Erinnerung und — falls die Konjektur richtig ist — von dem Vermissen (letzteres in der Ilias ganz unsentimental vom Herbeiwünschen eines fernen Menschen für eine bestimmte Aufgabe, also vom Benötigen gesagt; vom πόθος nach einem Verstorbenen spricht jedoch schon die archaische Elegie — Callin. 1, 17 D.; Tyrt. 9, 28 D. — und später die Epitaphien). Und die Dichtkunst ist, bezeichnend genug, für sie nicht ein Können und Haben, sondern ein Teilhaben an Göttlich-Schönem, an den Rosen der Musen des Olymp (Pieria = Landschaft in Makedonien). Vgl. Maia 2, 1949, 234.

Zu 59 D.

μνάσασθαι cod., Gall., LP. corr. Casaubonus — φαμι codd., edd., corr. LP. (cf. 88 LP. 17 φαῖμι᾿) — καὶ ἔτερον cod., κἄτερον D., καὶ ὕστερον B., „fort. ἄψερον praestat" L. — De metro dubitaveris. addidit ‹ὦ φθονέρα› et huic libro attribuit Wil. — Gall., Lingua 110 hält die Wortform φαῖμι für pure Grammatikererfindung. Sie steht jetzt in einem Papyrus,

stand also in der alexandrinischen Buchausgabe: Grund
genug, sie als vollwertig anzuerkennen. [Dio] 37, 47 fährt
fort: λάϑα μὲν γὰρ ἤδη τινὰς καὶ ἑτέρους ἔσφηλε καὶ ἐψεύσατο.

Zu 60 D.

v. 1 δοκιμοιμι pap., defendit Wil. (TGL 52), Maas; cf.
33, 3 D., 47 D. ubique res in incerto. δοκίμωμι ex Herodian.
II 825, 4 restituit Ahrens (cf. Gall., Lingua 105), quem edd.
secuti sunt — v. 3 τοιαύταν pap., τεαύ- L. — „Non minus
quam ἀλίω suspectum est προσίδοισαν“ L., cf. Σμ. intr.
XXXV—XXXVII.

Kaibel (Hermes 27, 1892, 251) dachte an Zugehörigkeit
zu einem Epithalamion: da war es üblich, die Einzigartigkeit der Braut (auch ihr musisches Können, vgl. Theocr.
18, 23) zu preisen. Von Schadew. (153) wird unser Stück
dem gleichen Lied wie 56 D. zugewiesen: dann wäre es
Eros, der diese Verheißung an Sappho richtet. Das Verbum
„ich wähne“ (z. B. „den Himmel zu berühren“; „dein
Antlitz zu schauen“) weckt an dieser Deutung einige
Zweifel. Bei dem Wort σοφία wird man in dieser Zeit gewiß
zuallererst an Dichtkunst denken; der Dichter war eben
noch schlechthin der Weise. Aber göttliche Verheißungen
sind immer sehr klar und entschieden, nicht durch ein „ich
meine“ eingeschränkt. Daß der Götterbote das oder sonst-
was von sich aus hinzufügt, halte ich (in der Dichtung dieser
Zeit) für ausgeschlossen.

Zu 61 D.

v. 1 τῆς δ’ ἀγροιώτατον epit. — v. 2 τίς δ’ omisit L., sed
v. 1 et 3 ab Athemaeo, v. 2 a Max. Tyr. allatum esse monen-
dum est. — v. 3 ἔλκειν, ἐπισταμένη cod., corr. Neue —
„Metrum frustra sanare conaberis“ L.

Athenaeus, der v. 1 und 3 anführt, sagt, daß Sappho
„über (περὶ) Andromeda spottet“ (über diese Rivalin vgl.
S. 146 Anm. 32). Das Lied war vermutlich dann nicht an
Andromeda gerichtet. Die Paraphrase des Eustathios:
„Welche bäurische Frau, bäurisch gekleidet, übt auf einen
Liebhaber Anziehungskraft aus?“, verbietet mir zu übersetzen: „Welche bäurische Frau betört deinen Sinn?“ (so
Schadew.). Daß man Sorgfalt darauf verwendete, κοσμίως
ἀναλαμβάνειν τὴν ἐσθῆτα, sagt Athenaeus. Bildliche Darstellungen des 6. Jhs. zeigen denn auch tanzende oder
schreitende Mädchen, die die Schleppe ihres Kleides über
den Unterarm gelegt haben. Vgl. das homerische Beiwort
(der Troerinnen) ἑλκεσίπεπλος. „Bäurisch“ ist in dieser

Adelswelt ein arges Scheltwort wie *rusticus* und einmal auch *agrestis* bei Ovid.

Zu 62 D.

ἐξεδίδαξε cod., retinet L. ἐ‹κ› B., quod in ἐ‹γ› mutavit Bölte. γυάρων ✳ τὴν cod. τανύδρ. ci. B.

Außer der Tatsache, daß hier der acc. des fem. ἥρω (Ή·?) zitiert wird, bleibt alles unklar. An die Geschichte von Aias, dem Lokrer (der bei dem Vorgebirge Gyrai bei Euböa Schiffbruch leidet), dachte Lobel. Eine kleine Insel Gyaros gibt es unter den Kykladen. Erinnert sei daran, daß die Biographen die Heimatorte mancher Schülerinnen Sapphos anzugeben wissen. Sie können das nur Sapphos Liedern entnommen haben.

DAS VIERTE BUCH

Die von Sappho „häufig verwendeten" ionici a maiore (Tetrameter mit trochäischem Schluß), vgl. Hephaest. Ench. 11, 5 (p. 36 Consbruch), pflegt man dem vierten Liederbuch zuzuweisen, daher auch den P. Ox. 1787 mit seinen Strophen aus zwei Versen.

Zu 63 D.

Μνασιδίκα cod., fort. distiguendum esse ci. L., cum in cod. Voss. „Mnaidis" et „Pyrinnus" solum mentio fiat.

Mnasis ist noch 99 D, genannt, eine Pleistodika in dem neuen fr. 213 LP. (neben zwei andren) (s. S. 10 f. und 165), Dika in 80 D. Gyrinno, schon aus Max. Tyr. bekannt, ist im neuen Sapphokommentar 90 LP. fr. 1 col. III unter denen aufgeführt, deren Hoffart Sappho — später? — gescholten hat (s. S. 14 und 167). Den Mädchen war offenbar an Sapphos Urteil über ihre Schönheit gelegen: begreiflich, da die allerschönsten an den alljährlichen καλλιστεῖα teilnehmen durften. Sapphos Urteil ist abwägend: die Schönere (das Wort εὐ]μορφο[auch *82 (b) LP., 5) wird von einer andren Schönen unterschieden. Vgl. Schadew. (63).

Zu 64 D.

Den gleichen Mädchennamen vermutete Lobel wohl mit Recht in 86 D.

Zu 65a D.

v. 2]ιδ'α[(cf. v. 6) — v. 4]να pap. — v. 5 suppl. D.,]ί minus veri sim. (L.) — v. 6]ιδ vel]νδ et άχ L., άχ legit D. —

v. 8 fort. αχ vel λχ L., κ[, λ[, ν[possis — v. 10 suppl. edd. pr. —
v. 12 φιλ' ά pap. — v. 13 (= 32, 6 D.) suppl. D., ἐγένο
iam edd. pr., cf. Soph., Ant. 1092 s. λευκὴν ... τήνδ' ἐκ
μελαίνης ἀμφιβάλλομαι τρίχα — v. 22 suppl. e. g. D. (vel
κεδνοτάταν) — v. 25 ex Athen. suppl. edd. pr. ερωσα ελιω
cod. A, corr. Hunt.

ὑμεῖς δὲ οἴεσθε τὴν ἀβρότητα χωρὶς ἀρετῆς ἔχειν τι τρυφερόν;
καίτοι Σαπφὼ γυνὴ μὲν πρὸς ἀλήθειαν οὖσα καὶ ποιήτρια ὅμως
ἠδέσθη τὸ καλὸν τῆς ἀβρότητος ἀφελεῖν λέγουσα ὧδε· (Zitat)
φανερὸν ποιοῦσα πᾶσιν, ὡς ἡ τοῦ ζῆν ἐπιθυμία τὸ λαμπρὸν καὶ
τὸ καλὸν εἶχεν αὐτῇ Athen. XV 687 ab, der die beiden letzten
Verse zitiert und paraphrasiert; s. dazu S. 156. — Der
griechische Mythos wußte in mancherlei Variationen zu
erzählen, daß Eos, die Göttin der Morgenröte, sich einen
schönen Mann geraubt habe: den Kleitos (Hom., Od. 15,
250f.), den Kephalos (z.B. Eurip., Hik. 454; Ovid, Ep.
Sapph., s. S. 124), den Tithonos, der bei Homer ja allgemein
als Gemahl der Eos gilt. Ewiges Leben hatte Eos von den
Göttern für ihn erbeten, um ewige Jugend jedoch zu bitten
vergessen. Als er ergraut, gibt sie ihm wohl Götterspeise zu
essen und schöne Kleider, teilt aber nicht mehr sein Ehe-
lager. Als er gar ganz alt und kraftlos geworden ist, schließt
sie die Tür: leise nur wie das Zirpen einer Zikade ist seine
Stimme zu vernehmen (vgl. hymn. Aphr. 217ff.). Dieser
Sagenversion ist Sappho in diesem Altersgedicht gefolgt
(vgl. F. Stiebitz, Berl. phil. Wochenschr. 1926, 1259ff.;
Schadew. 160), voller Mitgefühl für den alternden Tithonos,
schließt aber mit einem lebensbejahenden Bekenntnis. Der
Mythos ist auch hier nur Beispiel. Was das Lied dem in
v. 12 angeredeten Mädchen sagen wollte, wissen wir nicht.

Zu 66 D.
    v. 4 ἦ L., ἤ D., ἡ pap.; ελὸ[pap. — v. 8 etiam κ possis. —
v. 9 τεαυτ[.]ν pap., metro repugnante. τέαυτα edd. praeter
D. e v. 12 suppl. D. — v. 10 ἐφθατε· pap. — v. 12 „χλαῖνα,
φᾶρος addit Hom." D.
    Zu den Anreden „mein liebes Herz", „Seele", „Licht"
u.ä. s. S. 174. Die Klage eines Mädchens (über armselige
Kleidung?) und Sapphos Trost mag dieses Lied enthalten
haben: die Mädchen wollten ja κόσμῳ κῦδος ἔχειν. Das
meiste bleibt leider unverständlich. Am Anfang des fr.
scheint ein Vergleich gestanden zu haben (Vögel, die sich
vor dem Adler ducken, vgl. Alc. 52 D. mit dem gleichen
Verbum am Versanfang: weitere Beispiele bei Dietel 101).
Was der Wandrer v. 6 soll, weiß ich nicht, möchte aber da

weder ein Gleichnis noch eine wahre Begebenheit annehmen.
Fürchtet das Mädchen vielleicht die üble Nachrede eines
ὁδοίπορος? Zum Verbum εἰσαίω vgl. Lobel, Aμ. introd.
XLIV: "catch hearing of" (also nicht Rede und Gegenrede!).

Zu 67 D.

v. 6 λ[, ν[, χ[sim. possis (L.). — v. 7 ἔον = fui (Alc. *405
LP.). — v. 8 cf. 55a D., 9 ποίκιλ' ἀθύρματα.
Den bisherigen Interpretationsversuchen (z. B. Schadew.
107f. mit Hinweis auf Pindar, Nem. 6, 1ff. „Eines der Götter,
eines der Menschen Geschlecht") kann ich mich nicht anschließen. — Eindeutig faßbar ist allein der Anfang des
Liedes, ob nun „schwarze Nacht" (vgl. ζὰ νύχτος b. Ioann.
Gramm., Comp. III § 3 bei O. Hoffmann, Die griech. Dialekte 2, 1893, 215) oder „schwarze Erde" gesagt war. v. 2
folgt auf die Anrede eine Zeitbestimmung in einem eigenen
Bilde. Homer hat dergleichen nicht; in hellenistischen
Epen (Ap. Rhod.) sind solche Zeitbestimmungen reich aus-
geschmückt und beliebt: wollte man hier übersetzen „allen
müden Menschen schließt der Schlaf die Augen", so wäre
das m. E. zu modern und stimmungsvoll. v. 3 wird meist
mit „der süße Gott" übersetzt, auf den Schlaf bezogen
("Υπνος wäre dann zu schreiben), und „süß" ist in der Tat
ein homerisches Beiwort des Schlafes. Aber die Prädikation
des angeredeten Traumgottes bliebe mit „du schreitest (über
die Erde)" sehr dürftig. Ein Gegensatz zwischen dem Traumgott, der Leid bringt, und dem süßen Gott des Schlafes ist
aus τ(οι) nicht herauszulesen; bei dem folgenden „mich"
ist das Gegenüber, das Du, fraglos der Traumgott: die Anrede an ihn schließt m. E. erst mit „du süßer Gott". Daß
der gleiche Gott auch bitteres Leid bringt (vgl. δεῖνα 96, 5 D.,
die Odyssee hat diesen adv. acc. nicht, die Ilias von grimmen
Rufen und Blicken), besagt nur, daß er wie Eros eigentlich
γλυκύπικρος ist. Ein Verbum des Erinnerns (mit acc. der
Person, gen. der Sache) könnte in v. 3 gestanden haben. v. 4,
von Schadew. in Anlehnung an Pindar gedeutet („daß fern
voneinander geschieden ist die Kraft der Seligen und der
Menschen"), würde ich auf Sapphos eigene Kraftlosigkeit
beziehen: das Wort „voneinander" steht nicht im fr; v. 8
„nur schönes Spielzeug hätt ich gern" (Schadew.) ist doch
wohl zu kindlich; m. E. beginnt der Wunsch erst v. 9; v. 10
vermag ich nicht auf Sapphos Angehörige zu beziehen („den
Meinen allen" Schadew.). Sind οἱ πάντα ... die Götter?
Nur, daß dies kleine Lied von insgesamt zehn Versen
eine Zwiesprache mit dem Traumgott war, steht fest: eine

Zwiesprache, die, wie es scheint, eine Antwort weder erwartet noch erhält. Und doch führt das Lied zu einer Antwort, zu einer selbstgefundenen, indem es vom Leid zu einem lebensbejahenden Wunsch den Weg findet.

Über Schlaf- und Traumgott (und das Motiv der Schlaflosigkeit) im griech. und röm. Epos und in den Chorliedern der Tragödien vgl. P. Friedländer, Statius: An den Schlaf, Antike 8, 1932, 215ff.

Zu 68 D.

v. 1 ante *α* omnia incertissima; *σιτα* edd. pr. *πυφα* possis LP. — v. 2 suppl. edd. pr. — v. 3 vel *λελαθ* — v. 4 „fort. *οξ* possis“: „no satisfactory explanation suggests itself“ L. *ἤν* pap. — v. 6 *βασίλ* et *ασιλη*, tum "the start of a stroke rising to right", pap. — v. 7 *καί τοι* et *δ[ῶρον?* H. Fränkel, *καίτοι* LP. *κάι* pap. — v. 10 suppl. D., *Ἀχέρ* pap.

[vv. 5 — 7 agnovi in 87, 16 LP.]εφι.[,]ασιλη.[,]εγαδ.[,]νοσ.[vel]λιοσ.[ubi quartus versus tamen a nostro carmine alienus esse videtur, cum *νοσ* e regione litt. *θων* scriptum appareat.] e regione vv. 6 — 8 secundum L. collocanda frustula 66 LP. (c)]μνα[,]κατεγ[,]κεκ[.

Der Gewinn des neuen Stückes, dessen (teilweise) Identität zu erkennen mir glückte, beträgt nur vier Buchstaben. Der abweichende vierte Vers gibt ein unlösbares Rätsel auf. Beide Papyri sind von der gleichen Hand geschrieben (Lobel, dem ich für die freundliche Auskunft danke). Daß Sappho in einem andren Lied ganze drei Verse aus diesem Lied wiederholt hätte, halte ich für undenkbar. Andrerseits sind bestimmt nicht nur Buchstabengruppen, sondern drei Verse identisch.

H. Fränkel (GGA '28, 269; vgl. Wil., Gl. d. H. 2, 111 Anm. 1) hat erkannt, daß hier Aphrodite spricht und der Dichterin Ruhm verheißt bei allen Menschen, auf die die strahlende Sonne herabblickt (vgl. Hom., Od. 11, 16 *ἠέλιος φαέθων καταδέρκεται ἀκτίνεσσιν*), und Ruhm auch noch nach dem Tode. „Das ging, wie eine glückliche Spur noch zeigt, gegen Andromeda" Schadew. (154); aber vielleicht nur indirekt gegen sie, indem sie zwar genannt, aber eines der Mädchen angeredet war, das vergessen hatte (vgl. v. 3), was Sappho ihr bieten konnte.

Zu 69 D.

v. 1 suppl. D. — v. 3 *ὀλόφ* pap., *ὀλοφώιος?* edd. pr. — v. 4 vel. *θ[* L. distinxit D. — v. 8 *ᾳ̣* legit D., accentum L.

„Haud magno intervallo" subiungendum fr. 67 (b) LP.:
].ουδε[,]ταντα[,]λαισιμ[,]πλήονι[,]' αμφ[,].ςθεος.[,]έρως.[.

„Daimon" bei Alkaios z. B. 28 D.; *200 LP.; bei Sappho
90 LP. fr. 1a col. II 13; vgl. fr. mel. adesp. 5 D.

Die mythologische Motivierung scheint in unsrem fr.,
einem tröstenden Lied an eine ihrer Schülerinnen, neben der
ursächlichen zu stehen.

Zu 70 D.

v. 1 supplevi; cett. edd. pr., quorum supplementum v. 5
iusto longius, vv. 3–4 fort. iusto brevius esse videtur L.
]τροπε· pap. — v. 7 „et de ἄη[ται (potius LP.) cogitaveris" L.

Mika, vielleicht eine hypokorystische Namensbildung:
„Kleine" (vgl. Theander '46, 67). Eine Frau aus dem alten,
nun bereits entthronten Königsgeschlecht der Penthiliden
war Sapphos Rivalin. Deren, vermutlich Andromedas,
Freundschaft hat die Angeredete der Liebe Sapphos vor-
gezogen (Πενθιλήαν = „der Penthileischen Frauen" gen. pl.
des Adj., das att. -ειος hätte). Nun redet die Dichterin „dem
kleinen Überläufer" (Schadew. 149) gut zu: diesmal, soweit
wir sehen können, weniger durch den Appell an die eigene
Einsicht als durch Schilderung des musischen Lebens, das
die Mädchen bei ihr führen.

Zu 71a D.

v. 2 suppl. edd. pr. et L. — v. 5 sive]μαξ[L. — v. 6
]τ vel]μ,]ν (D.) — v. 7 in. supplevi. pro]κύ,]χύ possis
(LP.) — v. 12 extr. sscr. .β.κή. „num ακαλαν in αβακην
corrigebatur?" L.

Daß v. 12 der aus Suid. bekannte Name von Sapphos
Schülerin Megara steht, ist möglich (L.). Über Sapphos
Rivalin Andromeda s. S. 146 Anm. 32. „Mit den Tyndariden
waren vielleicht so schlechte Beispiele wie Helena und
Klytaimestra herangezogen" Schadew. (149); vgl. Hesiod
fr. 93 Rz.[3]. Der Zusammenhang ist nicht mehr zu ermitteln,
aber das Lied vereinigt eine Fülle von Gegensätzlichkeiten:
v. 3 ein göttergleiches Mädchen (θεός als fem. auch A. 24a
D., 6), v. 6 eine selige Göttin, v. 9 irgend etwas Liebliches,
v. 12 „sanft"; dazwischen jeweils schlimme Dinge: (schlechter) Charakter, vgl. 70 D.; zu v. 8 vgl. Solon 3, 9 ού γάρ
ἐπίστανται κατέχειν κόρον, dasselbe Wort vielleicht am Versanfang Alc. *57 LP. κορω[ι], an unseren beiden Stellen
allerdings ohne Akzent.

Zu 72 D.

v. 1 ita distinxit D.,]οδέρ κεν L. — v. 2]νέτι· pap. — v. 3 κὰν χέρρὶϑ[pap., cf. Herodot. V 106 ἵνα ... ἐγχειρίϑετον παραδῶ — v. 4 suppl. D. — om. LP.

Es scheint beschrieben zu werden, wie ein Vater seine Tochter dem Freier übergibt. Vgl. zu 122 D. Lobel-Page (S. 61) wollen dies fr. jetzt eher Pindar zuweisen.

Zu 73 D.

v. 4 τᾱιδάμα pap. — v. 6 suppl. D.

Soweit wir sehen können, braucht Sappho das Wort „Blume" nur im eigentlichen Sinn, nicht von der „Jugendblüte" (wie vielleicht Alc. *299 LP., 3 αβαςαν[). Vom Genießen der Jugend scheint Sappho *87 LP. 13, 4]ρποναβαν[zu sprechen.

Zu 74 D.

v. 3 Ἀφρό D., nomin. vel acc. praetulerim — v. 4 δ' ερ pap. — v. 5 etiam]σ,]ϑ possis (L.) — v. 6 vel οις — v. 7 ϑαᾱσ pap., verbum „sedere" agnovit D. — v. 9 suppl. D. ex 98, 12.

Während wir nur von sitzenden Gestalten sprechen, kann Sappho das Wort auch in andrem Sinn gebraucht haben: 54 D. war vielleicht gesagt, daß die Müdigkeit sich auf die Sinne „setzt". Das Verbum ist homerisch (Alc. *36, 5 D. hat ϑάσσει).

Zu 75 D.

v. 1 ita nunc LP. — v. 3]ίη et λά[sive λᾱ[pap., cf. 88 LP., 11 λέ]λαϑ'. — v. 6 sive]π',]ει' et fort. εφᾱν[pap. — v. 7 in. supplevi, extr. suppl. D.

96, 10 D. läßt sich mit v. 4 unseres Liedes vergleichen: auch dies scheint ein Lied des Erinnerns gewesen zu sein.

Zu 76 D.

v. 3 δ' εῖμ' pap. — v. 8]μάν et σ[vel ε[pap. ϑῡ metro postulatur — v. 10 χόρον· ᾱα[pap., πολυγάϑην ci. D.

Schadewaldt (140) bezieht v. 9ff. auf die Hochzeit der Harmonia mit Kadmos, zu der die Götter zu Gast geladen sind und „die Musen spielen". Aber v. 3 „nun will ich gehn" klingt wie eine persönliche Aussage, die das nahe Ende des Liedes und des Festes, zu dem es gesungen wurde, andeutet. Danach scheint gesagt, was am folgenden Tage, nach dem Opfer (ἀπὺ ϑυσ[ίας?), geschehen soll. Die nicht-mythologische Erklärung halte ich einstweilen für wahrscheinlicher.

Zu 79 D.

v. 3 vel]ϱ. etiam ν. [, μ. [possis (LP.). — v. 5 δίδοῖσ[pap., παι]ϱι δοῖσα in πα]ιδ᾿ ίδοισα corr. (LP.) — v. 7 σύγα[pap. Über den Inhalt dieses so kurzen fr. läßt sich nichts sagen, es sei denn, man vermute im ganzen 4. Buch Sapphos „Klagen" (Horaz) über ihre treulosen Mädchen zu finden. Wenig (trotz der „Tür" v. 2) ergeben auch die Reste in 71 b D.] . . . . φ[,]᾿ϑύϱα[,]μοι χαλεπ[,]δεκύ[,] . οπάλην ὄλ[,]ε[.

Zu 80 D.

v. 3 εμιπ, ι del. pap. — v. 4 ωδικα cod. A, distinxit Welcker. παρϑεσϑ cod. A, corr. Bentley, εϱϑεσ pap. εϱαταις cod. A, corr. Fick, Wil. — v. 5 συνεϱϱαις cod. A, corr. Hunt. ἀπαλλαγιση cod. A, corr. Casaubonus — v. 6 μαχαιϱα cod. A, corr. Wil. εὗ γὰϱ ϑεὰ μέλεται Crusius, alii alia — v. 7 προτεϱην cod. A, προσόϱην Wil., προφέϱην L., ποτόϱην Seidl, Diehl.

Athenaeus 15, 674e zitiert die Sapphoverse (als einfachste Erklärung für das Kränzetragen) und paraphrasiert sie noch: ὡς εὐανϑέστεϱον γὰϱ καὶ κεχαϱισμένον μᾶλλον τοῖς ϑεοῖς παϱαγγέλλει στεφανοῦσϑαι τοὺς ϑύοντας. Trotzdem ist die Textkorruptel v. 6 bisher nicht geheilt. Daß es nicht eine „Putzvorschrift für den Tanz" (Schadew. 65), sondern zum Opfer war, wird man unsrem Gewährsmann glauben müssen; vgl. H. Fränkel, D. u. Ph. 244. Nach dem Opfer mögen die Mädchen, mit den gleichen Kränzen geschmückt, getanzt haben. — Ob „Dika" hier und 63 D. eine Kurzform für Pleistodika ist (vgl. zu 213 LP., o. S. 165)? Von Haarschmuck handeln außer unsrem fr. und 98a, b D. noch 77a D.]αμμ[,]ιχα[,]ποις αἱ[,]κλεηδον[,]ι πλοκαμ[,]ες δ᾿ ἀμα[,]ἀνϑϱώπ[,]λυμαιν[,]τε καὶ π[und 77 b D.] . τος ἐσ . [,]πάντα[,]ι δ᾿ ἀτέϱα[, π]λοκα[μ- sowie ein Epithalamion 103 LP.

Zu 81 − 83 D.

fr. 81: v. 2 suppl. D. — v. 5]ίν τ᾿ ἠδὲ κ[temptavit D. — fr. 82: v. 2 ἄ]λικι? D. — v. 5 fort. χ[.]ημ[, vel. χειμ[L. ἄβϱοις D. — fr. 83: v. 1 πε]πάμενα[ι D. — v. 2 πέλη[ος D.

Zu 84 D.

omnia suppl. edd. pr. — v. 2 ϑέλ᾿ώντᾱπάισᾱν pap., „emendatio incerta" L. — v. 3 suppl. Hunt — v. 8 ᾿πίϑεισα[D., πί- L. α[ι vel α[ν supplendum — v. 10 ἴλλε[:] D.

Ein Gebet an Aphrodite (vgl. 1 D.) und die Antwort der Göttin sieht Schadew. (94 f.) in diesem fr. Die Deutung hat vieles für sich: das Telos, die Erfüllung, das ῾Realität-werden-lassen᾿, liegt bei den Göttern. Aber zwischen Gebet und

Antwort kann nicht nur „und sie sprach" gestanden haben,
sondern muß die Epiphanie der Göttin genannt gewesen sein:
viell. in v. 5 *αἶψα* (vgl. *αἶψα* 1, 13 D.). Trotzdem bleiben
Zweifel. Die Wendung „du weißt sehr gut" gebraucht
Sappho immer wieder ihren Schülerinnen gegenüber.

DAS FÜNFTE BUCH

"Three-lined **stanzas**" mit glykoneischen Versmaßen;
auch Asklepiaden (Atilius Fortunatian. gramm. 295, 21) u. a.

Zu 85 D.

λάβροις λασσίοις cod. A, -οισ' -οισ' edd. praeter D., cf.
ἀμφιέννυμί τινά τι.-εὖ ἐπύκασσε codd., em. Bergk, *F'* *ἐπύκ.*
Gall. *πύκαζε = κάλυπτε*, Hesych.; *λάσσια·* ... *καί φασιν ταῦτα
εἶναι σινδόνια ἐπεστραμμένα* Pollux.
Wem diese Fürsorge gelten soll, wissen wir nicht.

Zu 86 D.

ὠράνα codd., *Ὤιρανα* L., cf. 64 D. *ὦ 'ραννα* D. (*ὀροφαία*
Hesych.). *χελίδω* L. — cf. Hes., Op. 568 *Πανδιονίς* ... *χελιδών.*
Die Sage von der Verwandlung der Prokne, einer Tochter
des Königs von Athen, Pandion, in eine Schwalbe gehört zu
den ältesten griechischen Verwandlungssagen (dgl. die von
ihrer Schwester Philomela, die in eine Nachtigall verwandelt
wurde). Ovid, Met. VI 424ff. gibt eine grausige Darstellung
dieser Mythen.

Zu 87 D.

ζαελεξάμαν (cod. A), *προσελεξάμαν* (etiam *προσεδ* in
προσελ corr.) codd. *τ(οι)* addidit P. Maas, KZ 56, 1928, 137.
τ(ε) ci. Bergk. *Κυπρογενεία* codd. IH, -γέννα cod. A, -ήαι
Bentley, *-γέννηα* D. „incertum utrum voc. an dat. fuerit" L.
Der Vers, als Beleg für ionici a minore bei Sappho
zitiert, wird der Anfang eines Liedes sein. Der Dat. des
Götternamens scheint mir trotzdem wahrscheinlicher als der
Voc.: sonst hätte Sappho der Göttin erzählt, daß sie ihr
einen Traum erzählt hat. Der Inhalt des Traumes und die
Antwort der Göttin werden in den verlorenen Versen erzählt
worden sein: ob es nun ein beängstigender Traum war oder
einer, der Sappho wünschen ließ, die Nacht möchte noch
einmal so lange währen (vgl. 197 LP., s. S. 104). — A. P. IX
521, „das nur hoffnungslos verdorben ist", vergleicht Wil.
(S. u. S. 43 Anm. 1).

Zu 88 D.

σελάνα cod., corr. B. — cf. 4 D. et Schol. *29 (26) LP.
]ετο πλη...[.

„... da standen sie um den Altar und schwiegen" übersetzt Manfred Hausmann v. 2. Modernes Naturempfinden erklärt diese Übersetzung: die Mädchen Sapphos waren jedoch gewiß nicht um den Altar aufgestellt, um zu schweigen.

Zu 89 D.

v. 2 ὅτι ποτ' ἄν cod. P., ὅττι ποτ' ἄν Diehl (!), ὅππστα Ahrens, plerique edd. καθέταν cod., κὰτ ἔταν ci. Radermacher, κἀχέταν? Diehl, κατ' ἔλαν Wil., Gall., cf. Hesych. γέλαν· αὐγὴν ἡλίου. κὰτ‹ ›› LP. — καταυδείη, em. Finckh ex Plat. legg. 7, 790 d, e. ·έηι Ahrens, LP. πεπτάμενον ci. Hartung.

Anonym, aber als Beleg für die „Charis des Ausdrucks" werden diese Verse zitiert: die Zuweisung an Sappho (Ahrens) ist damit hinreichend gesichert (trotz Bergk, Lobel, Gall., LP.). Deshalb, aber auch weil der Stil der Sätze ein ganz andrer ist, gehören diese Verse nicht zu Alkaios 94 D.: vgl. Wil. S. u. S. 31 ff. Das Vorbild ist allerdings hier wie dort Hesiod, Erga 582 ff. ἦμος ... ἠχέτα τέττιξ ... λιγυρὴν κατεχεύετ' ἀοιδὴν πυκνὸν ὑπὸ πτερύγων θέρεος καματώδεος ὥρῃ. Aber Alkaios hat die hesiodeische Periode aufgelöst in eine Folge kurzer Sätze (vgl. H. Fränkel, D. u. Ph. 261), wozu unser fr. nicht paßt, trotz Lobel-Page (Alc. 347 b LP.), die darin Bergk folgen.

Zu 90 D.

δεῦτε codd., δηῦτε Diehl. — Mit einem ähnlich lautenden Vers begann ein Epithalamion: vgl. zu 103 LP. (o. S. 169).

Zu 92 D.

ἄνευ‹θ› Hermann. Die weiteren Worte im Schol. (B) Pind. Ol. 2, 96 ἡ δὲ ἐξ ἀμφοτέρων κρᾶσις εὐδαιμονίας ἔχει τὸ ἄκρον sind — trotz Hermann, Lobel, Gall. LP. —, nicht unserer Dichterin zuzuschreiben: vgl. Pfeiffer, Gn. '26, 317. Das fr. zeigt, mit welch innerer Freiheit eine wahrhaft aristokratische Dichterin dem materiellen Reichtum gegenübersteht.

Zu 93 D.

v. 1 s. cf. Hesiod. Theog. 3 s. — μάτεισαι wohl = πατοῦσαι.
„Kreter" (od. Kreta) scheinen auch 5/6 D. genannt zu sein. Aber während dort am ehesten an einen Aufenthalt der

Dichterin auf Kreta zu denken ist, scheint hier eine An-
spielung auf Legendäres vorzuliegen: „Das singen die
Mädchen, während sie die kretische Weise tanzen, oder
Sappho ... erzählt, wie der Tanz erfunden ward" (Wil.
S. u. S. 52 Anm. 2). „Da gab es einen alten kretischen
Blumenpflückerreigen" Schadew. (28), vgl. Pindar fr. 107 b
Snell, und Schol. Hom. Il. 18, 590. „Auf den legendären Ur-
sprung des Kultbrauches" bezieht dies fr. H. Fränkel, D. u.
Ph. 245. Legendär sind kretische Reigentänze schon Hom.,
Il. 18, 590ff., wo τῷ ἴϰελον, οἷόν ποτ' einer späteren Zeit
m. E. kaum mehr besagte als „so schön wie".

Zu 94 D.

σελάνα, ἔϱχεϑ', ϰαϑεύδω codd. — „equidem ne Aeolicum
quidem arbitror" L., om. LP.

Unzählige Male übersetzt und nachgedichtet ist dies
Liedchen in schlichtem volkstümlichen Ton, das inhaltliche
Parallelen in altschottischen (Welcker, Kl. Schr. I, 118), in
althochdeutschen, ja, altchinesischen Liedern hat (Schadew.
184). Mit wenigen Worten ist eine Fülle unausgesprochener
Empfindungen angedeutet. Das entspricht modernem
lyrischen Empfinden, und so ist dies kleine Liedchen von nur
vier Zeilen allgemein bekannt und beliebt, ja, wohl das
bekannteste frühgriechische Lied. Was die Wissenschaft zu
diesem Stück zu sagen hat, wird seine zahlreichen Freunde
vielleicht etwas enttäuschen (s. S. 148). — Es ist anonym
überliefert. In der ersten gedruckten Lyriker-Ausgabe (1560)
hat es der Herausgeber Henricus Stephanus Sappho zugewiesen (vor 1535 notierte schon Arsenios: Σαπφοῦς). Ein
Versuch, aus der Zitierweise Hephaestions die Authentizität
zu erweisen (Righini, St. it. '50, 65ff.), ist nicht geglückt (da
dann auch ein Vers des Sotades, 7 D., trotz seiner ionischen
Wortformen sapphisch sein müßte). Aus sprachlichen (Gall.,
Lingua 82f.), metrischen (Bowra 144), kompositionellen
Gründen spricht man es Sappho ab. Die sprachlichen Einwände wiegen m. E. nicht schwer: μέσος hat Alc. 55 D.,
μόνον Alc. 27, 7 D., παρά Alc. 80, 10 D., σελάνα haben auch
sonst manche codd. verschrieben, und die sprachlichen
Unterschiede zwischen Sappho und Alkaios halte ich für
nicht so radikal wie Lobel u. a. Das Versmaß, reine Enhoplier,
begegnet sonst bei Sappho nicht. Aber es ist ein sehr altes
Versmaß, so daß man zweifeln mag, ob aus metrischen
Gründen das Lied Sappho abzusprechen ist. Tatsache ist
(trotz della Cortes Versuch, sie zu entkräften), daß dieser
Vierzeiler ein vollständiges Lied ist, dem nichts voraufging

und nichts folgte. Soweit wir sehen können, hat Sappho sonst keine so kurzen Lieder. „Daß ein solches wirkliches Volkslied ihr nicht gehören würde, auch wenn die alten Ausgaben es ihr gegeben haben sollten (woran man nicht zweifeln darf)", war das Urteil von Wil. (S. u. S. 75 Anm. 1, vgl. TGL 33 Anm. 1).

v. 3 pflegt man heute meist zu übersetzen: „vorbei geht die Runde" (Schadew. 45), seit Lavagnini (Nuova antol., 1932, 188) die Wiedergabe unseres Verses in einem Epigramm des Asklepiades mit φυλακή gefunden und P. Maas (Mélanges Boisacq II, 1938, 131 f.) die Bedeutung ὥρα „Nachtwache" nachgewiesen hat. In jenem Epigramm, AP V 150:

> ὡμολόγησ' ἥξειν εἰς νύκτα μοι ἡ 'πιβόητος
> Νικὼ καὶ σεμνὴν ὤμοσε Θεσμοφόρον,
> κοὐχ ἥκει, φυλακὴ δὲ παροίχεται . . .

steht dieser Ausdruck aber statt einer Zeitangabe („il est donc minuit, fin de la première φυλακή" Waltz z. St.). Als Zeitangabe ist unser ὥρα in einem anakreontischen Lied (Anacreonteum 31 Bgk.) verstanden worden, das unseren Vers zu μεσονυκτίοις ποθ' ὥραις στρέφεθ' ἡνίκ' Ἄρκτος ἤδη abwandelt. Auch bei ὥρα = „Nachtwache" ist die Bedeutung „Zeit des Wachens" doch ursprünglicher als „Wächter". Tatsache ist, daß es nicht „Stunde" heißen kann (so erst seit Xenophon, vgl. Lavagnini a. O.). „Jugendblüte" (Lavagnini) paßt hier auch nicht: warum soll die gerade nach Mitternacht schwinden? — Mir scheint ὥρα in dieser Zeit dem späteren καιρός nahezukommen. Maas erklärte: „Wenn der Nachtwächter die Mitternachtsrunde macht (vielleicht schlägt er dabei mit dem Stock auf das Pflaster, wie noch heute im Orient), wird das Licht gelöscht und Besuch ist nicht mehr zu hoffen." Aber von Nachtwächtern im 6. Jh. wissen wir nichts, und ehe eine solche Institution in ein wirkliches Volkslied eingeht, vergehen Generationen. An der zeitlichen Bedeutung (Zeit des Wachseins oder Zeit, in der etwas zu erwarten war) halte ich daher fest, — nicht zuletzt auch aus dem (subjektiven) Grunde, weil ein oder mehrere Nachtwächter den stillen Zauber der schlichten Verse erbarmungslos zu zertrampeln scheinen. Asklepiades mag seine Gelehrsamkeit geistreich durchblicken lassen. Nicht jede gelehrte Erklärung ist — damals wie heute — eo ipso richtig.

Zu 95 D.

Wie alle ehem. Berliner Sapphofr. (auf Pergament), zu deren Text vor allem der Aufsatz von Zuntz (Mnemos. 1938) zu vergleichen ist, hat auch dieses durch chemische Behandlung nachträglich gelitten. Die späteren Lesungen Schubarts (b. Diehl) geben meist weniger als die ersten (BKT V 2, 12 ff.). Damals hatte Schubart gelesen: v. 6 και κασεκσαω[.]ξυελ[, v. 7 κροκοεντας̄χαι, v. 8 Ende φυρανερα (-εξω bezog er zu v. 9 Ende). Ergänzungsversuche werden mit diesen Lesungen zu rechnen haben.

Ob auch hier Sappho — wie 98a,b D. — ihrer Tochter Kleïs all diesen Putz aufzählt, weil sie ihn nicht beschaffen kann (cf. πόθεν ἔσσεται ~ ἔξω?) und weil einem schönen Mädchen Kränze genügen? „Peplos" (und „Spangen", ὅρμοι) auch *29 (6a) LP.

Zu 96 D.

v. 3 κατελιππανεν cod., defendit Maas, corr. Schubart — v. 9 ωσε cod., corr. Schubart — v. 11 σὺ δὲ λάθεαι ci. Wil. θεαι legi posse negant LP. — v. 14 πλοκίων suppl. Wil. — v. 16 ex Athen. suppl. edd. pr. — v. 23 Καγγόνων 99 D. contulit D. — v. 24 νε]ανίδων L.]α „non fuit" LP. — v. 25 χόρος ci. Schadew. — v. 26 „Brunnengang" (ὕδατος φόρα?) id. — v. 27 suppl. Wil., L. — v. 30 fort.]ῤιδιαι — ὑποθυμίς· στέφανος ὑποτράχηλος Hesych.

Zum Inhalt s. S. 157 f. und Schadew. '36, 363 ff., dessen Aufsatz die m. E. beste Interpretation gibt. Zu dem Abschiedswunsch χαίροισ' ἔρχεο hat er (a. O. 367) die Abschiedsworte Nausikaas an Odysseus verglichen, Hom., Od. 8, 461. — Zu untersuchen wäre Ursprung und Verbreitung der Wendung „wenn du es aber nicht weißt" v. 10 (ähnlich Alc. 109/110 D., v. 28). Sie ermöglicht auf ganz unaufdringliche Weise ein Exemplifizieren der Mahnung und ein Beweisen.

Zu 97 D.

v. 5 σᾶμ' ἐθέσ[πισδε D. — v. 6 post παῖσι interp. signum viderunt priores praeter Zuntz. μάλιστ' ἀγ[γελος D. — v. 8 ειπ[, ειγ[possis (LP.) — v. 9 suppl. Schadew. — v. 14 in. [κὰδ], extr. δώματα βάμεναι suppl. D. — v. 15 fort.].νδετοι LP.

Zu diesem schwierigen, aber kostbaren fr. kann ich nur einige Vermutungen bringen. Diehls Ergänzungen (ALG add.) befriedigen nicht, außer ἐθεσπισδ- (wo H. Fränkels Vorschlag ἐθέλῃς trotz οὐκ ἐθέλοισα 1 D. und vielleicht οὐκ ἐθέλοισι 31 D. gegen den äolischen Dialekt verstößt, der nur θέλω braucht). Fränkels Hinweis auf 27a D. σύνετον ... πάντι ('28, 270, vgl. D. u. Ph. 248 Anm. 28) kann einen Schritt weiter führen. Im Bereich des Intellektes gibt es keine Amphibolie wie bei „gut" und „schlecht": ein Wort aus diesem Bereich kann sehr wohl den dat. „allen" regiert haben, ob gerade das perfektive σύνετον, ist eine andre Frage. Epiphanien erlebt Sappho stets allein. Da eine dramatisierende Antwort „Bestimmt!" (als Antwort auf die eigene Frage noch dazu) etwas Singuläres wäre bei Sappho, komme auch ich nicht darum herum, erst nach μάλιστα zu interpungieren (wie Fränkel). παῖσι μάλιστ' könnte vielleicht eine nachgetragene 'Berichtigung' sein. Partikelloser Satzanschluß nach μάλιστα wäre möglich, da nun der Bericht beginnt; vgl. 96, 2 D. und zu 55 D. — Wie man v. 10 „o Herr der siebensaitigen Leier" ergänzen konnte (Diehl, dem Schadew. folgt), verstehe ich nicht. Es ist der Totengeleiter Hermes, der zu Sappho gekommen ist. Die Anrede „o Herr" genügt vollkommen. Danach (oder schon vorher und auch danach) muß gesagt gewesen sein, daß er als Helfer kommt oder willkommen ist od. dgl. Ein γάρ-Satz kann in der Lyrik nicht unmittelbar an die Anrede anschließen. (Das Epos kann sagen: „Hektor, denn dir ist gegeben etc." Wie lange diese archaische Voranstellung fortlebt, wäre zu untersuchen.) Das einzige homerische Beispiel für οὐ μὰ γάρ, Il. 1, 86, steht nach einem Imperativ, womit das γάρ hinlänglich motiviert ist. — All das und vieles andre bedarf genauer Nachprüfung.

Zum Inhalt s. S. 150, vor allem aber H. Fränkel ('28, 269ff.): „Erschütternd und neu ist, wie alle diese starken Triebe sich dem Tode zuwenden; wie die lockende Ferne, nach deren Genuß sich die Dichterin sehnt, das Reich der Vernichtung ist; und wie die düsteren Bezirke von den Lebenskräften der Lebensmüden doch noch zur schönen Landschaft verklärt werden."

Zu 98 D.

v. 1 suppl. Blaß — v. 3 πε[δε]ζώομεν suppl Wil. „ζ cum vestigiis minime congruere videtur" L. — v. 4 σε: ε ex alia litt. corr. cod. σὲ Wil. — ad vocem prioris versus traxit Solmsen, Lobel, Gall. θεασϊκ cod., θέα‹ι› Fraccaroli, Blaß, Lobel (θέαι σ'), Diehl, θέαισ' Solmsen, θέοισ' Maas (ex 71, 3 D.) Ἀρι- Wil., D., ἀριγνώτα‹ι› L., Gall., Marzullo (Maia 5, 1952, 85 ss.) — v. 6 ενπρεπεται cod. — v. 7 ὡς ὅποτ' ἀλίω ci. Maas — v. 8 μηνα cod., σελάννα Schubart propter metrum — v. 9 περεχοις cod., corr. Schubart — v. 12 αδερσα et τεθαλεισι cod., corr. Schubart — v. 18 κηθυ cod. -ι Wil. ‹δ'› Wil. — v. 19 νῶν = νῶιν? Wil., νῶντα = νόεντα (νόημι) Schubart — v. 21 α[ι]μιθεαισι D., Vogliano (Athenaeum 20, 1942, 114 ss.)

— v. 22 „an forma verbi ἐξισοῦν?‘‘ D. ἐξισουσ-ϑ᾽ αἱ Vogliano.
reliqua incertissima: φᾶ]ϱος ... Ἀ[δω]νίδηιον Vogliano,
Theander; cum Callim. 193, 37 Pf. ποδῆϱες ἕλκοντα Ἄδωνιν
fort. conferri posse docet Pfeiffer. — v. 35 ἄπυστον suppl. L.
Zum Inhalt s. S. 153 f.; das Fernsein ist auch 27 a, 16 D.,
33, 2 D. ausdrücklich erwähnt. — Lit. zu den homerischen
Gleichnissen b. Snell, Entd. d. G. 189 Anm. 2, dazu R. Hampe,
Die Gleichnisse Homers u. die Bildkunst seiner Zeit, und den
mehrfach (zuletzt Gymn. 60, 1953, 193ff.) abgedruckten
Aufsatz Schadewaldts. — Die Frage, ob ΑΡΙΓΝΩΤΑ hier als
Mädchenname zu verstehen sei, hat zuletzt B. Marzullo
behandelt und verneint. Ist es ein Adj., so muß es zu „Göttin‘‘
gehören. So hängt diese Frage unlöslich mit der andren
zusammen, ob „einer Göttin‘‘ oder „Göttinnen gleich‘‘
im Text stand. Paläographisch scheint das „impossibile
decidere‘‘ (Marzullo 90: der Bst. nach ϑεα kann auf dem
Pergament Σ, aber auch Ι sein). Ähnlichkeiten mit dem
Artemis-Vergleich Hom., Od. 6, 101ff. (ἀϱιγνωτή, γέγηϑε,
μολπῆς, μετέπϱεπε) führen ihn jedoch zur Folgerung: „Appare
inevitabile concludere, che αϱιγνωτα‹ι› sia entrato nel testo
di Saffo dal passo omerico‘‘ (a. O. 91). — Wenn ich mich
dieser Folgerung nicht anschließe, so deshalb, weil plura-
lische Göttervergleiche bei Homer — und bei Sappho! —
überwiegen (sing., wenn der Name der Göttin genannt ist).
Es sind dann nicht Vergleiche eines Menschen mit einem
Gott, sondern mit dem, was den Göttern allen eignet, mit
„dem Göttlichen‘‘. War aber der Göttervergleich auch hier
(wie v. 20; 2, 1 D.; 71, 3 D.) ein pluralischer, so kann
ΑΡΙΓΝΩΤΑ nur Eigenname sein (nom. eher als voc.).

Zu 98 a, b D.

v. 1 in. ἄνϑος Vogliano. extr. suppl. Snell, Gall. — v. 2
in. suppl. Gall., cetera Vo. — v. 6 ϱαν sscr. ς pap., corr. Vo. —
v. 8 ἐπαϱτία[ν] edd. plerique, ἐπαϱτία Vo., cf. LP. — v. 10
μιτϱαναν pap., novum, post Vo. a plerisque receptum.
suspicionem tamen movet, praesertim cum v. 16 μιτϱαν
scriptum invenias. μιτϱαν· ἂν δ᾽ D., Srebrny, Steffen. or.
rectam, cf. ἐπαϱτία, malim. pro MITPANAN scripsi MITPA
TAN — v. 12 πολεις pap., -λις edd. plerique — vv. 14—16
obelis signatos in fine fr. b scriptos exhibet pap. huc trans-
tulit Vo. v. 16 μιτϱαν‹αν› editores — v. 18 π‹λ›εῖον ci.
Schadew. (’53) — v. 20 αλις del. Srebrny, Schadew.; alii alia.
‹ταῦτα γ᾽› ἔχει πόλις et v. 19 ‹ἄλις›τᾶς Κλ. lusi — v. 21
μνᾶμα· τ[ε]ῖδε Vo. (Phil. 1939); cf. Treu, Wzb. Jhb. 1948, 430.

De metro cgit Ardizzoni, Atene e Roma 1943, 37 ss., sed cf. 96 D.

Dies erste 'politische' Lied Sapphos hat Vogliano erstmalig veröffentlicht: das kleinere Mailänder Stück (b) mit Photogr. im Philologus 1939, zusammen mit dem Kopenhagener Stück (a), dessen Zugehörigkeit Lobel sogleich erkannt hatte, dann in einer Sonderpublikation (Milano 1941), wiederholt und ergänzt in den Prolegomena I, 1952, 27 ff. Von a ist eine Photographie bisher nicht veröffentlicht. In b steht die Strophe σοὶ δ' — Μιτυληνάωι am unteren Kolumnenrand, doch zeigen die Obeloi am Rande dieser drei Verse, daß sie an eine andere Stelle zu rücken sind, wie Maas und Snell gleich erkannt hatten. Ob sie an den Anfang von b zu stellen sind, wie das seit Vogliano meist geschieht (Wehrli stellt sie nicht um), mag diskutiert werden. Wenn aber Steffen noch mehr Verse umstellen will, so ist das entschieden abzulehnen. Im einzelnen bleibt nicht Weniges fraglich. Ohne die Annahme von Schreibfehlern (nicht bloß itazistischer Art) kommt man nicht aus. Auch dann noch ergibt sich meist eine Verschränkung der Worte, lang gespannte Sätze mit Parenthesen (Pfeiffer) etc., die wir sonst bei Sappho nicht finden. Viele Ergänzungsversuche sind wenig glücklich gewesen: so, wenn Gall. aus αλισα eine Anrede an Alkaios entnehmen möchte und trotz Voglianos berechtigtem Widerspruch Ἄλκα' in den Text setzt: als ob wirklich Sappho im gleichen Lied erst ihre Tochter Kleïs, dann einen andren Menschen anreden könnte. Noch gewaltsamer verfährt mit dem Text Steffen, gegen den Srebrny berechtigte Einwände geltend macht. So viel aber steht fest: hier tröstet Sappho ihre Tochter darüber, daß sie ihr keine lydische Mitra — den in der Frühzeit sogar in Sparta beliebten fremdländischen Kopfputz (vgl. Alkman 1, 67 f. D., *Maeonia mitra* Verg., Aen. 7, 26 vergleicht Diehl) — kaufen kann. Sappho ist verarmt infolge der Verbannung, die mit Güterkonfiskation sicherlich verbunden war. Ich halte es für das Wahrscheinlichste, daß das Lied in der Verbannung geschrieben ist.

Die communis opinio sieht in Κλεαναχτίδαν φύγα einen gen. obi. Mit „dem Mytilenäer", den Sappho nicht ohne Bitterkeit nennt, ist sicher Pittakos gemeint (Vogliano, Srebrny). Daß seine Aisymnetie die Herrschaft der Kleanaktiden — an der er selbst partizipiert hatte — ablöste, steht fest. Aber schon vorher ist Alkaios verbannt worden. In die Zeit der Kleanaktiden fällt auch Sapphos Verbannung. Daß die Kleanaktiden (von Pittakos) verbannt worden wären, ist nirgends sonst bezeugt; daß ein Einzelner, ohne sich auf eine andere Adelssippe stützen zu können, ein mächtiges Geschlecht wie die Kleanaktiden in die Verbannung hätte schicken können, bezweifle ich. Daß Sappho „tyrannis expulsis (i. e. Melanchro) favet" (Srebrny), kann ich dem Liede nicht entnehmen. Wie sollte sie, wenn die Kleanaktiden die Urheber ihrer Verbannung waren? Die Schwierigkeiten der bisherigen Deutung hat jedoch gerade Srebrny zuerst erkannt; er läßt es bei der Verbannung eines Kleanaktiden, des Melanchros. Der war aber schon ca. 612 erledigt. Κλεαναϰτίδαν fasse ich daher als gen. subi., φυγᾶς· ἐξορίας Hesych; vgl. Würzburger Jahrb. 3, 1948, 430ff. Als gen. subi. faßt auch Luria das Wort auf, wie ich nachträglich sehe: daselbst Belege für φυγή = φυγάδες. Betont werden muß, daß [ο]ῖδε — wenn so zu ergänzen ist — nicht ϰῆνοι sind. Nicht Menschen in weiter Ferne sind damit gemeint. Wer es auf die Kleanaktiden bezieht, müßte folgern, daß sie sich am gleichen Ort befinden wie Sappho!

Das fr. hat zuletzt Schadew. ('53) behandelt, der v. 18 π⟨λ⟩εῖον konjiziert, v. 21 αλις als Dittographie von α πολις streicht, wie es schon Srebrny getan hatte, dafür nach „Stadt" ⟨αἰν'⟩ hinzufügt und den Inhalt folgendermaßen paraphrasiert: „... eine buntgewirkte, aber sag es doch dem Mytilenäer, dem alle Macht die ganze Stadt verliehen hat, ob er vielleicht buntes Zeug verschaffen kann" (v. 17 e. gr. Φιττάϰωι λέγε, τῶι δίδοι, v. 19 extr. ϰομίσαι πλόϰαις). Die übrigen Ergänzungsvorschläge schreibe ich hier nicht aus. An der Form μιτρανα, meint er, sei nicht zu zweifeln. — Zu wenig beachtet ist bisher allgemein, daß v. 8 zwischen A und Papyrusrand (bei Vogliano) ein freier Raum ist, so daß man bei επαρτια wird bleiben müssen; davon bin ich ausgegangen.

An dem Axiom, am Anfang des dritten Verses jeder Strophe müsse ein creticus stehen (Gall. u. a.), halte ich nicht um jeden Preis fest. Das Axiom stützt sich ausschließlich auf unser fr. Vgl. aber 96 D. — Wenn wirklich Sappho davon spricht, daß dem Pittakos alle Macht verliehen ist (wie Schadew. selbst sagt, wäre das der älteste Beleg für πλέον ἔχειν in dieser Bedeutung), — müßte man dann nicht erwarten: „...ob er dir ... beschaffen mag (statt: kann)?" Allein, Logik ist bei der Interpretation von Liedern eine schlechte Helferin. Nach meinem Empfinden läge in dem Satz: „Sag es doch Pittakos!" nicht nur ein „blitzschneller Seitenhieb" gegen ihn, sondern ein Verweis an die Tochter, daß sie sich an die falsche Adresse gewandt hat. Das vermag ich nicht ohne weiteres anzunehmen: wohl ein Belehren und Erklären und Trösten. Oder noch genauer: den Wunsch, nicht das Sprechen von diesem Wunsch verweist m. E. Sappho ihrer Tochter.

Mit Sicherheit läßt sich nur sagen, daß — einschließlich meiner eigenen in diesem Einzelfall etwas kühnen Änderungsversuche — überzeugende Emendationen bisher nicht gelungen sind.

Zum gleichen Lied könnte viell. 101 D. gehören; vgl. auch zu 95 D. und zur ovidischen Sappho-Epistel (s. S. 237).

Zu 99 D.

v. 1 χειρ- codd., corr. Ahrens — v. 2 (= 55a, 9 D.) καταυταμεν ατατιμάσεις cod.

Sappho spricht hier πρὸς τὴν Ἀφροδίτην (Athen.), für deren Kultbild eines ihrer Mädchen (Mnasis wohl Kurzform für Mnasidika) aus Phokäa einen purpurnen Kopfschmuck (vgl. Hekataios, FGrHist 1 F 358 Jacoby) geschickt hat. Der Völkername v. 1 und 4 ist trotz Theander ('43, 149 — καὶ ἐγγόνων, wo das „und" sinnlos ist) und Mazzarino, Fra Oriente e Occidente 278 f. noch unerklärt: M. dachte an die Iler-cavones in Spanien. Ἰαϝόνων? Lobel (vgl. 98a,b D.). Daß es nicht Arabum dona sind (Ovid, Ep. Sapph. 74, o. S. 124), ist wahrscheinlich. Auf 96, 23 D. verweist Diehl. Über καταύτμενα vgl. zu 55 D. (o. S. 198).

Ob Sappho hier zum Kultbild oder zu der Göttin spricht, wollen wir nicht fragen: das Kultbild ist keineswegs nur ein Abbild der Gottheit.

Zu 100 D.

v. 1 ἀμῖν Stob., em. Neue. ἄρνησον Stob. cod. A, ἄρνυσο cod. S, Arsen., cf. Bechtel p. 81, Hom., Il. 16, 145. — v. 2 ξυνο(ι)κεῖν codd., em. et metrum libri tertii restituit P. Maas, KZ 56, 1928, 137. ἔσσα Stob. codd.

Daß ein Mädchen „zunächst" (Schadew. 44) den jüngeren Bewerber abgewiesen habe, sich also nur ziert, vermag ich dem Tenor der Worte nicht zu entnehmen. Wohl aber sieht man, wie starke Geltung das ungeschriebene Gesetz besitzt, daß der Mann nicht jünger als die Frau sein soll. Dialogform dieses Liedes ist wahrscheinlich.

Zu 101 D.

ανταόρααι στεφανηπλόκου (αὖτα νεώρητος ⟨ ⟩ ἐστεφανηπλόκενν Rav.) codd., impf. agnovit Ahrens, αὐτὰ ὡραία στεφαναπλόκην Wil., S. u. S. 41 s. n. 3, ἐστεφαναπλόκην L.

„Ohne Frage" wollte Wil. dies fr. mit 100 D. und 102 D. dem gleichen Liede zuweisen: letzteres gehört aber in die Artemisrede des neuen P. Fuad 239 = Alc. 304 LP. (o. S. 6). Heute wird man sich fragen, ob dieses Selbstzeugnis der Dichterin (vgl. Schadew. 159) nicht in eine verlorene Strophe von 98a, b D. (o. S. 218) gehört: evtl. mit Umstellung. Die Situation könnte eine ähnliche wie dort gewesen sein und die Worte sich an Kleïs richten. Glykoneisches Versmaß klingt hier noch durch.

Zu 103 D.

v. 1 ἄγε codd., corr. Diehl, δή add. Blomfield, μοι λέγε Hermog., ἄγε μοι, δῖα χέλυ Eust. — v. 2 γίνεο Hermog., γένοιο Eust.

Diese Anrede an die aus Schildpatt gefertigte Leier (vgl. Alc. 103 D.) ist der einzige Beleg für eine Zwiesprache der Dichterin mit Dingen: aber gerade die Leier galt ihr nicht als unbelebtes, stummes Ding.

Zu 104 D.

Gello, ein Dämon (bzw. der Geist einer Frühverstorbenen: Suid.), der die neugeborenen Kinder raubt (Hesych; vgl. RE s. v.). Die sprichwörtliche Wendung ist bei Sappho natürlich ironisch gemeint.

Zu 105 D.

v. 1 φασὶ δή ποτε codd. (δὴ ποταμὸν λίθινον Et. Flor., ληδινόν nonnulli), corr. Neue. ὑακ. πεπ. (nondum explanatum) omisit Athen., Eust. — v. 2 εὑρεῖν ὠιόν E. M., Et. Flor., Zonar., fort. recte. ὤιον trium syllab.

Nach der hier und schon in einem nachhomerischen Epos, den Kyprien (fr. 8 Bethe), berichteten Sagenversion ist nicht Leda, sondern Nemesis die Mutter Helenas. Von der Liebe des Zeus verfolgt, nimmt sie mancherlei Gestalt, u. a. die einer Gans, an. Als Schwan naht er ihr: τὴν δὲ ὠιὸν ἐκ τῆς συνουσίας ἀποτεκεῖν, τοῦτο δὲ ἐν τοῖς ἄλσεσιν εὑρόντα τινὰ ποιμένα Λήδᾳ κομίσαντα δοῦναι (Apollod., bibl. 3, 10, 7; vgl. Höfer in Roschers mythol. Lex. s. v. Leda). Auf die gleiche Sage geht das sprichwörtliche *ordiri ab ovo* (Horaz, Ars poetica 147) zurück.

Zu 106 D.

μέλας codd., corr. Ahrens. νυκτός, νύκτα, etiam χύτ᾽ codd. — ἄωρος = ὦρος = ὕπνος E. M. (ἄωρος· ἄυπνος· Μηθυμναῖοι Hesych.).

Ein Verb wie *καλύπτει*, vgl. Hom., Il. 14, 438f., mag man sich hinzudenken. Bei Homer heißt übrigens wohl die Nacht, doch nie der Schlaf „schwarz".

Zu 107 D.

v. 2 *κατερύκεσθε* codd., em. Paw, *χίτωνας* codd., *κίθωνας* Bergk. „nota alliterationem" Diehl.

Pausanias IX 29, 8 behauptet, den Namen des Adonis bzw. Oitolinos habe Sappho von *Πάμφως*, „der die ältesten Hymnen der Athener gedichtet hat", übernommen. Pamphos bleibt uns "almost a legendary character" (Bowra 238). Der Adoniskult, für den sich die ältesten griechischen Zeugnisse bei Sappho finden (vgl. Nilsson I 689), kommt aus Kleinasien (phönikisch nennt ihn O. Kern, D. Rel. d. Gr. II 230). Im griechischen Mythos fand dieser Vegetationsgott als wunderschöner Jüngling Aufnahme, den Aphrodite liebt. Aber von einem Bären tötlich verwundet stirbt er, und Aphrodite muß ihn für eine Weile dem Totenreich überlassen. Die nur von Frauen gefeierten Adonisfeste (im Hochsommer) haben orgiastische Züge bewahrt. Ob Pittakos hiergegen einzuschreiten versucht hat, wissen wir nicht: nur daß er die übermäßigen Trauerkundgebungen bei Leichenfeiern einschränkte (Cicero, de legg. II 26: *P. omnino accedere quemquam in funus aliorum vetat*).

Zu 108 D.

ἔμμιν et *ἔμμεν* codd., em. Ursinus. — *ἀβακής·* ... *ἀντὶ τοῦ ἡσύχιον καὶ πρᾷον* E. M. Eine der zahlreichen Selbstaussagen unserer Dichterin über ihre Wesensart.

Zu 109 D.

τάδε πρέποι Lobel, sed cf. 27, 19 D. Unser Gewährsmann, Maximos von Tyros (2. Jh. n. Chr.), bezeugt, daß Sappho diese Worte zu ihrer Tochter spricht „so wie Sokrates zu Xanthippe": daraus hat man gefolgert (Schadew. 71), für den Fall ihres eigenen Todes habe Sappho Trauerlieder (Threnoi) untersagt. Aber soweit wir sehen, spricht Sappho niemals von Eventualitäten (vgl. Schadew. 175), im Unterschied zu Alkaios, und ob sie, „als sie auf den Tod krank war" (H. Fränkel, D. u. Ph. 252), Lieder dichtete, darf man bezweifeln. So wird wohl auch hier ein eingetretener Trauerfall im eigenen Hause der Anlaß für diese Mahnung gewesen sein. Mit der obenerwähnten Maßnahme des Pittakos hat diese Mahnung nichts zu tun. Im Vergleich zu den weinenden Helden des homerischen Epos zeigt sie aber, wie viel mehr

Selbstbeherrschung nun geistige Menschen von sich und ihren Nächsten erwarteten. — Zum Versmaß der in Prosaparaphrase überlieferten Worte (*οὐ γὰρ θέμις ἐν μουσοπόλων οἰκίᾳ θρῆνον εἶναι· οὐκ ἄμμι πρέποι τάδε*) Wil., S. u. S. 20 Anm. 1.

Zu 110 D.

καλὸς sscr. *μ* cod. Par., *σύ τοι καλός* Hermann. *ἔρως* codd. Diese Worte spricht die Göttin Aphrodite, wie Maximos von Tyros ausdrücklich bezeugt. Aber wie in unsrem Fall die Angeredete (Sappho selbst vermutlich) und Gott Eros koordiniert werden konnten, d. h. was von beiden zugleich ausgesagt wurde, ahne ich nicht. Das Menschenschicksal ist dem Götterleben in allem ganz unähnlich. Oder wurde vielleicht die Ursache von irgend etwas in Form einer mythologischen und einer unmythologischen Motivierung genannt (wie 69 D.)?

Zu 111 D.

ἀμέργουσαν codd., *πάϊδ' ἄγναν* ci. Hermann, *παῖδα τὰν* ci. Lobel. Athen. XII 554 b: *φυσικὸν γὰρ δή τι τοὺς οἰομένους εἶναι καλοὺς καὶ ὡραίους ἀνθολογεῖν, ὅθεν αἵ τε περὶ τὴν Περσεφόνην ἀνθολογεῖν λέγονται καὶ Σαπφώ φησιν ἰδεῖν* (folgt unser fr.). Die letzten Worte schließen einen Bezug auf den Mythos vom Raub der Persephone aus.

Zu 112 D.

Zitiert als Beleg für *ϝός*. Aphrodite muß vorher genannt gewesen sein, wenn Eros hier als „ihr Sohn" bezeichnet wird.

Zu 113 D.

κένη schol., em. Ahrens. *χεράδας* E. M. Das gleiche Sprichwort hat Alkaios 89 D. pointiert ausgestaltet.

DAS SIEBTE BUCH

Zu 114 D.

Ein mimetisches Lied, wie auch Alkaios sie hat (vgl. A. p. 117 m. Anm. 67). Aber die Klage des Mädchens ist bei Sappho, soweit man nach diesen Anfangsversen urteilen kann, unpathetisch. Hier wie dort mag übrigens ein altes Volksliedmotiv aufgegriffen sein: das Mädchen am Webstuhl, am Walkergestell, am Spinnrocken (148, 2 D.): vgl. Welcker, Kl. Schr. I 118.

DAS BUCH DER EPITHALAMIEN

Vgl. allg. Smyth p. CXII – CXX; P. Maas, RE s. v.
Hymenaios; A. L. Wheeler, Tradition in the Epithalamium,
Am. Journ. of Philology 51, 205ff., 1930 (überschätzt m. E.
das quasi-dramatische Element in Sapphos Epithalamien),
und zu Theokrit 18 vgl. G. Kaibel, Theokrits *ΕΛΕΝΗΣ
ΕΠΙΘΑΛΑΜΙΟΝ*, Hermes 27, 1892, 249ff. und den Kommentar von Gow (Cambridge 1952). — Sapphos Buch der
Epithalamien ist bezeugt: Dion. Hal., ars rhet. 4, 1 (VI
p. 270 Usener-Radermacher) (εἰσίν) τινα μὲν οὖν καὶ παρὰ
Σαπφοῖ τῆς ἰδέας ταύτης παραδείγματα, ἐπιθαλάμιοι ... ἐπι-
γραφόμεναι ᾠδαί, Schol. Verg. Georg. 1, 31 *Sappho ... in
libro, qui inscribitur ἐπιθαλάμια* (zu 128, 6 D.) und in dem
neuen Papyrus 103 LP. (o. S. 14f. und 167; daselbst über die
ausdrücklich als Epithalamien zitierten fr.). — H. Usener,
Kl. Schriften 4, 1913, 308f. urteilt über diese Lieder Sapphos:
„Keine Gruppe der verlorenen Dichtungen der Sappho vermissen wir so schmerzlich wie ihre Hochzeitslieder. Fast
jedes Bruchstück, das uns vorliegt, und noch die Nach-
bildungen des Catullus zeigen uns, in wie wunderbarer
Weise darin die feinste und tiefste weibliche Herzens-
empfindung die überlieferten Formen und Vorstellungen zu
adeln vermocht hat. Ihr besonderer Reiz lag in der sinnigen
Verwertung der alten volkstümlichen Bestandteile des
Hochzeitsbrauches.“

Das neugriechische Kinderlied, in dem ich ein Weiterleben der Thematik älterer Hochzeitslieder vermute (s.
S. 151), lautet in der Übersetzung:

A. „Von euch holten wir uns, holten wir uns ein schönes
　　Mädchen.“
B. „Von uns holtet ihr euch, holtet ihr euch eine alte
　　Schmutzliese.“
A. „Von euch holten wir uns, holten wir uns den Himmel
　　mit den Sternen.“
B. „Von uns holtet ihr euch, holtet ihr euch eine zer-
　　brochene Blumentopfscherbe.“
A. „Von euch holten wir uns, holten wir uns einen
　　goldenen Konstantinstaler.“
B. „Von uns holtet ihr euch, holtet ihr euch ein Faß
　　ohne Boden.“
A. „Von euch holten wir uns einen Granatapfel.“
B. „Von uns holtet ihr euch einen Astknorren.“

Im originalen Wortlaut:

— Σᾶς πήραμε, σᾶς πήραμε μιάν ὄμορφη κοπέλλα.
— Μᾶς πήρατε, μᾶς πήρατε μιά παλιοκατσιβέλα.
— Σᾶς πήραμε, σᾶς πήραμε τόν οὐρανό με᾽ τάστρα.
— Μᾶς πήρατε, μᾶς πήρατε μιά χαλασμένη γλάστρα.
— Σᾶς πήραμε, σᾶς πήραμε φλουρί κωσταντινᾶτο.
— Μᾶς πήρατε, μᾶς πήρατε βαρέλι δίχως πάτο.
— Σᾶς πήραμε τό ρόϊδο.
— Μᾶς πήρατε τό ρόζο.

Über heutige Volksbräuche auf Lesbos vgl. P. Nikitas, *ΤΟ ΛΕΣΒΙΑΚΟ ΜΗΝΟΛΟΓΙΟ*, Lesbiaka I 1, Mytilene 1953.
Ein neues sapphisches Epithalamienfragment vermutet K. Latte (Glotta 32, 1952, 35f.) in der Hesychglosse ξοάνων προθύρων· ἐξεσμένων, vgl. Catull 61, 168 *rasilem ... forem*: weil das Zitat aus einem Autor stammt, der von antiken Grammatikern erklärt wurde, und weil das gleiche Motiv bei Catull begegnet. Spezifisch Äolisches kann man in den Worten nicht erblicken. Wenn ich Zweifel an der Zuweisung an Sappho habe, so deshalb, weil eine solche „Kleinmalerei" (bei nebensächlichen Dingen) mir nicht der archaischen Lyrik zu entsprechen scheint.

Zu 115 D.

Libro octavo dedit olim Lobel.
Aristoteles hat in der Schrift vom Staate der Lakedaimonier (fr. 545 Rose) diesen Vers und das Sprichwort „nach dem lesbischen Sänger" auf den Dichter Terpandros bezogen. Bei allen musischen Agonen in Lakedaimon habe man zuerst gefragt, ob ein Nachkomme des Terpandros, dann, ob etwa sonst ein Sänger aus Lesbos anwesend sei: ihnen habe der Vortritt gebührt (Eust. a. O., vgl. Hesych μετὰ Λέσβιον ἀοιδόν). Aelius Dionysius dagegen hat eine Beziehung auf Terpander oder Euainetides oder Aristokleides für möglich gehalten. Für uns sind das nur mehr Namen, aber sie zeugen von der alten, ruhmreichen Sangestradition auf Lesbos. Als „Erfinder" eines Musikinstrumentes ist Terpandros bei Pindar fr. 125 genannt. (Ael. Dion. = Lexikograph im 2. Jhdt. n. Chr.)

Zu 116 D.

ὄζῳ et ἐφικέσθαι cod., em. Blomfield et Bergk; cf. Hom., Il. 2, 312 ὄζῳ ἐπ᾽ ἀκροτάτῳ.
In epischem Versmaß, aber in volkstümlichem Ton — dazu gehört die nachträgliche Steigerung — hat Sappho

in diesen Versen etwas Unnachahmliches geschaffen. Die Selbstberichtigung v. 3 (Demetr. π. ἑρμ. 148 spricht mit Recht von der Anmut der sapphischen μεταβολή, ὅταν τι εἰποῦσα μεταβάλληται καὶ ὥσπερ μετανοήσῃ) bringt in das frohe Bild einen neckischen Ton, wie er überall herrscht, aber doch nur selten so wenig derb und so fein bleibt, wo Mädchen und Burschen einander necken. Catulls Epithalamion 62, 39f. hat ein andres schönes Bild von der unberührten Blume, jedoch nichts von dieser leichten Fröhlichkeit. Vgl. zu 117 D. und oben S. 152.

Zu 117 D.

v. 1 οὔρεσιν codd., em. Ahrens — v. 2 ποσί et καταστείβουσιν et δέ τε codd., δὲ τὸ scripsi. „Maxime dubium est, num Sapphus sint versus" L., cui πόρφυρον et δέ τε suspicionem movent, sed cf. Marzullo (πορφύρωι nunc legimus in 98a D.).

Die Vermutung, diese Verse gehörten zum gleichen Lied wie 116 D. (Wil. TGL 72, Bowra 224f.), ist durch Catull 62 gerechtfertigt: v. 39 *ut flos* . . ., v. 49 *ut vidua* . . . *vitis*. Der Zweifel, ob Sappho auch für Jünglingschöre einige Verse gedichtet habe (Perelli, Riv. '50, 289), ist durch die uralte, volkstümliche Form des Wechselgesanges schon widerlegt. Zudem hat Sappho (173 LP. ἀμαμαξύδες = ἀναδενδράδες) die „dem Pfahl verbundenen Reben" erwähnt, ein Vergleich, der ebenso wie bei Catull im Wechselgesang vom Jünglingschor vorgebracht worden sein muß; vgl. Schadew. 48. — Anders als die bewegten homerischen Gleichnisse sind die lyrischen. Der Blick begleitet ein Geschehen, verweilt aber erst an dessen Endpunkt: da liegt nun die Blüte am Boden.

Zu 118 D.

χρύσειοι cod., Herrmann, Gall., LP. - ιοι Ahrens, Diehl, L. ‹δ'› ci. Herrmann, ‹τ'› Diehl, sed cf. Hom., Il. 13, 589 ἢ ἐρέβινθοι.

Nicht auf eine besonders gute Art von Hülsenfrüchten kam es Sappho an (trotz Athenaeus), sondern auf die Schilderung einer märchenhaft schönen Landschaft, vermutlich in einer Mythenerzählung, vielleicht (vgl. Schadew. 55) in einer Erzählung vom Raub der Europa.

Zu 119 D.

Der Vers klingt, wie jedes „es war einmal", ganz wie der Anfang eines erzählenden Liedes. Gerade den Mythos von Niobe, die sich ihrer großen Kinderzahl stolz rühmt und die Göttin Leto verachtet, zur Strafe dann aber alle ihre

7 Söhne und 7 Töchter verliert, hat Sappho mehrfach behandelt (vgl. o. S. 163).

Zu 120 D.

v. 1 *φέσπερε* Et. Gud., *ϝ*-Welcker. *φέρεις* Dem., *φέρων* etymologica (Lobel) — vv. 2s.ubique corrupti: *φέρεις οἶνον, φέρεις αἶγα, φέρεις ματέρι παῖδα* Dem. cod. P, *φέρεις οἶον φέρεις οἶνον φέρεις αἶγα, φέρεις ἄποιον ματέρι παῖδα* cett. *οἶν* Bentivoglio, *ἄπυ* ci. Bergk. — cf. h. Hymn. Cer. 51 *φαινολὶς ἠ ὺς*.

Das schalkhafte Liedchen beginnt mit der allgemeinen Aussage: „alle...", zählt dann das Einzelne auf mit der schlichten Eindringlichkeit von Kinderliedern und endet überraschend: bei dem Mädchen, das nicht nach Hause, sondern am Hochzeitsabend von Hause fortgeführt wird. — Überraschende Schlußwendungen können etwas sehr Altes und Volkstümliches sein: Horaz, Epod. 2 wird sie von den Jamben des Archilochos übernommen haben, der Jambos hinwiederum vielleicht von epilogischen Witzworten (etwa: „Meine Freunde müssen von gerader Art sein", — sprach der Adler und griff sich die Schlange. — Durch Voranstellung dieses Epilogs wird eine Fabel daraus). Aber an unserer Stelle wird durch das *ἀπροσδόκητον* das vorhergehende Bild nicht zerstört, nur angedeutet, daß die Menschenwege anders sind als die in Natur und Tierwelt.

Zu 121 D.

ἡμερόφωνος Suid. *ἀήδω* (aut *ἄγγελον*) postulat L., sed cf. Alc.* 253 LP., 5 *]ωςαηδων[*
Mit Hesiod, Erga 568f., Alkaios 94 D., Simonides 46 D. (*ἄγγελε ... ἔαρος*) verglichen erweist sich dieser Vers als Variation eines beliebten Themas.

Zu 122 D.

ἦσί = *φησί*. Die Vermutung, hier und viell. in 72 D. (das aber ein Pindarfragment sein kann) hätte Sappho in einem Hochzeitslied den Hergang der Brautwerbung erzählt, will mir wegen der direkten Rede einstweilen wenig wahrscheinlich erscheinen. Doch bliebe das eine Möglichkeit; eine andre würde auf eine Mythenerzählung führen.

Zu 123 D.

v. 1 *ὔψοι* sscr. *ι* cod. A. — v. 3 *ἀείρεται* Heph. cod. A. *ἀέρατε* Demetr., *ἀείρατε* Heph. codd. I, *ἀείρετε* (ex -ατε) C, *ἀέρρετε* Bentley, Lobel, *ἀέρρατε* Ahrens, Diehl (cf. A*. 116, 6 LP. *]οναέρραι[*) — v. 5 *ἔρχεται* Heph., *ἐσέρχϝται* Seidl e

Demetr. εἰσέρχεται, „fort. recte" D. cf. 97,7 D. ἔσηλθ'. de metro cf. Wil. TGL 72.

Das Motiv: „Die Türe hoch" u. ä. kennzeichnet die Erwartung, daß ein Gott naht (Psalm 24; fr. mel. adesp. 6 D.). In griechischen Hochzeitsliedern hat dies alte religiöse Motiv offenbar auf der Grenze von Ernst und Unernst mit komischen Übertreibungen verbunden werden können.

Eine gründliche Kritik der Emendationsversuche dieses fr. bei Perrotta, Maia 1, 1948, 52 ff.: gegen Bowra (450), daß in γάμβρος δ' ἴσος ἔρχετ' Ἄρευι die Partikel unnötig ist, gegen Lobel (und Gall.), daß γ. εἶσ' ἴσ' Ἄρευι u. a. der Paraphrase bei Demetr. de eloc. 148 nicht entspricht, wo es heißt: ὅτι οὐδεὶς τῷ Ἄρῃ ἴσος ἐστίν. Das hätte auch Milne, Class. Rev. 1950, 53 beherzigen sollen, der γ. ἴσ' ἔρχετ' Ἄρευι vorschlägt. Perrotta selbst hebt mit seinem Vorschlag (ἴσος γάμβρος Ἄρευι − pherecr. bzw. γάμβρος ἴσος Ἄρευι ithyphallicus) das alte religionsgeschichtliche Motiv auf, daß bei der Ankunft (deo adveniente) eines Gottes die Tür hoch gemacht werden muß. Seit in 97, 7 D. ἔσηλθ' d. h. ἐς vor vocalisch anlautendem Wort belegt ist, darf ἐσέρχεται ernstlich erwogen werden. Es ist ja nicht nur ein gleichwertiges, sondern dasselbe Kompositum, und daß in jenem fr. 97 εἰσ- zu lesen wäre, kann ich, anhand einer vorzüglichen Photographie aus dem Nachlaß Voglianos, Lobel-Page nicht zugeben. Daß für ἴσος Ἄρευι „il modello è in Hom. Λ 604 ἴσος Ἄρηι", hat Gall., Riv. di fil. 28, 1950, 114 Anm. 1 später zugegeben. Wir haben bei Sappho ja auch Πωλυ- und πολυ-.

Zu 124 D.

v. 1 ἑπταθο. ρρόγνιοι cod. A. ἑπτα (sscr. ορ) θόργνιοι cod. D. ἑπτα θόργνιοι cod. I, ἑπταρόγιοι cod. H, Schol. Z. ἑπταρόγνιοι Schol. Y, em. Hotchkis -- v. 2 πενταβόεια DI,Schol. πεντεβόηα reliqui, em. Schneidewin. − v. 3 πισ- codd. praeter Schol. codd. k, p. (-σσ- retinuit Lobel, -σ- Diehl) − v. 3 -νησαν et -νασαν codd., -ναισαν Diehl, Lobel, LP.

Unser Gewährsmann, Demetr. π.ἑρμην. 167, sagt: ἄλλως δὲ σκώπτει (ἡ Σαπφώ) τὸν ἄγροικον νυμφίον καὶ τὸν θυρωρὸν ἐν τοῖς γάμοις, εὐτελέστατα καὶ ἐν πεζοῖς ὀνόμασι μᾶλλον ἢ ἐν ποιητικοῖς, ὥστε αὐτῆς μᾶλλόν ἐστι τὰ ποιήματα ταῦτα διαλέγεσθαι ἢ ᾄδειν οὐδ' ἂν ἁρμόσαι πρὸς τὸν χορὸν ἢ πρὸς τὴν λύραν, εἰ μή τις εἴη χορὸς διαλεκτικός (cf. Alc. *Schol. 204 LP., λέξις ἡ ἐν τῇ ζωῇ). Hätte der pedantische Rhetor selbst solche Necklieder erlebt, vielleicht wäre ihm der Sinn für Humor aufgegangen. Recht hat er insofern, als

gerade für Wechselgesänge sich solche Lieder eignen. --
Von Spottreden an Winterabenden spricht Hesiod, Erga 788,
von Wechselgesängen, wenn auch nicht skoptischen, h.
Mercur. 56. „Auch *donec gratus eram* (Horaz, Oden III 9)
muß aus der alten Lyrik stammen" Wil., Kl. Schr. 2, 112,
Anm. 2 (nicht so entschieden Wil., S. u. S. 41 Anm. 3).
Solche Wechselgesänge sind bei manchen Völkern noch
heute lebendig. Da singen dann die Burschen: „Dir ist die
Seele in der Suppenschüssel ertrunken" etc., die Mädchen
antworten: „Du hast eine Ziege vor die Egge gespannt" etc.
Der Friedensschluß erfolgt ganz unvermittelt: „Schließen
wir Frieden, schließen wir Frieden!" (lett. Volkslied).

Zu 125 D.

κατάγρει = καθαιρεῖ, καταλαμβάνει. Zitiert als Beleg für
ἄσφι = σφί (ὄτα σφι Wackernagel, KZ 28, 1887, 171).

Zu 126 D.

πεφυλάχθαι γλῶσσαν μαψυλάκταν codd., traiecit et em. Seidl.

Zu 127 D.

v. 2 κάλιστ' ci. Bergk. Das Adj., = „elastisch", ist ein
von der Pflanzenwelt auf Menschen übertragenes Lieblings-
wort der äolischen Lyrik. Über Vergleiche in Hochzeitsliedern o. S. 224.

Zu 128 D.

v. 2 ἔχηις cod. A, ἔχεις cod. I. ἂν ἀρᾶο codd. (debuit τὰν),
ὡς ci. Fick, Lobel. − v. 3 καὶ ὄμματα μελιχρά, ἔρος δὲ καλῷ
περικέχυται προσώπῳ Choricius, ὄππατα δ' restituit Weil,
⟨ ⟩ suppl. et v. 4 in. em. Wil. (TGL 73).
Die gleichen Motive kehren in dem bereits erwähnten
(s. S. 151) Epithalamium aus hellenistischer (oder noch
späterer?) Zeit wieder: P. Ryl. 17 (= Pack nr. 1456):
νύμφιε, σοὶ Χάριτες γλυκεραὶ καὶ κῦδος ὀπηδεῖ / Ἀρμονίη
χαρίεσσα γάμοις γέρας ἐγγυάλιξε, / νύμφα φίλη, μέγα χαῖρε
διαμπερές· ἄξιον εὖρες / νυμφίον, ἄξιον εὖρες, ὁμοφροσύνην
δ᾽ὀπάσειε / ἤδη που θεὸς ὔμμι καὶ αὐτίκα τέκνα γενέσθαι /
καὶ παίδων παῖδας καὶ ἐς βαθὺ γῆρας ἱκέσθαι. So behaupten
sich die Motive jahrhundertelang: Sapphos Kunst bleibt
einmalig (vgl. H. Usener, Kl. Schr. 4, 1913, 309).

Zu 130 D.

τοιαῦτα cod., τοαύτα Ahrens, Diehl, τεαύτα Lobel. νῦν
ἀτέρα ci. Lobel.

Von der Einzigartigkeit eines Mädchens handelt auch
60 D., das Kaibel ebenfalls einem Hochzeitslied zuweisen
wollte (Hermes 27, 1892, 251; vgl. Theocr. 18, 20. 32 ff.).

Zu 130 a D.

Das griechische Wort für „König", gerade auf Lesbos
auch nach Beseitigung des Stammeskönigtums oft gebraucht
(vgl. Mazzarino 43), mag hier die jungen Aristokraten auf
ihren Herrensitzen meinen, die als Brautführer erschienen sind.

Zu 131 D.

v. 1 λιποῦσα οἴχηι codd., ἀ⟨π⟩οίχηι Blomfield − v. 2
ἤξω (bis) codd. (Lobel), ἴξω Bergk, Diehl.
Vgl. fr. mel. adesp. 3 b D.]σα φύγοιμι, παῖδες, ἤβα, wo
vielleicht die Jugendzeit sagt, daß sie auf immerdar ent-
flieht. Über vergleichbare mährische Hochzeitsbräuche vgl.
Usener, Kl. Schr. 4, 309.

Zu 133 D.

Vgl. Hom. Il. 22, 318. − Von Gall. wird unser fr. mit
120 D. verbunden.

Zu 134 D.

δαύοισα παλλὰς (ἀπαλὰς Et. Flor.) et ἐτάρασσεν codd.,
corr. B., ἑταίρας Wil., Maas.
Zitiert, weil sich „einmal der Ausdruck δαύω = κοιμῶμαι
bei Sappho findet". Vgl. ἅπαξ im Sapphokomm. *90 LP.
fr. 3, 15 und *Alc. 152 Bgk. An ein Epithalamium dachte
Kaibel auch bei diesem fr., Bergk konjizierte allerdings
δαύοισ', und für ἑταίρα = Braut haben wir keinen Sappho-
beleg.

Zu 135/136 D.

ὄλπις = οἰνοχόη. καρχήσιον = εἶδος ποτηρίου Hesych. −
v. 3 v. 1. Athen. 2, 39, Eust. ἔρπιν (Αἰγυπτιστὶ ὁ οἶνος) −
v. 5 ἔσχον Macr. ἔχον Ath. corr. Bᵢ „metrum penitus incertum" L., cf. Wil., Verskunst 400.
Welche Götterhochzeit hier beschrieben wird (Herakles?
Wil., Gl. d. H. I, 164 Anm. 1), bleibt unkenntlich. Aber wie
55 D. mündet die mythische Szene in die Gegenwart ein.
Daß unser Lied mit diesen Segenswünschen der Götter an
Bräutigam (und Braut) schloß, also nur noch etwas weiterging, halte ich für sicher. Auch Märchen pflegen mit der
Beschreibung des Festes und dem abschließenden „dort" zu
enden (russ.: „Auch ich war dort, trank Honig und Bier";

mit dem anschließenden Schelmenwort: „das lief den
Schnurrbart entlang, — aber in den Mund ist es nicht
gelangt"). Die Chorlyrik (z. B. Pind. Paean 13 (a), 21)
braucht bei diesem Endpunkt nicht haltzumachen.

INCERTI LIBRI FR.

Zu 137 D.

v. 1 *μ'ὸ* Hephaest. ἐμὸς et ἐμὸν Schol. — v. 4 φρόντις
δ'ῆν codd., corr. Bentley. ποτε et πότη codd., πόται Lobel,
sed cf. Pfeiffer, Gn. '26, 319.
Wil., S. u. S. 55 Anm. 1 meinte, Sappho denke hier an
die Bremse (ἕρπετον = *fera*). Aber es sind fraglos mehrere,
nicht scharf abzugrenzende Vorstellungen: ein Bild, noch
kaum sich abzeichnend, wird durch ein andres abgelöst.
Vgl. Bowra 245.

Zu 138 und 139 D.

Daß Sappho solche hyperbolische Komparative bevor-
zugt, hat man schon im Altertum bemerkt und teils gelobt
(Demetr. π. ἑρμην.), teils getadelt (Gregor von Korinth).
Zu unseren 3 Stellen kommen noch fr. 122/123 Bgk. γάλακτος
λευκοτέρα, ὕδατος ἀπαλωτέρα, ἵππου γαυροτέρα, ῥόδων ἀβροτέρα,
ἱματίου ἑανοῦ μαλακωτέρα, z. T. von Theocr. 11, 20f. und
erst recht in Ovids Cyclops, Met. XIII 789ff., ins Komische
gewandt. — Auch Alkaios hat mehrfach solche hyperbolische Komparative, die hom. Epen nur je 5 mal, Hesiod
gar nicht.

Zu 140 D.

πάγχης codd. πάσχῃς; L., cf. Solon. 14, 4 D. ἀβρὰ παθεῖν.
ἀλλόμαν = ἠλλόμην.

Zu 141 D.

μὴ καμεσ(sscr. τι)τέραν cod. H, μὴ καμετέραν cod. V, corr.
Ahrens.
In neuen fr. begegnet mehrfach ἄλλος = ἠλεός, μάταιος,
wodurch an unserer Stelle, dgl. in 45 D. und 140 D. der
Sinn nun erklärt ist. Alle diese Stellen hat Herodian neben
140 D. ἀλλόμαν = ἠλλόμην gestellt: es sind Dialektformen,
nicht das gewöhnliche ἄλλος.

Zu 142 D.

μεμιγμένα codd. Das Zitat im Schol. Ap. Rhod. erlaubt
den Schluß, daß dies Sapphowort von einem Gewand gesagt

war. Wil., S. u. S. 90 Anm. 2 wollte unser fr. dem 2. Buch zuweisen.

Zu 143 D.

κεκορημένου στόργος codd., em. Toup, Bergk, affertur enim declinationis in -ω, -ως exemplar. κεκορημένοις L.

Gorgo war eine Rivalin Sapphos wie Andromeda: Max. Tyr. 18, 3 und das neue Zeugnis 213 LP., vgl. o. S. 146 Anm. 32.

Zu 144 a, b D.

a) ἀνδρομέδαν καλὰ et _έδα καλὰν codd, κάλαν ἀμοίβα ci. Bgk.

Daß diese Metrikerzitate die Anfänge verschiedener Lieder wären, haben Bergk u. a. geglaubt. Für b) ist das unwahrscheinlich: wenn hier ein Himmelsbote zu Sappho spricht, muß dessen Erscheinen vorher erwähnt sein. Sappho dramatisiert nicht.

Zu 146 D.

ἔχεισθα D. ἔχησθα L.

Zu 148 D.

v. 1 εἰς codd., corr. Wil. ἁρμάτεσσι et χημένος vel ὀχημένος codd., corr. Bentley — v. 2 μάλιστα E. M., μᾶλις (cod. C) et μάλις Hephaest. codd.

Die Verse, 1. ein mythisches Paradeigma (ohne daß der eine Vers verriete, welcher Jüngling gemeint war), 2. eines der Web- und Spinnstubenlieder, nun aber nicht mimetischer sondern erzählender Art, werden kaum dem gleichen Lied angehören. Μᾶλις kann volkstümliche Bezeichnung für eine πάϊς μαλοπάρανος sein, wie etwa unser „Rosenrot": ein Mädchen mit Apfelwangen mag gemeint sein (anders Wil., Versk. 233 Anm. 1).

Zu 149 D.

v. 1 τ' codd., ϝ- ci. Herrmann, sed cf. P. Maas, Sokrates 8, 1920, 20ff. εἰπῇ et εἰπεῖν codd. — v. 3 ἤχες ἐς Arist. cod. Ac, αἴθ' ἦχες anon. — v. 4 μητιτειπῆν, μὴ τί τ'εἰπεῖν codd. ϝείπην Blomfield, Bgk., Wil., sed cf. P. Maas 1. c. γλῶσσαι κυκαῖ Arist. cod. Ac, γλῶσσ' ἐκύκα anon. — v. 5 κέν σε οὐκ εἶχεν codd. plerique, κε νῦν Ahrens, D.

Aristoteles sagt von diesen Versen Σαπφὼ πεπ..ίηκεν εἰπόντος τοῦ Ἀλκαίου, ein mittelalterlicher Kommentar (sog. Stephanoskomm., 11—12 Jhdt., comm. in Arist. 21, 2

p. 280, 30 s.), hält die Verse ebenfalls für sapphisch, sieht darin jedoch keine Anrede an sie selbst und läßt auch offen, ob der Dichter Alkaios oder jemand anders die ersten Verse spricht (εἴτε ὁ Ἀλκαῖος ὁ ποιητὴς ἦρα κόρης τινὸς εἴτε ἄλλος τις ἦρα). P. Maas hat versucht, die Aristotelesversion für ‚dokumentarisch' zu erweisen (so alt, wie die bekannte Münchner Vase ist sie mindestens), die ‚ganze Weisheit des Stephanos' aber ‚leicht loszuwerden': was m. E. nicht geglückt ist. v. 1 − 2 sollten dann mit Alkaios fr. 63 D. verbunden werden (κωλύει αἴδως schon Bergk), die übrigen Verse aber „einem Novellisten des 6. Jhdts." zugewiesen werden. Alkaios 63 D. wäre dann − von Sappho! Einige der Argumente: „Alkaios ist ein starker Künstler, aber weder sanft noch naiv … Das Selbstlob, das sie sich … aus fremdem Munde spenden ließ, wird sich im weiteren Verlauf des Gedichts schon gemildert haben" (a. O. 24). Das sind arbiträre Argumente. Anzuerkennen ist, daß v. 2 keiner weiteren Ergänzung zu bedürfen scheint.

In scheuer, ehrerbietiger Weise hat Alkaios seine Landsmännin angeredet: an eine Liebeserklärung glaubte man schon im frühen 5. Jhdt., auch daran, daß Sappho sie abgewiesen habe. Mehr wissen wir nicht: unsre Verse können von einem beliebigen Werber an ein beliebiges Mädchen gerichtet sein (Stephanoskomm.). Der Wechselgesang mag einem Hochzeitslied entstammen (Schadew. 45. 186).

Zu 150 D.

τὸν cod., em. Knebel, Πολ- codd., sed cf. 99 LP, ubi sscr. ω. -τίδαο ci. Hermann, -τιδαίαν Maas.

Der ironisch gemeinte Vers wird von Maximos von Tyros als Beleg dafür zitiert, daß Sappho νῦν μὲν ἐπιτιμᾷ ταύταις (sc. τῇ Γοργοῖ καὶ Ἀνδρομέδᾳ), νῦν δὲ ἐλέγχει καὶ εἰρωνεύεται.

Zu 151 D.

ἀμπ cod., correx. Ahrens. πρὸς τὸν ὑπερβαλλόντως θαυμαζόμενον τὴν μορφὴν καὶ καλὸν εἶναι νομιζόμενον seien diese Worte gerichtet (Athen. 13, 564 d). Das paßt zu den hyperbolischen Vergleichen des Bräutigams in Hochzeitsliedern. „Hohn" (Wil., S. u. S. 90 Anm. 1; „aufreizenden Spott" Schadew. 45) sehe ich in den Worten keinesfalls, und daß der betreffende junge Mann „auf seine bewunderte Schönheit stolz war", ist − trotz Wil. − den Klearchworten nicht zu entnehmen (nicht οἰόμενον steht im Text). Die besagen: man hielt ihn für schön, er galt als schön.

Zu 152 D.

v. 1 χρυσέοισιν cod., Diehl (propter synizesin). – ίοσιν Ahrens, Lobel – v. 2 ἐμφερῇ cod., corr. Bergk. – v. 3 ⟨ ⟩ L., ⟨μόν⟩α 'γαπ. ci. Hiller. ἀγαπάτα = ἀ ἀγαπ. Diehl. – v. 4 πᾶσαν et ἔγω οὐδὲ cod. – cf. Hes. fr. 225 Rz.[3] (ἀγαπητή = ἡ μονογενής).

Ein Verbum wie ἀμείψομαι (vgl. Pindar, Paean 4, 15 „nicht gegen Babylon will ich ihn eintauschen") ist im folgenden zu denken. Ist *regnum Alyattei* Horaz, Oden III 16, 41 eine „sapphische Reminiszenz" (Heinze), so mag unsere Dichterin die alte Form der sog. Priamel (vgl. zu 27 a D.) auch sonst noch gebraucht haben. Aber so persönlich wie diese ist keine andre. Ob es goldne Blumen gibt, dürfen wir nicht fragen. Das Wort meint das märchenhaft-Schöne.

Zu 153 D.

ἡμιτύβιον cod., corr. L. σταλάσσων cod., corr. Hemsterhuys. Schol. Aristoph. Plut. 729, Hesych und Suid. erklären das Substantiv. Der Zusammenhang bleibt unklar („Laß das Halblinnene sich ergießen" Schadew. 65 kann m. E. kaum richtig sein).

Zu 154 D.

χρύσεον cod., corr. Ahrens. Vgl. zu 1 D. (mit der Interpunktion des neuen Pap.).

Zu 156 D.

v. 1 wird anonym, aber als Beleg für die Charis des Ausdrucks zitiert, wie sonst Sapphoverse, und ist von Wil. S. u. S. 46 Anm. 2 daher Sappho zugewiesen worden. Lobel betont dagegen, γαῖα sei nicht die äolische Form, obwohl Alkaios 55 D., 77 D. sie hat. Homerismen hat jedoch nicht nur er. Zu dem Material v. Lobel Ἀμ. XLV jetzt noch A. *24 d D[3] γᾶς (LGred. p. 18) und A. *P. Ox. 2295 fr. 15, 6 γᾶν.

v. 2, von Bergk aus Aristoteles E. N. 1149 b 16 und Hesych Κυπρογένεος πρόπολον zusammengestellt, hat Wil. a. O. dem gleichen Liede zugewiesen. Aber Naturschilderung (im Praesens) und Erzählung von der Epiphanie der Peitho (sicher im Praeteritum) gehören kaum zusammen, so gewiß kein Lied nur Naturschilderung enthielt.

Zu 156 a D.

τίοισιν = τίσιν.

Zu 156 b D.

v. 1 *τιϰ'άδαϰ* distinxit Schadew. Der Satz wird von Philo als ein Beispiel für Sapphos *εὐβουλία ἡ περὶ θεῶν* zitiert.

INDIREKT ÜBERLIEFERTES

Zu 204 LP.

Die vorhergehenden Zeugnisse, dazu noch 186 LP. mit der Erwähnung der Medea, zeigen eine reiche Menge nicht-homerischer Mythen bei Sappho; besonders merkwürdig in der Dichtung einer Frau berührt der sicher aus Hesiod übernommene Pandora-Mythos. Ganz undogmatisch sind ihre Genealogien: daher mochte man sie wohl widerspruchs-voll nennen. Hier aber, wo ein Stoff, das Gold, eine Genea-logie erhält — wie bei Hesiod fr. 175 Rz. [3]. das Silber ein Kind der Erde genannt wird — tritt ein Stück Empirie in der Form mythologischer Genealogien uns entgegen. Diese alte Form wird bald zu eng für den menschlichen Geist.

Zu adesp. 55 Bgk.

Gemeint ist in diesem wenig beachteten Zeugnis mit den „äolischen Dichtern" sicher Sappho, und zwar ihre Ver-gleiche mit mythischen Helden: denn der Mythos enthält das, „was bei den Alten in hohem Ansehen stand". Aelius Aristides, Wanderredner im 2. Jhdt. n. Chr., zielt damit wohl speziell auf die mythologischen Vergleiche in Sapphos Epithalamien. Wortwörtlich kann es ja nicht ganz ernst genommen werden, wenn da ein Bräutigam mit Ares, ein andrer mit Achill verglichen wird. Solche Vergleiche sind hyperbolisch, übertreiben etwas. Mißverstanden aber ist der lächelnde Unernst solcher Übertreibungen, wenn darin ein bewußtes Herabsetzen erblickt wird. Auch über ihre Götter konnten die Griechen lächeln, ja, lachen, ohne sie herabzusetzen. Die skoptischen Züge der Epithalamien sind am deutlichsten da, wo kein mythisches Exempel gebraucht wird.

Zu 195 LP.

Gelegentlich wird Sapphos „prosaische Sprache" ge-tadelt, vgl. zu 124 D., allgemein ist aber ihre Sprache für die Rhetoren das Muster der „Charis"; s. S. 210.

* * *

Folgende Einzelworte sind noch, meist durch Grammatikerzitate, für Sappho bezeugt: ἀγαγοίην (169 LP.); Aἶγα (170 LP.); ἄκακος = ὁ κακοῦ μὴ πεπειραμένος (171 LP.); ἀμάρα (?) (174 LP.); αὖα (175 LP.); βάρβιτος, βάρωμος, βάρμος (176 LP.); Ἔκτωρ = Ζεύς (180 LP.); ζάβατον (181 LP.); ἰοίην (182 LP.); ἄνεμος κατώρης sive κατάρης (183 LP.); κίνδυν (184 LP.); μελίφωνος (185 LP.); νίτρον (189 LP.); πολυίδριδι (190 LP.). [Vor allem aus P.Ox. 2506 ließe sich manches hinzufügen].

ZU DEN TESTIMONIA (S. 108 ff.)

Zum Marmor Parium

Gamoren = Grundherren: hier wie Herodot VII 155 in der dorischen Form des Wortes gebraucht. Jacoby (Das Marmor Parium, S. 101) vermutet, daß das Wort sich in Sapphos eigenen Liedern gefunden hat. Das wäre ein Hinweis auf ein weiteres „politisches" Lied Sapphos, vgl. Srebrny, De novo Sapphus fr., 5 Anm. 2: wobei das Wort politisch nicht im Sinn einer politischen Parteinahme mißverstanden werden darf. — Die umstrittene Frage der Chronologie ist A. p. 112. 124f. erörtert. Trotz des neuerlichen Spätansatzes von Will habe ich dem dort Gesagten nichts hinzuzufügen außer dem Hinweis auf das neue Myrsilos-Scholion (s. S. 21), das ebenfalls für den Frühansatz in die Zeit des Alyattes spricht.

Wer der Behauptung Glauben schenkte, nur über eigenes Mißgeschick hätten die Lyder Kummer und Unzufriedenheit empfinden können (Will im Anschluß an Pugliese Carratelli), ist jetzt durch Alc. P. Ox. 2307 fr. 1, 21 widerlegt (s. Gall., '53).

Zu P. Ox. 1800

„Klein und schwarz" (μικρά und μέλαινα) wird Sappho auch bei Maximos von Tyros (2. Jh. n. Chr.) 18,7 (p. 227 Hobein, test. 17 Gall.; dgl. test. 18 Gall. = Schol. ad Lucian. imag. 18) und bei Ovid genannt. Da es in Sapphos Zeit Porträtdarstellungen ebensowenig wie zeitgenössische Biographien gegeben hat, müssen die Nachrichten ihren Liedern ‚entnommen' sein: vielleicht durch zu rationalistische Auslegung manches Dichterwortes. Wie wenig ein Zeugnis des Chamaileon zu bedeuten hat, zeigt Athen. XII 599 cd (o. S. 108). Wenn in diesem Bios 2 verschiedene, bei Suid. noch 5 andre Namen für Sapphos Vater auftauchen, können wir theoretisch auf 7 verschiedene (spät)antike Sapphobiographien schließen und auf das Fehlen einer authentischen, zweifelsfreien Überlieferung in dieser Einzelfrage. Sapphos Vater war ja auch schon früh gestorben.

Zu 194 LP.

Was der Rhetor Himerios in der Zeit Kaiser Julians (4. Jhdt. n. Chr.) in blumiger Sprache bringt, gibt sich als biographisches Zeugnis, ist aber nichts weiter als eine rhetorische Ausschmückung einiger sapphischer Wendungen. Zum Text vgl. Meerwaldt, Mnemos. ser. IV vol. 7, 1954, 19ff., der manches anders auffaßt (u. a. γράφει als „beschreibt", „schildert").

Zur Phaon-Legende

Vgl. o. S. 149f. und RE s. v.

Zu test. 29 und 36 Gall.

Wenn Nymphodor schon für die Antike einen Versuch bezeugt, Sappho von einem herrschenden Vorurteil zu befreien, so bleibt die Methode dieses gutgemeinten Versuches doch zu primitiv, als daß man ihn heute ernst nehmen könnte: man erfand einfach eine zweite, übelbeleumdete Sappho neben der Dichterin (so auch Suid. = test. 37 Gall.). Siehe Addenda (zu P.Ox. 2506).

Zu den Rhodopis-Zeugnissen

Die Quellen, auch noch Heliodor, Aithiopica II 25, behandelt soeben E. Mastrokostas, *ΛΑΤΥΠΗ ΔΕΛΦΙΚΗ,* Veröffentl. d. *ΕΤΑΙΡΕΙΑ ΜΑΚΕΔΩΝΙΚΩΝ ΣΠΟΥΔΩΝ,* phil.-theol. Ser. 9, Athen 1953, S. 636ff. Eine im Januar 1953 in Delphi gefundene Inschrift bezieht er auf das berühmte Weihgeschenk der Rhodopis = Doricha. Erhalten sind auf dem Stein freilich nur die Buchstaben *ΚΕΡΟΔ,* was der Herausgeber zu ἀνέθηκε Ῥοδῶπις ergänzen möchte: eine Möglichkeit, kaum mehr, scheint mir. Vgl. BCH 78, 1954, 133 m. Abb. 35.

Die Schönheitswettkämpfe auf Lesbos (zu S. 120f.)

Alkaios, unser ältester Zeuge, spricht von den Schönheitswettkämpfen der Lesbierinnen im heiligen Bezirk der Hera, des Zeus und des Dionysos als von einem alljährlich gefeierten Fest. Die Homerscholien zählen in diesem Zusammenhang die 5 Städte der Insel auf: Antissa, Eresos, Methymna, Pyrrha, Mytilene: vgl. Ovid, Ep. Sapph. 15 *Pyrrhiades Methymniadesque puellae* (s. S. 122). Auch schon die allgemeine Bezeichnung „Lesbierinnen" bei Alkaios

würde zum Beweis genügen, daß es sich um ein gemeinsames Fest der Städte auf Lesbos im alten Stammesheiligtum handelt. Es war selbstverständlich mit einem
Opfer verbunden. Nun ist in der hier erstmalig heran-
gezogenen Hesychglosse, die an sich eine merkwürdige, von
der Sprachforschung erst noch zu erklärende Wortbildung
darstellt, aber nur aus „Mitte" und „Wende" (μέσος,
στροφή, στρέφω) zusammengesetzt sein kann, ein äolisches
Wort für den Zeitpunkt gemeinsamer Opfer der Lesbier
erhalten. Nicht die Mitte jedes Monats kann gemeint sein,
denn ein jeden Monat verkündeter Landfrieden wäre ebenso
undurchführbar wie eine allmonatlich stattfindende Pane-
gyris aller Städte. „Mitt-Wende" muß entweder die halb-
jährlichen Sonnenwenden (im Winter und Sommer) meinen,
vgl. den Plural bei Hesych, oder eine von diesen, die dann
zugleich etwa in der Jahresmitte lag. Für Lesbos steht der
Jahresanfang nicht fest (vgl. Bischoff, RE 10, 1569). Ich
folgere: höchstens zweimal im Jahr und zwar zur Zeit der
Sonnenwende im Winter und Sommer versammelten sich
die Lesbier zu gemeinsamem Opfer im Stammesheiligtum.
Ich folgere weiter: zugleich wurden zur Zeit der Sommersonnenwende die Kallisteia in diesem heiligen Bezirk ab-
gehalten, — ein Fest, bei dem Männer als Zuschauer teilnehmen konnten (wie Alkaios es getan hat) und sicher wohl
auch Männer die Schiedsrichter waren (vgl. den Mythos
vom Parisurteil). Über altgriechische Sonnenwendfeiern ist
m. W. sonst nichts bekannt. Ein Zeugnis, das solche Feiern
für das 7./6. Jhdt. v. Chr. beweist — und nun gar Feiern
derart solemnen Charakters — wiegt um so schwerer.
  Auf der Insel Tenedos hat es ähnliche Wettkämpfe
gegeben (vgl. Athen. XIII 609a). Der Tyrann Kypselos von
Korinth (ca. 655—625 v.Chr.) hat anläßlich einer Stadt-
gründung in dem Teil Arkadiens, der zu seiner Herrschaft
gehörte, ein gleiches Fest gestiftet, nur daß es dort, im
Alpheiostal, zu Ehren der Demeter von Eleusis gefeiert
wurde. Sogar den Namen der ersten Siegerin hören wir:
Herodike (Nikias 318 F 1 Jacoby). In eine andre Sphäre
führen dagegen die Schönheitswettkämpfe für Männer in Elis.
Hier ist das dorische Kriegerideal bestimmend, nicht die
Empfänglichkeit für Mädchenschönheit und Frauenschön-
heit, die den Inselgriechen in besonderem Maße eignete. —
Seit wann diese Feste auf Lesbos gefeiert wurden, wissen
wir nicht, doch war fraglos die Adelsepoche ihre Blütezeit.
Moralische Ermahnungen, wie sie Theophrast gibt, selbst
aus Eresos gebürtig und mit dem Brauchtum seiner Heimat

wohl vertraut, hat die Frühzeit nicht benötigt. Es war ein heiliger Brauch.

Zur Lokalisierung des alten Stammesheiligtumes ist zu sagen, daß es sicher nicht allzuweit von Pyrrha lag, d. h. an der großen, zentral gelegenen Meeresbucht von Pyrrha. Noch jetzt gibt es da einen Ortsnamen „Temenos" (Mantzouranis, Frühgesch. 38), allerdings weit sw. von Pyrrha. Am Ende der Bucht, in der sog. Mesa, wo Baureste eines Tempels gefunden sind (Koldewey 63; Büchner, RE XII 2129; Mantzouranis, Frühgesch. 27), wird vermutlich dieses alte Heiligtum gelegen haben. Das von Strabo erwähnte Πύλαιον ὄρος auf Lesbos ist bisher nicht genauer lokalisiert (Mantzouranis a. O. 41 Anm. 1).

Zu Ovids Sappho-Epistel.

Textprobleme (v. 19 teils *hic sine* teils *non sine crimine*) sollen hier unerörtert bleiben. In der umstrittenen, von der deutschen Forschung (W. Kraus, RE s. v. Ovidius im An-schluß an Wil.) meist verneinten, von der ausländischen Forschung (Bowra 459ff.; Hubaux) bejahten Frage, ob die ovidische Sapphoepistel außer der biographischen Über-lieferung auch Originaldichtungen der Lesbierin verwendet, ermöglicht Sappho 98 ab D., mit Ovid v. 73 verglichen, heute eine positive Entscheidung. Darüber ausführlicher in der italienischen Ztschr. Parola del Passato 8, fasc. 32, 1953, 356ff.

Zum Kölner Sapphotraktat.

Gering geblieben ist in der letzten Zeit der Zuwachs an Texten von und über Sappho. Als neues Testimonium ist nur fr. 1 des 1974 von M. Gronewald publizierten Kölner Papyrus 5860 in dieser fünften Auflage unseres Sapphobändchens auf-genommen. Darin wird (A), wenn auch ohne Namensnennung, „bestätigt, was wir aus der Suda wissen" (ed. pr.): zu Schüle-rinnen Sapphos haben auch vornehme Mädchen aus Ionien gehört (o. p. 112f.; 143). Auf eine weitere Tatsache (B) führt der Text, der — unter Berufung auf Kallias von Mytilene (von dem bisher 2 Buchtitel über Alkaios bekannt waren) — das so große Ansehen Sapphos bei den Bürgern hervorhebt und, 10 Bst. weiter, uns den Götternamen Aphrodite präsen-tiert: doch wohl in einem Konsekutivsatz (so daß...). So ergibt sich: der Anonymus entnimmt dem Kallias (etwas skeptisch? cf. γε) ein Zeugnis für Sapphos Tätigkeit im Aphroditekult, wovon auch später Himerios gesprochen hat

(o. p. 114 f.), was jedoch schon aus der respektvollen Anrede des Alkaios (mit ἄγνα) zu erschließen war und 1966 von Gentili (La veneranda Saffo) erschlossen wurde. Drittens (C) erweist sich, wie ich zufällig sehe, unser Anonymus als abhängig von Isokrates „Busiris" (XI 38), wo unter andren Beispielen verdientermaßen heimgesuchter Dichter (meist ohne Namensnennung) auch „ein andrer" erscheint, „der aus seiner Vaterstadt verbannt gegen die nächsten Landsleute Zeit seines Lebens Krieg führte" (ἄλλος δὲ φεύγων τὴν πατρίδα καὶ τοῖς οἰκειοτάτοις πολεμῶν ἅπαντα τὸν χρόνον διετέλεσεν). Gemeint war auch da Alkaios (nicht Archilochos).

In fr. 2 des gleichen Kölner Papyrus sind (col. I Z. 8. 10. 12—13) Reste von Sapphozitaten kenntlich].ωκε μορρον,]ων Μοισαων,]νην απυ τωδε [....]μορμενον und Z. 13—18 ein Satz, der für ein ‚Überlaufen' in ein „königliches Haus" den Ehrgeiz der jungen Mädchen verantwortlich macht: οὔ[τω ἀπο] φαίνει τὰς ἐπὶ [βασιλ]ικὸν οἰκον φοι[τώσ]ας καὶ περὶ πολ[λοῦ π]οιουμένας [......]εχθῆναι καὶ[.

Zur Solon-Anekdote.

s. S. 159 f. Bei Valerius Maximus VIII 7, 14 begegnet die gleiche Geschichte etwas abgewandelt. Dort ist es das letzte Stündchen in Solons Leben und ihm geht es darum, zu erfahren, *quidquid est, de quo disputetis.* Sapphos Name wird nicht erwähnt. Vgl. 137 Bergk.

Zu test. 81 Gall.

Auch wenn die „Persönlichkeit der Damophyle schwerlich historisch" ist (Crusius, RE s. v.) und Philostrat nur „geschwindelt" hat (Wil., S. u. S. 64; Ed. Meyer, Apollonios v. Tyana und die Biographie des Philostrat, Hermes 52, 1927, 371 ff. = Kl. Schr. II 133 ff.), ist es nicht ohne Interesse, im 3. Jh. n. Chr. einer Legende zu begegnen, die Sappho u. a. mit Artemis-Hymnen in Verbindung bringt. Ihre Lieder müssen doch wohl mehr von einer solchen Thematik enthalten haben, als unsre dürftigen Fragmente ahnen lassen. Vgl. zum neuen fr. mit der Artemis-Szene o. S. 6 und 163.

NACHWORT

Dem „Alkaios" (1952) folgt hier eine ähnliche Sappho-Ausgabe. Tusculum-Leser haben sie sich gewünscht; sie haben fraglos ein Anrecht auf einen Sappho-Band. Trotzdem mußte der Herausgeber sich fragen, welches Recht er nun hat, zu den vielen Büchern über unsere Dichterin ein neues hinzuzufügen. Über Alkaios gab es kaum eines, über Sappho gibt es zahlreiche: schöngeistige und wissenschaftliche, auch solche, die sich als wissenschaftlich geben, ohne es zu sein: Liebhaberausgaben auf Bütten und dann wieder kleine Lesebogen: alles mögliche. Und doch war darunter keine einfache erklärende (kommentierte) Sappho-Ausgabe in deutscher Sprache; eine vollständige Textausgabe gibt es z. Zt. bei uns auch nicht. So schien das Beginnen gerechtfertigt. Mit dem Wiederabdruck des hübschen, schmalen Heftchens von *Rupé* (1944 und 1945), das längst vergriffen ist, wäre in Anbetracht der neuen Funde heute wenigen gedient. Daß Rupés schlichte Übersetzungen nicht übernommen wurden, wird mancher Leser bedauern. Ein unveränderter Abdruck schien mir nicht möglich: Änderungen verboten sich aus Pietät. So blieb nichts andres übrig, als alles neu zu schreiben. Für einen Dichter halte ich mich bestimmt nicht, und die ungefüge Schwere, Kargheit und Armut meiner Sprache spüre ich selbst zur Genüge. Wie bei allen Versübersetzungen werden viele Leser, nicht erst der Fachmann, unschwer feststellen können, daß manches Wort unübersetzt blieb und manches „falsch" wiedergegeben ist. Den Weg, den die Tusculum-Ausgaben einschlagen, halte ich trotzdem für gangbar, ja, im Prinzip für den richtigen Weg.

Dies neue Sapphobuch bringt keine neue Sappho. Wohl aber alles, was heute von ihren Liedern erhalten oder wiedergefunden ist, soweit daraus noch etwas über Thema und Inhalt zu ersehen ist; auch die neuen Funde und von den neuesten Lesungen das Wichtigste. Zu 3—4 Textstellen werden eigene Vorschläge gebracht. In der Zuweisung zweier

Papyri an Alkaios (P. Fuad 239 und P. Ox. 2299) kann ich den besten Kennern, Lobel und Page, den Herausgebern der neuen, im wahrsten Wortsinn vollständigen und im strengsten Wortsinn kritischen Gesamtausgabe, zu meinem Bedauern nicht folgen. Bemerkenswert bleibt jedenfalls die Tatsache, daß man bei manchem kleineren Bruchstück zweifelt, ob es Sappho oder Alkaios zuzuweisen ist, während man früher vielfach meinte, auch im Kleinsten sei Sappho nicht zu verkennen. Wo ich widersprechen mußte, sind meine Argumente kurz angedeutet. Des Widerspruchs andrer bin ich gewärtig. Manches ist subjektiv gesehen, vieles bleibt fraglich: mit Urteilen wie „falsch" oder „richtig" ist es da nicht getan. Quellenhinweise, Literaturangaben, (erweiterte) textkritische und inhaltliche Erklärungen wollen ein Nachprüfen ermöglichen und zu eigener Weiterarbeit anregen. Und da ich nicht zuzugeben vermag, daß sich eine Dichterbegegnung mühelos ergeben muß, so will dies kleine Buch nicht zweierlei verschiedene Dinge, sondern hat bei aller Wissenschaftlichkeit nur ein Ziel.

Die neuen Stücke (cum grano salis zu verstehen), vor allem aus dem XVIII. und XXI. Bande der Oxyrhynchos-Papyri (1943 und 1951) und aus dem Classical Quarterly 1952, sind wieder vorangestellt. Danach folgt die Anordnung diesmal der Fragmentzählung von

Diehl, Anthologia lyrica Graeca (ALG) I, 2. Aufl.,
Leipzig 1935, (D.)

die ihrerseits ja der alexandrinischen Buchausgabe zu folgen sucht. Vgl.

Diehl, Lyrici Graeci redivivi (Rheinisches Museum
für Philologie 92, 1943, 1 ff.). (D.³)

Sonst wird nach der neuesten und schlechthin besten Ausgabe zitiert: ich meine

Lobel-Page, Poetarum Lesbiorum Fragmenta, Oxford
1954. (LP.)

Für weitere Wortuntersuchungen dringend von mir benötigt, liegt diese Ausgabe dank der Güte der Herausgeber und des Verlages eben in Druckfahnen vor mir. Ihr Erscheinen steht unmittelbar bevor. Identisch ist unser Text mit dem von LP. nicht. Oft wird in den textkritischen Abschnitten auf die frühere Ausgabe Bezug genommen, auf

Lobel, *ΣΑΠΦΟΥΣ ΜΕΛΗ* (*Σμ*.), Oxford 1925. (L.).

Für die Testimonia vgl.

Gallavotti, Saffo ed Alceo. Testimonianze e frammenti. Parte prima, Napoli (1947). (Gall.)

Herangezogen wurden:

Bergk, Poetae lyrici Graeci III, 4. Aufl., Leipzig 1882 (Bgk.)

Smyth, Greek Melic Poets (mit Kommentar), London 1900 (Smyth)

Lavagnini, Nuova antologia dei frammenti della lirica greca, Torino 1932

Reinach, Alcée. Sapho. Paris 1937

Wehrli, Lyricorum Graecorum florilegium, Basel 1946.

Edmonds, Lyra Graeca, London-New York 1922, nenne ich nur nebenbei. Weigalls Sappho-Buch stützt sich ganz auf diese Ausgabe; der Eingeweihte weiß, was damit gesagt ist. Zum Trost der übrigen Leser sei gesagt: von der Schönheit des Stiles ihrer Lieder hat Sappho so wenig gesprochen wie von ihrem liliengleichen Körper, vom Kastanienrösten oder von der gehirnzerstörenden Peitho. — Wenn die wissenschaftliche Welt auf Grund dessen, was in den „Prolegomena" I, 1952, 40 zu lesen ist, auf ein neuentziffertes Sapphogedicht unter den Berliner Stücken hoffen mochte, so bleibt diese Hoffnung allerdings unerfüllt, weil sie unerfüllbar ist.

Der Name Sappho ist bei den Fragmentzahlen fortgelassen. Die Fundstellen sind im Textteil nach jedem Fragment gegeben. Prosaübersetzungen von Versen sind in Antiqua gedruckt. Neue Prosastücke (die Sappho-Hypomnemata) so, wie die Zeilen im Papyrus abgesetzt sind. Ein vorgesetztes Sternchen, z. B. Alc. *P.Ox. XXI 2293 fr. 3, besagt, daß ich den Text im „Alkaios" nicht abgedruckt hatte und auch hier nicht abdrucke: es verweist also auf

die Erstausgabe (oder auf LP. bzw. D.). Inhaltliche Über-
schneidungen mit dem „Alkaios" sind nach Möglichkeit
vermieden; nicht allzu oft wird mit A. p. ... auf ihn verwiesen. Manche kleine Stücke blieben auch hier unübersetzt.
Für die Ausführlichkeit war die Tatsache mit bestimmend,
daß bis zu einer Neuauflage des betr. Faszikels der ALG
noch Jahre vergehen werden. Im erklärenden Teil kommt
natürlich längst nicht alles zur Sprache. Die angekündigte
kommentierte Ausgabe von *Page*, Alcaeus and Sappho,
Oxford (1954? 1955?), wird sicher mehr und Besseres bringen.

Eine wertvolle Hilfe waren mir Photographien der ehemaligen Berliner Fragmente. *Achille Vogliano* hatte sie noch
machen lassen können; aus seinem Nachlaß hat Frau
Charlotte Vogliano sie mir freundlicherweise zur Verfügung
gestellt. Mein herzlicher Dank gilt ihr zu allererst. Die dank-
bare Erinnerung an den Forscher, der den Arbeiten eines
Fremden mit reger Teilnahme folgte und sein Material mir
für meine Sapphoausgabe zur Verfügung stellen wollte, wird
nicht ausgelöscht werden. Zu danken habe ich ferner
*E. Lobel, D. L. Page, P, J. Spicer, H. Fränkel. M. Hombert.
D. P. Mantzouranis, F. Sommer, R. Pfeiffer, B. Snell*, ohne
alle nennen zu können, denen ich mich verpflichtet fühle.
Für die freundliche Aufnahme des „Alkaios" danke ich den
Tusculum-Lesern. Um es ihnen leichter zu machen, habe
ich es mir nicht ganz leicht gemacht.

Ein Letztes nun noch. Von Poesie wird in diesem Buch
gesprochen: hier und da ein wenig auch vom Leben. Nicht,
um etwas Fernes aktuell erscheinen zu lassen und auf
billige Weise zu verallgemeinern. Eine Andeutung ist es
dessen, was auch in unsren Tagen ein Mensch erfahren
kann. Woher ich das weiß, verrate ich nicht. Aber man
kann es lernen, dankbar zu bleiben, was nicht immer ganz
leicht und einfach ist.

München, im November 1954   M. T.

ADDENDA

Im Textteil wurden (für die 2. Aufl.) zwei kleine Sapphofragmente aus P. Ox. XXIII (1956) aufgenommen, die in den bisherigen Gesamtausgaben fehlen. In dem einen begegnet nochmals der Name Archeanassa (vgl. oben p. 165 zu 213 LP), im anderen scheinen mit *K]ραννιαδες* (*ανι*, sscr. *ν* pap.) die Quellnymphen erwähnt, vgl. Theokrit I 22. Ein etwas umfangreicheres Fragment äolischer Lyrik, — „lyric verses in the Aeolic dialect" nach Lobel, — nämlich P. Ox. XXIII nr. 2378, darf m. E. dem Alkaios zugewiesen werden. Es gehört nicht hierher.

In der 4. Aufl. sind zwei kleine Fragmente und ein neues testimonium dazugekommen: einerseits (o. p. 16f., 112f., 145A.) aus

The Oxyrhynchos Papyri, Part XXIX nr. 2506 (1963), ed. D. L. Page.

Aus diesem anonymen, leider stark zerstörten Lyrikertraktat ist — für uns ein Novum — eine ‘gutbürgerliche’ Ehrenrettung Sapphos ersichtlich. Wiedergewinnen ließ sich, nicht zuletzt dank der neuerlichen Überprüfung des Papyrus durch D. L. Page, ein Sapphovers „Reichtum geben die Götter, wem sie wollen" (vgl. Hom. Od. 6, 188f.). Der Textzusammenhang, der durch die proportionale Koordinierung von Techne und Olbos eine materialistische (vielleicht von Didymos beeinflußte?) Kunstauffassung verrät, läßt, auch wenn die weiteren Ergänzungen hypothetisch bleiben, durchblicken, daß Sappho sich des Vorwurfs luxuriöser Lebenshaltung zu erwehren gehabt hat. Das läßt auf einen Antagonismus zwischen altem Stadtadel (ihren Rivalinnen) und Provinzadel schließen.

Das andere neue Papyrusfragment bedeutet, so klein es ist, eine Sensation:

M. Manfredi, Sull' ode 31 LP. di Saffo, in: Dai Papiri della Società Italiana. Omaggio all' XI. Congresso Internazionale di Papirologia (Milano 3.—8. sett. 1965), Firenze 1965 (als nr. 2).

In einem Prosatext unbestimmten Charakters wird da 2 D. erst paraphrasiert, dann, ab *χλωροτέρα*, wörtlich zitiert. Die vom An. de subl. offengelassene Lücke in v. 16 schließt sich nun (o. p. 24f., 178) mit φαίνομ' ἔμ' αὗται auf ganz schlichte Weise (ohne den von Paton 'ersonnenen', von ihm und Wilamowitz hier eingesetzten Mädchennamen Agallis).

Nicht durchgeführt habe ich die von E.-M. Voigt (bei Snell, Dichtung u. Gesellschaft 97 Anm. 68) vorgeschlagene Vereinigung von 29 (25) LP. mit 24 a LP. (= 34 a D., o. p.42). Sie ergibt zwar mit καὶ γὰρ ἄ]μμες und ταῦτ' ἐ]πόημμεν in v. 3—4 einen guten Text, doch scheint mir schon v. 5 mit [.πο..]μεν γὰρ καὶ κα[dubios.

Aus dem von P. Wirth (Hermes 1963) mitgeteilten byzantinischen Text (im Cod. Oxon. Barocc. gr. 131) schreibe ich den Passus aus, der unsere Dichterin betrifft: ...οἷον ᾄδει Σαπφὼ ἡ ποιητρίς, μαλακοῖς τισι ῥυθμοῖς καὶ μέλεσιν ἐκλελυμένοις τὰς ᾠδὰς διαπλέκουσα καὶ ἵπποις μὲν ἀθλοφόροις ἀπεικάζουσα τοὺς νυμφίους, ῥόδων δ' ἁβρότητι παραβάλλουσα τὰς νυμφευομένας παρθένους καὶ τὸ φθέγμα πηκτίδος ἐμμελέστερον ποιοῦσα.

Im Kommentar habe ich nichts geändert und nichts hinzugefügt: Druckfehler auch dort auszumerzen war ich bemüht. Wo ich dem ausführlichen Kommentar von D. L. Page, Sappho and Alcaeus, Oxford 1955 zustimme und wo nicht, möge der Leser selbst feststellen (vgl. die Anzeige Gymnasium 63, 1956, 437ff.).

Der unerläßliche Nachtrag zum Literaturverzeichnis (oben p. 128—136) folgt aus drucktechnischen Gründen an dieser Stelle. Dabei sei aus dem Inhalt dieser neuesten Untersuchungen kurz erwähnt, was wichtig scheint.

AUSGABEN

Gallavotti, C., Saffo e Alceo, I und II, 2 Aufl. 1956/57
Page, D. L., Lyrica Graeca selecta, (OCT) 1968

Erweitert wurde die 5. Auflage gegenüber der 4. um ein neues Testimonium aus einem anonymen Sapphokommentar auf einem Kölner Papyrus, und durch Ergänzungen der Bibliographie. An Textausgaben sind jetzt zu nennen: die neue Gesamtausgabe (mit dreierlei kritischem Apparat)

Sappho et Alcaeus. Fragmenta ed. E.-M. Voigt, Amsterdam 1971 (zit.: V)
ferner das
Supplementum Lyricis Graecis ed. D. Page, Oxford 1974
und für eine Einzelheit, den erwähnten Kölner Papyrus,
M. Gronewald, Fragmente aus einem Sapphokommentar, Zeitschr. f. Papyrologie und Epigraphik (ZPE) 14, 114ff., 1974.

Cavallini, E., Poetesse greche e romane, Venezia 1980,
  9–65

Skiadas, A.D., Archaikos Lyrismos, Bd. 2, Athen 1981.
  (Sappho, Text und Kommentar 94–226)

ÜBERSETZUNGEN

Staiger, E., Sappho. gr.-deutsch. Zürich, „Die Arche", 1957

Fernandez-Galiano, M., Tr·e poemas reconstituidos de
  libro I. (Einleitung, span. Übersetzung und Anmerkungen). Madrid 1979

Davenport, G., Sappho, transl. and introd., Berkeley 1980

ARCHÄOLOGIE

Schefold, K., Neue Bildnisse Sapphos, Antike Kunst III,
  43 ff., 1960

v. Heintze, H., Das Bildnis der Sappho, 1966 (in einer
  mit ΣΑΠΦΩΝ beschrifteten, heute in Malibu/Kalifornien
  befindlichen Marmorbüste hat Frau v. Heintze die erste
  inschriftlich bezeichnete Büste unserer Dichterin entdeckt. Sie vermutet in diesem Kopf des 4. Jhdts. ein Werk
  des Bildhauers Silanion, dessen Sapphostatue einst — vgl.
  Cicero, in Verr. IV 57, 126 f. — in Syrakus im Prytaneion
  aufgestellt war)

Schneider, L. A., Zur sozialen Bedeutung der archaischen
  Korenstatuen, Hamburger Beiträge zur Archäologie, Bei-
  heft 2, 1975

NACHSCHLAGEWERKE. LITERATURGESCHICHTE

Pauly-Wissowa, Realenzyklopädie der klass. Altertums-
  wiss. (RE) Suppl. XI, Nachträge zu den Artikeln: Alkaios,
  Alkman, Anakreon, Archilochos, Sappho, Stesichoros
  (Treu), 1968

Lesky, A., Gesch. d. griech. Literatur, Bern 1957/58, 2. Aufl.
  1963

Vogt, E. (Herausg.), Griechische Literatur, in: Neues Handbuch der Literaturwissenschaft, Bd. 2, Wiesbaden 1981.
  Darin: M. L. West, Melos, Jambos, Elegie und Epigramm,
  73–142 (über Sappho bes. 97–102)

MONOGRAPHIEN UND ALLGEMEINE DARSTELLUNGEN

Schadewaldt, W., Sappho. In: Die Großen der Welt-
  geschichte, Bd. I, 306 ff., Zürich 1971

Snell, Br., Dichtung und Gesellschaft. Studien zum Einfluß
der Dichter auf das soziale Denken und Verhalten im
alten Griechenland, 1965
Treu, M., Von der Weisheit der Dichter, Gymnasium 72,
433ff., 1965

Saake, H., Zur Kunst Sapphos. Motiv.-analytische und
kompositionstechnische Analysen, Paderborn 1971
Ders., Sapphostudien. Forschungsgeschichtliche, biographi-
sche und literarästhetische Untersuchungen, Paderborn
1972
Giebel, M., Sappho in Selbstzeugnissen und Bilddokumen-
ten, Reinbek bei Hamburg 1980 (Rowohlts Monographien
291)
Rösler, W., Dichter und Gruppe. Eine Untersuchung zu den
Bedingungen und zur historischen Funktion früher grie-
chischer Lyrik am Beispiel Alkaios. München 1980 (auch
für Sappho wichtig)

RELIGION

Gallavotti, C., La triade lesbia in un testo micenco,
Riv. di fil. cl. NS 34, 225ff., 1956
Stella, L. A., Gli dei di Lesbo in Alceo Fr. 129 LP, La
Parola del Passato fasc. 50, 321ff., 1956
Unger, K., Religion und Mythos in der frühen griechischen
Lyrik, Sappho, Alkaios, Solon. Diss. Wien 1967 (maschi-
nenschr.)

GESCHICHTE

Bauer, O., Sapphos Verbannung, Gymnasium 70, 1ff., 1963,
doch vgl. jetzt das umfassende Werk von
Berve, H., Die Tyrannis bei den Griechen, 2 Bde. München
1966

SPRACHE

Mastrelli, C. A., La lingua di Alceo, Firenze 1954
ders., Un aspetto arcaico dell'eolico (zu κατέπερθεν etc.), St.
it. di fil. cl. 27/28, 272ff., 1956
Tarditi, G., Le vesti di Andromaca e i fazzoletti per
Afrodite, Riv. di fil. cl. NS 24, 236ff., 1956 (zu 99 D.,
wo v. 1 die Konjektur κὰγ γάνος keine Lösung bringt,
und zu KATAYTMENA ebda. und 55 D., nach Tarditi
= „hauchartig“).

Die oben p. 131 erwähnte, ausführliche Grammatik zu Sappho und Alkaios von E.-M. Hamm, ein Werk, das mir schon 1954 in Druckbogen vorlag, wurde erst 1957 fertiggestellt und ausgeliefert. Es enthält u.a., ebenso wie Lobel-Page, ein vollständiges Wörterverzeichnis. Wichtig ist Marzullo, B., Studi di poesia eolica, Firenze 1958 (Verteidigung der „safficità" von S. 55, 94, 116 und 117 D.)

Kazik-Zawadzka, I., De Sapphicae Alcaicaeque elocutionis colore epico, Polska Akad. Nauk, Wroclaw 1958 (erschien annähernd gleichzeitig mit der Grammatik von E.-M. Hamm)

Snell, Br., ἀθρήματα, Glotta 37, 283 ff., 1958 (jetzt auch in Snell, Ges. Schr. 1966; Einwände: Gnomon 32, 746 m. Anm. 3, 1960)

Putnam, M. C. J., Throna and Sappho 1, 1, Classical Journal 56, 79 ff., 1960

Lawler, L. B., Πεποικιλμένα ζῶια, ebda. 57, 349 ff., 1961

Romè, A., L'uso degli epiteti in Saffo e Alceo con riferimento alla tradizione epico-rapsodica, Università degli Studi di Pisa, Studi classici e orientali, vol. XIV, 210 ff., 1965

Lanata, G., Sul linguaggio amoroso di Saffo, Quaderni Urbinati N. 2, 63 ff., 1966

Floyd, E. D., Sappho's word for „sheep", 104 A. 2 (L.-P.), Classical Review 18, 266 f., 1968

Hoffmann-Loss, H., Die Bedeutung von ὦρα in Δέδυκε μὲν ἀ σελάννα, Mnemosyne 21, 347 ff., 1968

Rebelo Gonçalves, F., De Lesbiacis quibusdam verborum copulationibus, Euphrosyne N. S. II, 151 ff., 1968 (Sappho 91 L. P. οὐδαμὰ πῷρανα Alkaios 69 L. P. οὐδαμὰ πῶσλον)

Berrettoni, P., Per una lettura linguistica di un frammento di poesia eolica, Studi classici e orientali 19—20, 254 ff., 1970—71 (Zu fr. 52 Bergk)

Pisani, V., Zwei Vermutungen zu Sappho, Glotta 50, 28 f., 1972

Wiesmann, P., Was heißt κῶμα? Museum Helveticum 29, 1 ff., 1972 (Zum Sappho-Ostrakon, fr. 5 D. κῶμα kein Synonym für ὕπνος)

Hooker, J.T., Sapphos ΒΡΟΔΟΔΑΚΤΥΛΟΣ und Verwandtes, Grazer Beiträge 1, 165 ff., 1973

Funaioli, M. P., *ΚΑΤΩΡΗΣ* sive *ΚΑΤΑΡΗΣ,,* Museum
   Criticum VIII/IX 129f., 1973/74
Forssman, B., Zur Lautform der lesbischen Lyrik, Münch-
   ner Studien zur Sprachwissenschaft 33, 15ff., 1975

Der Nutzen von

Fatouros, G., Index verborum zur frühgriechischen Lyrik,
   Heidelberg 1966
wäre noch größer, hätte F. auch die 'Prosazitate' berück-
sichtigt (s. Bergk).
Morpugo Davies, A., The -εσσι datives, Aeolic -ss-, and
   the Lesbian poets, Studies in Greek, Italic and Indo-
   European linguistics offered to L.P.Palmer = Innsbrucker Beitr. f. Sprachwiss. 1976, 181ff.

STIL

Harvey, A. E., Homeric Epithets in Greek Lyric Poetry,
   Classical Quarterly NS VII, 206ff., 1957
Maurach, G., Schilderungen in der archaischen Lyrik,
   Hermes 96, 15ff., 1968
Das oben p. 138 Anm. 6 erwähnte Buch „Von Homer zur
Lyrik" erschien 1955, in 2. Auflage 1968 (Zetemata 12). Es
enthält u. a. einen Index der adjektivischen Wortverbindun-
gen bei Sappho und Alkaios.

NACHLEBEN

Fraenkel, Ed., Vesper adest (Catullus LXII), Journal of
   Roman Studies 45, 1ff., 1956
   (zu 120 D: wenn ... *abstulit unam* von Sappho abhängt,
   so hat Catull das zeitlose Praes. durch ein Perf. ersetzt.
   — Zu 94 D.: Nachtwächter sind für das hellenistische
   Athen durch P.Ox. 2392, 26, ein Komödienfragment,
   erwiesen).
Smerdel, T., En marge d'un poème du Skvadri (1646—
   1691), Živa Antika VI, 250ff., 1956 (Nachwirkung von 2D.)
Whitaker, O. W., A note on Horace and Pindar (zu Hor.
   epist. I 19, 26ff.), Classical Quarterly NS VI, 221ff., 1956
Fraenkel, Ed., Horace, Oxford 1957
Stark, R., Sapphoreminiszenzen (2 D. bei Valerius Aedi-
   tuus, Lucr., Catull), Hermes 85, 325ff., 1957
Das gleiche Thema behandelt ausführlich A. Turyn, Studia
Sapphica, 1929. Reich an Belegen ist

Galiano, M. F., Safo, Madrid 1958

Martinazzoli, F., Sapphica et Vergiliana, Su alcuni temi
letterari della tradizione poetica classica, Bari 1958

Nach den Einzeluntersuchungen:

Smerdel, T., Saffo l'ispiratrice di Leopardi, Živa Antika XI,
291 ff., 1962

Jachmann, G., Sappho und Catull, Rhein. Museum 107, 1 ff.,
1964

Koster, W. J. W., Sappho apud Gregorium Nazianzenum,
Mnemosyne ser. IV vol. 17, 374, 1964

Moravcsik, G., Sapphos Fortleben in Byzanz, Acta Antiqua
XII, 473 ff., 1964

Cataudella, Q., Saffo e i Bizantini, Revue des Et. Grecques
58, 66 ff., 1965
(vor allem zu Greg. Naz.)

Malcovati, E., La fortuna di Saffo nella letteratura latina,
Athenaeum 44, 3 ff., 1966

ist ein größeres Werk zu nennen:

Mora, Édith, Sappho. Histoire d'un poète et traduction
intégrale de l'œuvre, 1966
(Paris, Flammarion): darin u. a. das Kapitel ,,Les impri-
meurs'', in den Appendices eine mit dem XVI. Jhdt. ein-
setzende ,,bibliographie chronologique'' und, besonders
dankenswert, eine ,,orientation iconographique'' vom
Altertum bis zu den französischen Künstlern unseres
XX. Jhdts.

Wills, G., Sappho 31 and Catullus 51, Greek, Roman and
Byzantine Studies 8, 167 ff., 1967

Livrea, E., Un' eco saffica in Apollonio Rodio (I 538 f.),
Helikon 8, 447, 1968

Jonkers, E. J., Sappho's liefdeslied in verschillende tijden,
Hermeneus 41, 195 ff., 1970

Seelbach, W., Ezra Pound und Sappho fr. 95 L.-P., Antike
und Abendland 16, 83 f., 1970

Garzya, A., Per la fortuna di Saffo a Bisanzio, Jahrbuch der
Österreich. Byzantinistik 20, 1 ff., 1971
(Ein Teil der Sapphogedichte im 12. Jh. noch direkt be-
kannt.)

Schmidt, E. G., Die Sappho-Gedichte Johannes Bobrows-
kis, Das Altertum 18, 49 ff., 1972
(Nachweis, daß der aus Tilsit stammende Lyriker zu
seinem zweiten, 1964 entstandenen Sappho-Gedicht an-

250 ADDENDA

geregt wurde durch die Solonlegende (p. 126) und durch die auf p. 73 unserer Ausgabe (3. Aufl. 1963) in Übersetzung vorgelegten Versanfänge Sapphos).

Dörrie, H., P. Ovidius Naso. Der Brief der Sappho an Phaon. Zetemata 58, 1975

Stigers, E., Retreat from the male. Catullus 62 and Sappho's erotic flowers, Remus 6, 83 ff., 1977

Brenk, F. E., Non primus pipiabat: echoes of Sappho in Catulls passer poems, Latomus 39, 702 ff., 1980

Tarrant, R. J., The authenticity of the letter of Sappho to Phaon, Heroides 15, Harv. Stud. in Class. Phil. 85, 133 ff., 1981

EINZELUNTERSUCHUNGEN

Longo, V., Aristofane e un interpretazione di Saffo, Maia VI, 220 ff., 1953
(zu 94 D. ὥρα = καιρός, vgl. Ar. Eccl. 877 f. τί ποτ' ἄνδρες οὐχ ἥκουσιν; ὥρα δ' ἦν πάλαι)

Muth, E., „Hymenaios" und „Epithalamium", Wiener Studien 67, 5 ff., 1954

Colonna, A., Note al testo dei poeti eolici, Paideia 10, 307 ff., 1955
(zu S. 1 D., 28 D., 128 D.; Alc. 283 LP, 298 LP).

Di Benedetto, V., Pittaco e Alceo, La Parola del Passato 10, fasc. 41, 97 ff., 1955

Galiano, M. F., Nuovemente sobra el 'ostracon' sáfico: una aclaración, Emerita 24, 27 ff., 1955

Heichelheim, F. M., Zum Sappho-Ostrakon, Charisteria, Festschr. d. Gymn. Gießen, 96 ff., 1955
(möchte 8 D. in die 5. Strophe dieses Liedes setzen).

Smerdel, T., Deux contributions à la poésie antique (zu 114 D.), Živa Antika V, 59 ff., 1955

v. Weber, O., Die Beziehungen zwischen Homer u. den älteren griech. Lyrikern, Diss. Bonn 1955

Beattie, A. J., Sappho Fr. 31 (LP = 2 D.), Mnemosyne ser. IV vol. 9, 103 ff., 1956
(akzeptiert Lobels Vorschlag ἄκαν, konjiziert ἀ⟨π⟩έαγε).

Eisenberger, H., Der Mythos in der äolischen Lyrik, Diss. Frankfurt/Main 1956

Kamerbeek, J. C., Sapphica (zu 1 D., 2 D., 5/6 D., 98 D.), Mnemosyne ser. IV vol. 9, 97 ff., 1956
(schlägt im Ostrakon κατάγρει = καθαιρεῖ vor, — ohne Obj.? —, 2, 13 D. ist der Artikel zu halten; 98, 3 D. ver-

mutet er, wie schon Schadewaldt und Kullmann, Gymn.
63, 1956, 142, πο[τ' ἐ]ζώομεν: ansprechend, doch scheint
mir nach den Photographien *ΠΕ* wahrscheinlicher).

Latte, K., Rez. von Lobel-Page, Poetarum Lesbiorum
fragmenta, GGA 210, 91ff., 1956

Merkelbach, R., Griech. literarische Papyri (Bericht zu
Alkaios), Archiv f. Papyrusforschung 16, 91ff., 1956

Pieraccioni, D., Recenti edizioni di Saffo e di Alceo,
Maia NS I, 56ff., 1956

Setti, A., Nota a un nuovo frammento di Alceo, P.Ox. XXI
(1951) 2300 fr. 1, St. it. di fil. cl. 27/28, 519ff., 1956

Verdenius, W. J., Two Notes on Sappho Frag. 1, Mnemosyne ser. IV vol. 9, 102, 1956

Beattie, A. J., A Note on Sappho Fr. 1, Classical Quarterly
NS VI, 180ff., 1957
(v. 17f. übers. B.: „whom then do I /Sappho/ urge thee
/Aphrodite/ to bring back to the Love that is Thine/Aphro-
dite's/"; Änderungsvorschlag zu v. 24, da eine solche Bitte
fast ein Sakrileg wäre, Wille und Liebe nicht getrennte
Kräfte seien u.a.m., — Einwände, die von modernem
Empfinden diktiert sind: θέλω heißt „entschlossen sein zu
etwas").

Floratos, Ch. S., Der Papyrus Fuad Inv. No. 239, *ΠΡΑΚ-
ΤΙΚΑ* d. Akademie Athen, 32, 368ff., 1957; ders., *ΤΟ
ΑΠΟΣΠΑΣΜΑ* 105c LP *ΤΗΣ ΣΑΠΦΟΥΣ ΚΑΙ Η ΧΡΗΣΙΣ
ΤΩΝ ΜΟΡΙΩΝ ΔΕ ΤΕ*, Ztschr. *ΑΘΗΝΑ* 61, 246ff., 1957;
ders., *ΣΑΠΦΙΚΑ* (zu fr. 31 LP = 2 D.), ebda. 223ff.,
1957

Gomme, A. W., Interpretations of some Poems of Alkaios
and Sappho, Journal of Hellenic Studies 77, 255ff., 1957
(vgl. bes. zu 94 D.: sprachlich ist darin nichts, was 'in-
correct for Lesbian' wäre; Übersicht über Artikel-
gebrauch; Feststellung, daß die Umgangssprache nie
puristisch ist). Vgl. ebda. 78, 85f., 1958

Matthiessen, K., Das Gedicht Sapphos auf der Scherbe
(5/6 D.), Literaturbericht. Gymnasium 64, 554ff., 1957

Merkelbach, R., Sappho und ihr Kreis, Philologus 101,
1ff., 1957

Pisani, V., Zu Sappho 104 LP, 120 D., *ΜΝΗΜΗΣ ΧΑΡΙΝ*,
Gedenkschrift P. Kretschmer II, 78ff., 1957

Castle, W., Observations on Sappho's To Aphrodite, Transactions of the Am. Phil. Ass. 89, 66ff., 1958

Kakridis, J. Th., *Ο ΜΥΘΟΣ ΣΤΗΝ ΑΡΧΑΙΚΗ ΛΥΡΙΚΗ*

ΠΟΙΗΣΗ ΤΩΝ ΕΛΛΗΝΩΝ, Rektoratsrede Thessalonike 1958

Snell, B., Dionysos oder Hephaistos? Zu einem Hymnos des Alkaios, (fr. 9—10 D.), Festschr. E. Kapp, 15ff., 1958 (jetzt auch in: Snell, Ges. Schr.)

Treu, M., P. Ox. XXIII nr. 2378 = Alkaios, Philologus 102, 13ff., 1958; ders., Rez. von Galiano, Gnomon 31, 556ff., 1959; ders., Rez. von Marzullo, ebda. 32, 744ff., 1960

Bolling, G. M., Restoration of Sappho 98a, 1—7, American Journal of Philology 80, 276ff., 1959

Eisenberger, H., Ein Beitrag zur Interpretation von Sapphos Fragment 16 LP (= 27ab D.), Philologus 103, 130ff., 1959

Grande, C. del, Saffo, ode *ΦΑΙΝΕΤΑΙ ΜΟΙ ΚΗΝΟΣ ΙΣΟΣ,* Euphrosyne 2, 181ff., 1959

[Massimi, A., Schedae Sapphicae (zu 55a und 94 D.), Giornale Italiano di Filologia 12, 26ff., 1959]

Page, D. L., The Sources of Stesichoros fr. 74 Bergk and Sappho 2, 5 LP, Classical Review 9, 193—4, 1959

Stoeßl, F., Aus dem Leben und der Dichtung der lesbischen Lyriker des 6. Jhdts. v.Chr., Das Altertum 5, 79ff., 1959

Hahn, E. A., Sappho 98a 7, Am. Journ. of Phil. 81, 75ff., 1960 (Hinweis auf *faces . . . quatiunt comas* bei Catull)

Lanata, G., L'ostracon fiorentino con versi di Saffo. Note paleografiche ed esegetiche, Studi italiani di filol. class. 32, 64ff., 1960

Voigt, E.-M., Zu Sappho 55a, 6 D., Hermes 89, 251ff., 1961 („Plakia" als Quelle)

Risch, E., Der göttliche Schlaf bei Sappho, Museum Helveticum 19, 197ff., 1962 (für *κατάγρει,* cf. *κῶμα καταγρόμενον* Theocr. Epigr. 3, 6)

Bolling, G. M., Textual notes on the Lesbian poets, American Journal of Philology 82, 151ff., 1961

Heitsch, E., Sappho 2, 8 und 31, 9 LP. (= 5/6 und 2 D.) Rhein. Museum 105, 284f., 1962

[Bonaria, M., Ad alcuni frammenti saffici „incerti libri", Lanx satura N. Terzaghi oblata. Miscellanea philologica, Univ. di Genova, 89ff., 1963]

Broccia, G., Per l'esegesi di Sapph. 31 LP. (= 2 D.), Annali del liceo classico „Dettori" di Cagliari, I, 5ff., 1962—1963

Kirk, G. S., A fragment of Sappho reinterpreted (122 D.), Classical Quarterly NS 13, 51f., 1963

Wirth, P., Neue Spuren eines Sappho-Bruchstücks, Hermes 91, 115ff., 1963 (s. o. p. 243)

Longo, O., Moduli epici in Saffo, fr. 1, Atti dell'Istituto Veneto di Science, Classe di scienze morali e lettere, tom. 122, 343ff., 1963—1964

Cameron, A., Sappho and Aphrodite again, Harvard Theological Review 57, 237ff., 1964

[Grande, C. del., Saffo, ode 1 Diehl e la sua omericità, Vichiana I, 2, 74ff., 1964; ders., Saffo, fr. 2 LP., vs. 12, ebda. 428f.]

Treu, M., Die Struktur von Sappho fr. 48, 3 und 120 D., Rhein. Museum 107, 289ff., 1964 (einerseits Aisch. Ag. 849, andererseits Hes. Erga 514ff. werden mit Sappho verglichen)

Gallavotti, C., Echi di Alceo e di Menandro nei retori tardivi, Rivista di filol. class. 93, 135ff., 1965

Koniaris, G. L., On Sappho, fr. 1 (Lobel-Page), Philologus 109, 30ff., 1965 (bes. zu διώκειν)

Gallavotti, C., Per il testo di Saffo, Rivista di filol. class. 94, 257ff., 1966

Gentili. Br., La veneranda Saffo, Quaderni Urbinati N. 2, 37ff., 1966

Hiersche, R., Zu Sappho 2, 9 D. κὰμ μὲν γλῶσσα ἔαγε „die Zunge ist gebrochen", Glotta 44, 1ff., 1966 (Hes. Erga 534 νῶτα ἔαγε kann den Hiat erklären)

Kakridis, J. Th., Zu Sappho 44 LP. (= 55 D.), Wiener Studien 79, 21ff., 1966

Madyda, W., L' humain et la nature dans les Odes de Sappho, Meander 21, 197ff., 1966 (poln. mit latein. Resumée)

Treu, M., Neues über Sappho und Alkaios (P.Ox. 2506), Quaderni Urbinati N. 2, 9ff., 1966

Tsagarakis, O., Die Subjektivität in der griechischen Lyrik, Diss. München 1966

Weld, L. und Nethercut, W., Sappho's Rose-Fingered Moon. A note. Arion V, 28ff., 1966

Will, F., Sappho and Poetic Motion, Classical Journal 61, 259ff., 1966

Calame, C., Sappho Fr. 96, 15—17 LP.,'Quaderni Urbinati 4, 101ff., 1967

Führer, R., Formproblem-Untersuchungen zu den Reden in der frühgriechischen Lyrik (Zetemata 44), 1967

Heitsch, E., Zum Sapphotext, Hermes 95, 385ff., 1967

Koniaris, G. L., On Sappho Fr. 16 (LP = 27 ab D.), Hermes 95, 257ff., 1967

Luppino, A., Una formula omerica in Saffo, La Parola del Passato 22, 286ff., 1967

Privitera, G. A., La rete di Afrodite. Ricerche sulla prima ode di Saffo, Quaderni Urbinati N. 4, 7ff., 1967; ders., Su una nuova interpretazione di Saffo 16 LP. (ebda. 182ff.)

Rivier, A., Observations sur Sappho I, 19 sq. Revue des Études Grecques 80, 84ff., 1967

Wills, G., The Sapphic Umwandlung aller Werte, American Journal of Philology 88, 434ff., 1967

Koniaris, G. L., On Sappho fr. 31 L.-P., Philologus 112, 173ff., 1968

Koster, W. J. W., Ad Sapph. I 18-19, Mnemosyne 21, 415ff., 1968

Krischer, T., Sapphos Ode an Aphrodite (typologische Bemerkungen), Hermes 96, 1ff., 1968 (für ἄψ in 1, 18)

McEvilley, T., Imagination and Reality in Sappho, Dissertation Univ. of Cincinnati (Mikrofilm) 1968

Evans, R. O., Remarks on Sappho's „Phainetai moi", Studium Generale 22, 1016ff., 1969

Marcovich, M., Bedeutung der Motive des Volksglaubens für die Textinterpretation, Quaderni Urbin. 8, 22ff., 1969

Neuberger-Donath, R., Sappho Fr. 1,1 ποικιλόθρον' oder ποικιλόφρον, Wiener Studien N.F. 3, 15ff., 1969

Privitera, G. A., Saffo, fr. 31, 13 L.-P., Hermes 97, 267ff., 1969; ders., Il commento del περὶ ὕψους al fr. 31 LP di Sappho, Quaderni Urbinati 7, 26ff., 1969; ders., Ambiguità antitesi analogia nel fr. 31 di Saffo, Quad. Urbin. 8, 37ff., 1969

Rydbeck, L., Sapphos Φαίνεταί μοι κῆνος,, Hermes 97, 161ff., 1969

Brevet, F. J., Sappho en de dokter, Hermeneus 41, 250f., 1970 (fr. 31 + Plut. vit. Dem. Poliorc.)

Clay, D., Fragmentum adespotum 976, Transactions of the American Philological Association 101, 119ff., 1970

Danielewicz, J., Experience and its artistic aspect in Sappho's subjective lyrics, Eos 58, 163ff., 1969—1970

Devereux, G., The nature of Sappho's seizure in fr. 31 LP as evidence of her inversion, Classical Quarterly 20, 17ff., 1970

Radt, S. L., Sapphica, Mnemosyne 23, 337ff., 1970

Stern, E. M., Sappho fr. 16 L. P. Zur strukturellen Einheit ihrer Lyrik, Mnemosyne 23, 348ff., 1970

West, M. L., Burning Sappho, Maia 22, 307ff., 1970

McEvilley, T., Sappho, fragment ninety-four, Phoenix 25, 1ff., 1971

Barilier, E., La figure d'Aphrodite dans quelques fragments de Sappho, Études de Lettres 5, 20ff., 1972

Bennekom, R. van, Sappho I 18—19, Mnemosyne 25, 113ff., 1972

Caduff, G., Zu Sapphos Fragment 94 LP (= 96 D). Neubegründung einer vergessenen Deutung, Serta philologica Aenipontana II, 9ff., 1972 (Innsbrucker Beiträge zur Kulturwissenschaft XVII)

La Penna, A., Sunt qui Sappho malint. Note sulla σύγχρισις di Saffo e Alceo nell' antichità, Maia 24, 208ff., 1972 (Zu Horaz, carm. II 17, 25ff.)

Marcovich, M., Sappho fr. 31. Anxiety attack or love declaration ? Classical Quart. 22, 19ff., 1972

Bonanno, M. G., Osservazioni sul tema della „giusta" reciprocità amorosa da Saffo di comici, Quaderni Urbinati 16, 110ff., 1973

Di Benedetto, V., Il volo di Afrodite in Omero e in Saffo, Quad. Urbin. 16, 121ff., 1973

Andrisano, A., Sapph. fr. 120 V., Museum Criticum VIII/IX 107ff., 1973/74

Bonanno, M. G., Note a Saffo, ebda. 111ff.

Casadio, V., Note a Sappho, ebda. 121ff.

Fiorini, F., Sapph. fr. 112 V., ebda. 127f.

Paterlini, M., Sapph. fr. 135 V., ebda. 131f.

Tosi, R., Sapph. fr. 5 V., ebda. 133f.

Nickau, K., Planudes und Moschopulos als Zeugen für Sappho (fr. 2, 5—6 L.-P. = Voigt), Zeitschrift für Papyrologie und Epigraphik 14, 15ff, 1974 (Hat die von Page nicht identifizierten Quellen entdeckt. Will gegen Planudes und Moschopulos und gegen das Ostrakon ὄσδων lesen.)

Rösler, W., Ein Gedicht und sein Publikum. Überlegungen zu Sappho fr. 44 Lobel-Page. Hermes 103, 275ff., 1975

Stanley, K., The role of Aphrodite in Sappho, Greek, Roman and Byz. Stud. 17, 105ff., 1976

Bonelli, G., Sappho 2D = 31 LP, L'Antiquité Class., 46, 453ff., 1977

Howie, J. G., Sappho, Fr. 16 (LP). Self consolation and encomium, Papers of the Liverpool Latin Seminary, Liverpool 1977, 207 ff.

Bakhuisen, J. H., Helena in Alkaios en Sappho. Aspekte van di mite in die digkuns van Sappho, Acta Classica 20, 1 ff., 1977

du Bois, P., Sappho and Helen, Arethusa 11, 89 ff., 1978

Bona, G., Elena, la più bella di tutti i mortali, Studi Ardissoni ... 1978, 75 ff.

Bouvrie, Th., The interpretation of Sappho's fragment 16 LP., Symbolae Osloenses 53, 5 ff., 1978

Andrisano, A., Sappho, fr. 1, 17 ff., Museum criticum 13–14, 73 ff.; 81 ff.; 1978–79.

Bonanno, M. G., Sappho, fr. 44 a, Museum criticum 13–14, 91 ff., 1978–79

Durnett, A., Desire and memory (Sappho, fr. 94 LP), Classical Philology 74, 16 ff., 1979.

Marry, J. D., Sappho and the heroic ideal. ἔρωτος ἀρετή, Arethusa 12, 71 ff., 1979

Sichtermann, H., Das Mondlicht als Vergleich in der Kunstbetrachtung, Gymnasium 86, 505 ff., 1979. (Zu Sappho, fr. 98 D.)

Tsagarakis, O., Some neglected aspects of love in Sappho's fr. 31 LP., Rhein. Mus. 122, 97 ff., 1979

Addivinola, G., Amore e morte nella poesia di Sappho, Riscontri II 1, 41 ff., 1980

Erp Taalmann, K., Enige interpretatie-problemen in Sappho, Lampas 13, 336 ff., 1980

Gallavotti, C., L'ode saffica dell' ostracon, Boll. Class. 3 a, Ser. I, 3 ff., 1980

Liebermann, W. L., Überlegungen zu Sapphos Höchstwert, Antike und Abendland 26, 51 ff., 1980. (Zu fr. 27 D.)

Robbins, E., Everytime I look at you ... (Sappho 31 LP.), Transact. and Proceed. of the Amer. Phil. Ass. 110, 255 ff., 1980)

Most, G. W., Sappho, Fr. 16, 6–7 LP., Class. Quart. 31, 11 ff., 1981

BIBLIOGRAPHIE

Bulletin pap. XXVII (1953) (REG 70, 133 ff.), 1957; Bull. pap. XXVIII (1954—1959) (REG 78, 205 ff.), 1965.
Der Katalog literarischer Papyri von Pack (o. p. 131) erschien in 2. Aufl. 1965.

Snell, Entdeckung des Geistes, erschien mittlerweile 1955 in 3. Auflage, 1975 in 4. Auflage. Herm. Fränkels Abhandlung „Eine Stileigenart etc." (zit.: Fränkel) ist im Sammelbande „Wege und Formen frühgriechischen Denkens", München 1956, wiederabgedruckt. Geändert habe ich die Zitate nicht.

Das gleiche gilt für „Pfeiffer '29" (jetzt in Ausg. Schr., 1960) „Schadew. '36 bzw. '53" (jetzt in Hellas und Hesperien, 1960); Bowra, Greek Lyric Poetry, 2. Aufl. 1961; H. Fränkel, D. u. Ph., 2. Aufl. 1962. Page, S. and Alc., 1955, erschien 1970 in 2. Auflage.

REGISTER DER SAPPHOFRAGMENTE

i. a. = incerti auctoris, i. l. = incerti libri, om. = omisi
(-erunt). Bgk. = Bergk, D. = Diehl, L. = Lobel, LP. =
Lobel-Page, add. = Addenda (S. 213 ff.) — Die vorletzte
Kolumne verweist auf den Textteil, die letzte auf die Er-
läuterungen.

1 D.	(1 LP.)	22	142 A. 158. 172. 175 ff. 189. 208. 213. add.
2 D.	(31 LP.)	24	154 A. 177 ff. 190. add.
3 D.	(165 LP.)	24	177. 179
4 D.	(34 LP.)	24	141. 179
5/6 D.	(2 LP.)	26	174. 180 f. 197. 210. add.
7 D.	(35 LP.)	26	181
8 D.	(40 LP.)	26	182. add.
9 D.	(33 LP.)	28	182
10 D.	(32 LP.)	28	182
11 D.	(160 LP.)	28	182
12 D.	(41 LP.)	28	182
13 D.	(42 LP.)	28	182
14 D.	(37 LP.)	28	183
15 D.	(123 LP.)	28	170. 183
16 D.	(157, cf. 6 LP.)	18	171
17 D.	(39 LP.)	30	183
18 D.	(129, 2 LP.)	30	183
19 D.	(38 LP.)	30	183
20 D.	(36 LP.)	30	
21 D.	(168 LP.)	30	183
(22 D. om.)	(om.)	—	—
23 D.	(3 LP.)	30	173. 184
24 D.	(4 LP.)	177	164
25 D.	(5 LP.)	32	143 A. 144 A. 157 A. 167. 172. 184 f.
25a D.[3]	(29(24) LP.)	21	175
26 D.	(15 LP.)	34	144 A. 179. 184 f. 188
27a, b D.	(16 LP.)	34	156. 186 f. 213. 215. 232
28 D.	(17 LP.)	36	185. 187 f. add.
29 D.	(18 LP.)	177	167
30 D.	(19 LP.)	38	164. 188
31 D.	(20 LP.)	38	184. 188 f. 213
32 D.	(21 LP.)	40	147. 179. 189. 203
33 D.	(22,1—8 LP.)	40	189 f. 215
34a D.	(24(a) LP.)	42	143 A. 190. add.

Bezug genommen wird noch auf andere neue Stücke, die ich hier nicht alle aufführen kann.